Collection Archipel / APLAQA
Dirigée par Cécilia Francis et Robert Viau

Littérature Acadienne
du 21ᵉ siècle

Conception graphique de la couverture : Kinos.
Conception graphique : Jovette Cyr.

CATALOGAGE AVANT PUBLICATION DE BIBLIOTHÈQUE ET ARCHIVES CANADA

Littérature acadienne du 21e siècle / sous la direction de Cécilia W. Francis et Robert Viau.

ISBN 978-2-89691-154-7 (couverture souple)

1. Littérature acadienne--21e siècle--Histoire et critique. I. Francis, Cécilia W., 1956-, éditeur intellectuel II. Viau, Robert, 1953-, éditeur intellectuel

PS8131.M3L58 2015   C840.9'9715   C2015-907658-7

DISTRIBUTION EN LIBRAIRIE AU QUÉBEC
Diffusion Prologue
1650, boulevard Lionel-Bertrand
Boisbriand (Qc) J7E 4H4

AILLEURS AU CANADA ET EN EUROPE
Les Éditions Perce-Neige   editionsperceneige.ca
22-140, rue Botsford   perceneige@nb.aibn.com
Moncton (N.-B.)   Tél. : (506) 383-4446
Canada E1C 4X4   Cell. : (506) 380-0740

Conseil des Arts   Canada Council   New Nouveau   MONCTON
du Canada   for the Arts   Brunswick

La production des Éditions Perce-Neige est rendue possible grâce
à la contribution financière du Conseil des Arts du Canada
et de la Direction des arts et des entreprises culturelles
du Nouveau-Brunswick.

Ce livre est conforme à la nouvelle orthographe.
www.orthographe-recommandee.info

Littérature Acadienne du 21e Siècle

Sous la direction de Cécilia W. Francis et Robert Viau

Archipel / APLAQA

INTRODUCTION

Cécilia W. Francis
Robert Viau

L'ouvrage collectif intitulé *Littérature acadienne du 21ᵉ siècle* propose des travaux de recherche inédits, basés sur la situation de la littérature acadienne contemporaine. Le présent recueil d'études critiques voit le jour dix ans après les commémorations soulignant le 400ᵉ anniversaire de la fondation de l'Acadie, en 2004, et s'inscrit dans un ensemble d'analyses qui font le point sur les courants post-nationalistes de cette littérature ayant acquis avec les années ses lettres de noblesse[1]. Les études réunies dans ce livre portent sur des œuvres littéraires et des productions culturelles réalisées depuis 1991, date de création de l'*Association des professeurs des littératures acadienne et québécoise de l'Atlantique*, le plus important regroupement de chercheurs des provinces maritimes ayant favorisé l'essor des études acadiennes aux niveaux national et international[2].

---

1. Voir notamment, de Ghislain Clermont et Janine Gallant (dir.), *La modernité en Acadie*, Moncton, Chaire d'études acadiennes, 2005 (pour d'autres titres publiés par la Chaire d'études acadiennes, voir le site, http://www.umoncton.ca/umcm-crea/node/14, consulté le 14 août 2014) et Madeleine Frédéric et Serge Jaumain (dir.), *Regards croisés sur l'histoire et la littérature acadiennes*, Bruxelles, Presses Interuniversitaires Européennes, Peter Lang, coll. «Études canadiennes», 2006.
2. L'*Aplaqa* est le plus important regroupement de chercheurs des provinces maritimes. L'objectif principal de cette association consiste à stimuler la réflexion sur les littératures acadienne et québécoise, et à les mettre en rapport avec les autres littératures d'expression française du Canada

L'ouvrage s'articule essentiellement autour de trois axes principaux. Il vise à approfondir la réflexion sur l'évolution de la littérature acadienne au vu du contexte actuel de la création littéraire dans son éclatement géo-littéraire, que ce soit en Amérique du Nord (région des Maritimes, la Louisiane) ou ailleurs (centres d'études acadiennes en France, en Belgique, aux Pays-Bas)[3]. L'objectif n'est pas de faire l'état de l'institutionnalisation de la littérature acadienne, mais d'examiner la création littéraire la plus récente, celle des vingt dernières années environ, à partir d'une diversité de genres littéraires et de productions culturelles : roman, récit, écrits du soi, poésie, théâtre, essai, chanson et cinéma.

Par cet ouvrage, nous avons voulu répertorier et analyser un certain nombre de nouvelles tendances. À cette fin, nous avons invité des chercheurs chevronnés ou novices à discuter de nouvelles pistes esthétiques de création, à souligner les préoccupations de l'heure des romanciers, des poètes, des dramaturges, des chansonniers et des cinéastes en matière de thèmes, de sujets et de champs d'expérimentation, mais aussi en ce qui concerne des techniques et des modalités d'écriture. Ce faisant, il a été jugé pertinent d'aborder la question de la critique littéraire afin de problématiser, voire de remettre en question la terminologie ou les perceptions critiques ayant eu tendance à définir cette littérature comme étant une littérature de l'exiguïté. Dans le contexte actuel de la littérature-monde, de la migration, de l'hyper-informatique et du choix de se faire publier sous divers créneaux à l'intérieur de la francophonie, est-il toujours pertinent de parler de la littérature qu'une minorité produit dans une langue majeure (selon l'expression de Gilles Deleuze et Félix Guattari) ? Ne faut-il pas sortir de la référence invariable au discours identitaire, aux régionalismes et à une création caractérisée par la périphérie ?

---

et du monde. Cette association qui cherche à réunir les archipels isolés des communautés universitaires acadiennes et francophones lors d'un colloque annuel a connu et continue de connaître un succès remarquable. De nombreuses publications ont vu le jour grâce aux travaux de ses collaborateurs ; voir la liste en fin de volume et le site de l'*Association des professeurs des littératures acadienne et québécoise de l'Atlantique* en ligne : http://www.unb.ca/fredericton/arts/departments/french/aplaqa/ (consulté le 14 août 2014).

3. Voir Marie-Linda Lord et Denis Bourque (dir.), *Paysages imaginaires d'Acadie : un atlas littéraire*, Moncton, Institut d'études acadiennes et Chaire de recherche en études acadiennes, 2009.

On constatera, au contraire, que les œuvres et les productions acadiennes retenues portent le sceau de la diversité et de l'universalité, tout en reflétant dans bien des cas la spécificité de leurs origines, que ce soit de manière manifeste, ou sous forme cryptée, masquée ou à l'aide d'un discours connoté. C'est ce que reflète la structuration de l'ouvrage, conçue en fonction des études consacrées aux écrivains et aux créateurs acadiens bien établis, d'une part, et à ceux qui forment la relève, d'autre part. Dans la première catégorie figurent Antonine Maillet, Herménégilde Chiasson, Serge Patrice Thibodeau, Jacques Savoie, France Daigle, Jean Babineau, Phil Comeau et Zachary Richard ; dans la seconde, on découvrira des visages émergeants ou de nouveaux noms, à savoir, Georgette LeBlanc, Jonathan Roy, Kirby Jambon, Emma Haché, Marcel-Romain Thériault, Mélanie Léger et Rodrigue Jean.

Dans un premier article, Juliette Valcke a pour but de montrer qu'*Amédé* (2010) de Georgette LeBlanc s'apparente de multiples façons à différents textes de la littérature française médiévale, notamment à celui de *La Chanson de Roland* (v. 1100), ceci tant du point de vue de la forme, des thèmes et des personnages que du but premier poursuivi par l'auteur, soit celui de créer une légende à partir d'un fait historique. De façon paradoxale, *Amédé,* par ses aspects médiévaux, constitue l'un des romans acadiens les plus novateurs du moment.

Cécilia W. Francis examine le thème conjoint de la famille et de la filiation dans deux romans contemporains de Jacques Savoie, à savoir *Les Soupes célestes* et *Une mort honorable,* qui signalent le passage des modalités traditionnelles régissant les dynamiques familiales vers celles qui annoncent leur postérité. Par sa préoccupation de la problématique familiale au fil des années, Savoie semble maintenir en filigrane un rappel des coûts désastreux encourus à la suite de la dislocation familiale et de la perte de la transmission, conséquences du Grand Dérangement. Ces questions cèdent dès lors aux problèmes de familles pluriculturelles, à la trajectoire de la figure du père captée selon les traits d'un patriarche bourgeois juxtaposée à un *pater familias* d'ordre spirituel, associé à la fragilité humaine et à la générosité. Dans le second roman, le thème de la famille engage la famille nationale et le monde du crime ayant comme repoussoir la problématique de l'abandon paternel et le rétablissement de la paternité par le héros. Sur ce plan, l'analyse proposée permet de déceler une évolution dans les centres d'intérêt de Jacques Savoie, lesquels s'inscrivent clairement dans le domaine de la justice sociale et de l'universel.

Depuis une vingtaine d'années, France Daigle a remporté maints prix prestigieux : prix Pascal-Poirier (1991), prix France-Acadie (1998), Prix Éloizes - Artiste de l'année en littérature (1998, 2002 et 2014), prix littéraire Antonine-Maillet-Acadie Vie (1999 et 2012), Prix du Lieutenant-gouverneur pour l'excellence dans les arts littéraires en français (2011), prix Champlain (2011), Prix du Gouverneur général (2012). L'œuvre littéraire de France Daigle connaît un succès qui dépasse largement les frontières de l'Acadie de sorte que de nombreux articles portent sur celle-ci.

Dans sa contribution, Catherine Skidds présente une lecture géocritique de *Pas pire* où une narratrice agoraphobe revient sur certains lieux iconiques de l'Acadie. À la ville de Dieppe, qu'elle trouvait trop étouffante et culturellement repliée sur elle-même, elle instaure une nouvelle lignée historique à portée internationale. À la ville de Moncton, elle ajoute un îlot francophone, de même qu'elle invente un système de navigation hypermoderne pour la rivière Petitcodiac. La réécriture effectuée de ces trois espaces acadiens témoigne d'un désir de conquête tant sur le plan personnel — afin d'apprendre à vivre avec l'agoraphobie — que sur le plan de la culture acadienne. Maurice Raymond, à son tour, examine la structure d'ambiguïté qui caractérise *Pas pire*, roman profondément ludique, aux assises mathématiques et quelque peu oulipiennes. Partant d'une analyse de la page titre de l'édition 1998 du roman et privilégiant ses structures réflexives et symboliques, il démontre comment celui-ci se positionne à l'avant-garde de l'écriture postmoderne, cherchant manifestement à remettre en question les techniques et les modalités d'écriture romanesque.

Joëlle Papillon, propose une étude de *Pas pire* et de *Pour sûr* en tant qu'œuvres qui mettent en scène des rencontres entre des personnages français et acadiens, et qui élaborent un questionnement poussé sur les langues (français standard, français acadien, chiac). Dans les deux cas, les frottements entre des réalités posées comme étrangères l'une à l'autre sont propices à l'éclosion d'un rapport à soi renouvelé. C'est dire que les romans suggèrent l'affirmation d'une identité acadienne qui soit indépendante vis-à-vis de l'Hexagone. Comme le rappelle Danielle Dumontet dans son étude, France Daigle a été propulsée sur le devant de la scène littéraire canadienne lorsqu'elle a reçu en 2012 le Prix du

Gouverneur général pour son roman *Pour sûr*. La même année voit la réédition de son premier roman *Sans jamais parler du vent* (1983) dans une édition critique. Si cette réédition démontre d'une part la modernité de cette première œuvre, elle illustre d'autre part en quoi elle se veut une esquisse de ce qui allait devenir l'esthétique de l'écriture de l'auteure. Avec ce premier roman, France Daigle entre dans la modernité, en rompant avec la facture romanesque traditionnelle et en utilisant une écriture fragmentée qui établit un dialogue entre de petits paragraphes renvoyés en bas de page et l'espace vide situé au-dessus. Cette relation dialogique sera maintenue et travaillée au fil des romans ultérieurs à l'intérieur de nouvelles contraintes que l'auteure s'imposera.

L'œuvre de l'auteur postmoderne acadien, Jean Babineau, fait l'objet d'une étude de Chantal Richard. Si *Bloupe* (1993) est le roman de l'enracinement, *Gîte* (1998) est le roman d'une identité en perpétuelle construction et *Vortex* (2003) manifeste une réelle ouverture à l'Autre et à l'autre en soi sur le plan diégétique. Ce dernier roman peut être lu comme l'aboutissement du mouvement émancipatoire que trace Babineau de 1993 à 2003. L'article fait l'examen des trois romans afin d'éclaircir les liens et une progression de continuité sur les plans de la langue, de l'espace et de la quête identitaire.

Pendant plus de quarante années, l'urbanité a été une préoccupation majeure de la littérature acadienne, tant sur le plan de l'exploration esthétique et identitaire que sur le plan des problématiques de recherche. Andrée Mélissa Ferron examine le premier recueil de poésie du jeune poète Jonathan Roy, *Apprendre à tomber* (2012), qui ne manque pas de problématiser à son tour l'espace acadien. Les jeux intertextuels qui parsèment le recueil en font l'œuvre d'un nouveau regard porté sur les premiers poèmes acadiens, notamment sur la *backyard* de Guy Arsenault, sur les rues et les mantras de Gérald Leblanc, sur la « vagueroche » de Raymond Guy Leblanc, sur les anges d'Herménégilde Chiasson. C'est aussi l'œuvre du nouveau cri de l'espace rural, que l'on entend « quand le ciment se tait ».

Cécilia Camoin nous transporte en Acadie du Sud, en Louisiane. Née à l'écriture avec le mouvement de « Renaissance cadienne », la création littéraire d'Acadiana se détache progressivement des modèles historiques pour se définir comme un espace *hors-jeu*, une tropicalité francophone. Pour autant, cette œuvre en phase d'institutionnalisation conserve en elle le feu de l'Acadie, l'héritage des Caraïbes, de l'Afrique, le bouillon français, inventant par bribes les morceaux de Soi. Explorant l'espace de l'écrit, les auteurs cadiens décomposent les perceptions collectives en même temps qu'ils tissent dans la trame du livre un fil identitaire à récréer.

Après la Louisiane, le monde. Les deux récits de voyage romancés de Charles Pelletier, *Oasis. Itinéraire de Delhi à Bombay* (1993) et *Étoile filante* (2003), à l'écriture sobre et efficace, de même que les récits de voyage de Serge Patrice Thibodeau, *Lieux cachés* (2005) et *L'attrait des pôles* (2013), démontrent, comme le souligne Robert Viau, un intérêt renouvelé pour la littérature de voyage. Si les Acadiens à la suite de la Déportation sont définis comme d'éternels errants, les romanciers acadiens contemporains sortent rarement de leur territoire. Pourtant, il existe une littérature voyageuse acadienne où l'errance n'est plus imposée, mais voulue et recherchée dans un questionnement du moi, dépouillé par le choc du monde, mis à l'épreuve de l'*autre*.

Ces premiers articles portent sur le roman et la poésie, mais l'Acadie s'exprime aussi par le théâtre, la chanson et le cinéma. Le théâtre acadien, comme le rappelle Denis Bourque, n'a jamais été aussi florissant que depuis l'an 2000. Parmi les auteurs qui présentent de nouvelles pièces, Bourque se penche sur les œuvres proposées de pionniers de la première heure : Laval Goupil, Jules Boudreau, Herménégilde Chiasson, et sur celles des nouveaux dramaturges : Emma Haché, Marcel-Romain Thériault et Mélanie Léger. Cet article se propose de faire mieux connaître ce théâtre en plein essor qui n'a pas encore suffisamment retenu l'attention de la critique, d'en faire le bilan, et d'en étudier les principaux aspects sur le plan thématique.

Dans son article, Johanne Melançon souligne l'importance de la culture et de la chanson populaire dans la construction d'une identité qui se veut une identité nationale. Mais de quelle identité culturelle acadienne s'agit-il ? Une identité associée au passé ou une identité qui évolue ? On retrouve ces deux postures, en tension, dans l'Acadie d'aujourd'hui : l'une tournée vers le passé, l'autre ancrée dans le présent et orientée vers l'avenir. L'auteure s'intéresse à cerner cette identité acadienne en devenir en vertu de la chanson populaire à partir de l'analyse de trois compilations : *Les Grands succès de la musique acadienne* (1994), *L'Acadie en chanson* (2004) et *Ode à l'Acadie* (2004).

Le cinéma acadien, comme le rappelle Shana McGuire, a beaucoup évolué depuis ses débuts pendant les années 1970. Parmi les cinéastes acadiens de la relève des années 2000 se trouve Rodrigue Jean, qui est non seulement réalisateur, scénariste, et producteur de cinéma, mais aussi danseur, dramaturge et militant pour la cause des marginaux de la société contemporaine. De ses premiers courts métrages sur le deuil, aux longs métrages documentaires biographique et sociologique, en passant par la trilogie de films de fiction sur l'être-au-monde acadien, le cinéma de Rodrigue Jean témoigne d'une intégrité et d'une lucidité étonnantes. Cet article explore l'œuvre filmique de ce réalisateur acadien et explique pourquoi Jean est l'un des cinéastes francophones les plus marquants et provocateurs au Canada aujourd'hui.

Le cinéaste acadien Phil Comeau jouit de nos jours d'une réputation internationale. Comme le démontre Maurice Arpin, Comeau a fait ses armes dans le médium audiovisuel en produisant des films à contenu acadien. Dans le documentaire intitulé *Ron Turcotte jockey légendaire* (ONF 2013), commémorant le quarantième anniversaire de l'inoubliable *Triple Crown* de Ron Turcotte sur le cheval nommé *Secretariat*, en 1973, Comeau représente la vie de ce célèbre jockey acadien sur le modèle du voyage du héros, le « monomythe ». Cet article démontre comment ce *road movie*, où Ron Turcotte retourne aux hippodromes qui ont vu ses plus grandes victoires et où alternent séquences d'action et de réflexion, reproduit les différentes étapes du parcours héroïque traditionnel. Grâce à la caméra de Comeau, tout concourt à créer chez le spectateur une conscience dionysiaque du monde en opposition totale avec les valeurs apolliniennes que véhicule le technocratisme contemporain.

En clair, les études qui composent le présent ouvrage partagent le souci de faire découvrir que la littérature acadienne de même que les productions culturelles acadiennes évoluent et gagnent en audace et en maturité. Non seulement résistent-elles aux approches analytiques de pointe dont critiques et chercheurs s'inspirent dans l'analyse des lettres et des études culturelles françaises et francophones, mais elles s'enrichissent de nos jours de problématiques de plus en plus vastes et polyvalentes, tout en puisant des ressources créatrices infinies de la langue littéraire ou poétique et du signe (acoustique, visuel, plastique). Voilà pourquoi il est notre souhait que les travaux ici réunis contribueront à repositionner le discours critique, à renouveler le regard porté sur la littérature acadienne afin de démontrer que celle-ci s'avère vigoureuse, foisonnante et pourvue d'ouvertures inédites sur le monde d'aujourd'hui et de demain[4].

4. Enfin, nous tenons à remercier en particulier les membres du comité de rédaction du présent ouvrage ainsi que Monsieur Serge Patrice Thibodeau qui a accueilli la collection Archipel / APLAQA aux Éditions Perce-Neige.

BIBLIOGRAPHIE

Association des professeurs des littératures acadienne et québécoise de l'Atlantique, en ligne : http://www.unb.ca/fredericton/ arts/departments/french/aplaqa/ (consulté le 14 août 2014).

Chaire d'études acadiennes, en ligne : http://www.umoncton.ca/ umcm-crea/node/14, (consulté le 14 août 2014).

Clermont, Ghislain et Janine Gallant (dir.), *La modernité en Acadie*, Moncton, Chaire d'études acadiennes, 2005, 274 p.

Frederic, Madeleine et Serge Jaumain (dir.), *Regards croisés sur l'histoire et la littérature acadiennes*, Bruxelles, Presses Interuniversitaires Européennes - Peter Lang, coll. « Études canadiennes », 2006, 193 p.

Lord, Marie-Linda et Denis Bourque (dir.), *Paysages imaginaires d'Acadie : un atlas littéraire*, Moncton, Institut d'études acadiennes et Chaire de recherche en études acadiennes, 2009, 143 p.

DE *ROLAND* À *AMÉDÉ* :
FILIATION MÉDIÉVALE D'UN ROMAN ACADIEN DU 21e SIÈCLE

JULIETTE VALCKE
Université Mount Saint Vincent

Récit d'une amitié, d'une quête et d'une errance, *Amédé*[1] de Georgette LeBlanc constitue un exemple saisissant du fait que la littérature acadienne contemporaine déborde volontiers de son cadre de « petite littérature » pour s'inscrire avec éclat dans une histoire littéraire beaucoup plus vaste. En effet, si dès le premier abord ce roman s'avère original du point de vue de la forme et des thèmes, une étude plus attentive montre que son caractère novateur découle paradoxalement du fait que la jeune auteure de la Baie-Sainte-Marie (Nouvelle-Écosse) puise son inspiration dans des formes littéraires françaises vieilles de près de 1 000 ans. L'innovation dans la continuité littéraire, tel est de fait le choix de Georgette LeBlanc qui, pour raconter l'histoire du Louisianais Amédé, crée une œuvre dont la trame narrative et l'environnement thématique évoquent plus les textes courtois du 12e siècle et celui de *La Chanson de Roland* (v. 1100) que *La Sagouine* d'Antonine Maillet. Cet article propose par conséquent de souligner les liens de « parenté » entre *Amédé* et ses ancêtres médiévaux, et ce faisant de montrer à quel point cet héritage dépasse les habituels rapports de la culture acadienne avec le carnavalesque pour révéler une exploitation nouvelle et audacieuse du Moyen Âge.

Publié en 2010, *Amédé* constitue une œuvre hybride, à mi-chemin entre poésie et prose. C'est en effet sous la forme d'un

---

1. Georgette LeBlanc, *Amédé*, Moncton, Perce-Neige, 2010, 81 p. Désormais, les références à cet ouvrage seront indiquées par le sigle *GL*, suivi du folio, et placées entre parenthèses dans le texte.

poème épique qu'on y raconte l'histoire du jeune accordéoniste Amédé, hanté à la fois par une quête identitaire et un amour impossible. Poursuivant une recherche initiée par les récits de sa grand-mère, celle d'un Livre mythique dans lequel il trouverait « pages, racines, réponses à ses questions » (*GL*, 26), Amédé s'installe dans le « Village », dont il charme et même envoûte les habitants par sa voix et sa musique. Amoureux de Rose, la femme du dangereux Grosse Tête, il se verra contraint de quitter le Village avec son ami le violoniste Lejeune après qu'une tempête l'aura presque détruit. Amédé et Lejeune connaîtront ensuite un exil musical de plusieurs années au Texas avant qu'un irrépressible besoin les ramène au Village, dont l'essence aura survécu grâce à la parole des Vieux. Amédé y mourra au sortir d'une ultime performance musicale, frappé par une voiture devenue instrument de vengeance dans les mains de Grosse Tête.

Récit poétique d'une destinée tragique, *Amédé* évoque la vie et la mort d'Amédé Ardoin (1896-1941)[2], accordéoniste créole de la Louisiane qui, fasciné par la musique cadienne, en effectua les premiers enregistrements, sous la forme de chansons en français, avec le violoniste Dennis McGee. Musicien noir exerçant son art dans un contexte de violente ségrégation raciale, Ardoin jouait régulièrement dans les demeures des blancs, y déclenchant parfois tensions et jalousies. C'est à l'issue d'une soirée particulièrement difficile, à Eunice, que des hommes auraient tendu un traquenard à Ardoin pour l'écraser avec une voiture. Inspiré de cette histoire, le livre de Georgette LeBlanc la dépasse cependant pour en proposer une version à la fois épique et poétique, et en cela influencée par le Moyen Âge littéraire.

ALMA RACONTE...

L'une des premières caractéristiques « médiévales » d'*Amédé* réside dans l'importance qu'y occupe l'oralité comme si, œuvre issue d'une jeune littérature, soit la littérature acadienne, elle renouait

---

2. Sur Amédé Ardoin, voir Barry Jean Ancelet, *The Makers of Cajun Music / Musiciens cadiens et créoles*, Sillery, Presses de l'Université du Québec/ Austin, University of Texas Press, 1984, p. 81-87 ; Craig Harris, « Amédé Ardoin », en ligne : http://www.allmusic.com/artist/am%C3%A9d%C3%A9-ardoin-mn0000022065/biography (page consultée le 24 septembre 2013).

avec les formes prises par la littérature française à ses propres débuts. En effet, dans un monde où seuls quelques privilégiés maîtrisent la lecture, les œuvres médiévales sont avant tout créées pour se faire écouter lors d'une performance devant public, pour se faire *dire* et non *lire*. Par conséquent, leur spécificité consiste principalement dans ce caractère oral et dans la prédominance, au sein des textes écrits, de la « voix vive », selon l'expression de Paul Zumthor pour qui le Moyen Âge littéraire doit être compris comme le « lieu de résonnance d'une voix[3] ». En témoigne entre autres, dans les premiers textes français qui nous sont parvenus, la présence de termes et d'expressions qui rappellent la prestation orale livrée par le poète-narrateur : « Écoutez, seigneurs, ce que *dit* Marie[4] », écrit par exemple Marie de France dans le *Lai de Guigemar* (12ᵉ s.) ; « *Parlons* plutôt des amoureux d'autrefois[5] », propose son contemporain, Chrétien de Troyes, lorsqu'il commence l'histoire d'*Yvain ou le Chevalier au lion*. Non seulement les textes présentent-ils ainsi des formules qui trahissent la présentation orale des œuvres, mais leurs auteurs y témoignent également de la façon dont elles leur sont parvenues puisqu'ils affirment souvent rendre compte d'histoires qu'ils ont eux-mêmes entendues, et non lues. Marie de France explique en effet qu'elle ne peut développer le *Lai du Chaitivel* car « [elle n'a] rien entendu de plus et n'en sai[t] pas davantage[6] ». Sa source d'inspiration est ainsi tarie, tout comme celle de Chrétien de Troyes quand il conclut *Yvain* : il affirme en effet, à la toute fin de son récit, qu'« il n'a pas entendu conter d'autres épisodes de cette histoire et n'en racontera donc pas d'autres[7] ». Clichés d'auteurs, peut-être, mais qui montrent l'appartenance de ces derniers à un monde où prédomine la voix.

Les histoires et légendes médiévales doivent ainsi beaucoup à la tradition orale. Or, Georgette LeBlanc s'inscrit ostensiblement

---

3. Paul Zumthor, *La lettre et la voix. De la « littérature » médiévale*, Paris, Seuil, coll. « Poétique », 1987, p. 18.
4. Marie de France, *Œuvres complètes*, t. 1, édition critique, traduit de l'ancien français par Nathalie Desgrugillers-Billard, Clermont-Ferrand, Éditions Paleo, coll. « L'encyclopédie médiévale », 2007, p. 5. J'ai ajouté les italiques.
5. Chrétien de Troyes, *Œuvres complètes*, édition publiée sous la direction de Daniel Poirion, Paris, Gallimard, coll. « Bibliothèque de la Pléiade », 1994, p. 340.
6. Marie de France, *op. cit.*, t. 1, p. 137.
7. Chrétien de Troyes, *op. cit.*, p. 503.

dans l'esprit de cette dernière puisque, dès l'exergue d'*Amédé*, elle évoque une transmission « de parenté à parenté à parenté » (*GL*, 9) et confie la narration de l'histoire à sa propre aïeule, Alma Robichaud. En effet, comme le spécifie le titre de la première partie, c'est « Alma [qui] raconte » (*GL*, 11) l'histoire d'Amédé. Alma, à la fois héroïne du premier roman[8] de Georgette LeBlanc et grand-mère de celle-ci, reprend donc le rôle des auteurs/narrateurs médiévaux à la façon de Marie de France, Chrétien de Troyes et, de façon plus frappante encore à cause de la nature épique du texte, de Turoldus, l'auteur ou le remanieur de la plus ancienne chanson de geste française, *La Chanson de Roland* (v. 1100). Ce mélange de l'oral à l'écrit, normal pour une œuvre médiévale, constitue cependant, dans le cas d'*Amédé*, une forme de mise en scène choisie par l'auteure afin de mieux transmettre l'essence de la culture dont elle est issue ; « l'oralité acadienne de la Baie Sainte-Marie », souligne-t-elle en effet dans le cas de son premier roman, « [...] est écrite au travers le personnage Alma[9] » puisque, rappelle-t-elle ensuite, « le livre comme objet ne parle pas[10] ». En optant pour une telle narratrice, Georgette LeBlanc apparente ainsi *Amédé* aux textes médiévaux afin qu'il soit compris de la même façon, soit comme une œuvre avant tout orale.

UNE CHANSON DE GESTE ACADIENNE

La forme littéraire choisie par l'auteure reflète également ce souci de créer une œuvre qui puisse s'entendre. En effet, *Amédé* se présente comme une poésie narrative dont le style rappelle celui de la chanson de geste médiévale[11] ; or, ce genre exploitait les ressources de la performance orale de façon plus marquée encore que les textes narratifs courtois de la même époque. En effet,

---

8. Georgette LeBlanc, *Alma*, Moncton, Perce-Neige, coll. « Poésie », 2007, 95 p.
9. Georgette LeBlanc, *Alma : une performance acadienne,* thèse de doctorat, Université de la Louisiane à Lafayette, Lafayette, 2007, p. 20.
10. *Ibid.*, p. 20.
11. Sur la chanson de geste, voir Daniel Poirion, « Chanson de geste », Geneviève Hasenohr et Michel Zink (dir.), *Dictionnaire des lettres françaises. Le Moyen Âge*, Paris, Fayard, coll. « La Pochothèque », 1992, p. 238-243 ; Paul Zumthor, *Essai de poétique médiévale*, Paris, Édition du Seuil, 2000, p. 383-401.

parce qu'ils servaient à véhiculer une sorte d'idéalisme national, les poèmes épiques, appelés « chansons de geste » à partir du 12e siècle, se devaient d'impressionner de façon durable la mémoire collective ; ils n'étaient par conséquent interprétés que par de véritables « spécialistes de la récitation (il s'agit des jongleurs) [et] se déclamaient en fait, avec accompagnement musical et devant un auditoire, à raison de quelque 1 000 à 1 300 vers par séance[12] ». Il s'agissait donc bien d'épopées à écouter plus que de textes à lire, comme cela semble être également le cas pour *Amédé*[13].

L'une des principales caractéristiques formelles de la chanson de geste que reprend *Amédé* consiste ainsi dans l'utilisation de la laisse ou d'une forme qui lui est proche. La laisse médiévale se définit comme une unité strophique de longueur variable au sein d'un même texte — la longueur des laisses dans *La Chanson de Roland* varie ainsi de 5 à 34 vers —, composée généralement de décasyllabes se terminant par la même voyelle tonique, ce qui crée des assonances ou, dans le cas des chansons de geste tardives des 13e et 14e siècles, des rimes. L'harmonie phonique qui en découle, soulignant le rythme naturel des vers, permet ainsi de créer un texte qui capte dès le premier abord l'attention des auditeurs. Pour que celle-ci se maintienne, et pour créer des effets mnémotechniques facilitant la tâche du jongleur, les laisses s'enchaînent en outre selon des procédés particuliers : utilisation d'un vers d'introduction identique dans plusieurs laisses consécutives, approfondissement graduel des informations d'une laisse à l'autre, répétition du dernier vers d'une strophe au début de la suivante, etc. En résulte un texte de forme incantatoire dont l'aspect répétitif est enfin accentué par l'utilisation de figures de style comme celles du chiasme, de l'accumulation et de l'anaphore.

---

12. Ian Short, « Introduction », *La Chanson de Roland*, édition critique, traduit de l'ancien français par Ian Short, Paris, Livre de Poche, coll. « Lettres gothiques », 1990, p. 12. Désormais, les références à cet ouvrage seront indiquées par le sigle *IS*, suivi du folio, et placées entre parenthèses dans le texte.

13. De fait, lors d'un atelier donné à l'Université Mount Saint Vincent, le 14 février 2011, Georgette LeBlanc a procédé à une lecture publique de son texte qui a confirmé la nature orale de ce dernier ; sa performance, qui s'apparentait aux prestations théâtrales des jongleurs médiévaux, mêlait psalmodie et mouvements rythmiques, ce qui donnait littéralement vie à l'écrit. Elle interprétait son texte plutôt que de le lire, elle le donnait à entendre à son public.

La Chanson de Roland, qui présente un combat héroïque livré par l'arrière-garde de Charlemagne sous les ordres des chevaliers Roland et Olivier, exploite largement ces techniques formelles. En témoigne par exemple le passage, très connu parce qu'emblématique de ce type de textes, qui décrit dans plusieurs laisses consécutives l'arrivée de l'ennemi :

80   Sur une hauteur Olivier est monté,
      […]
      il voit venir la troupe des païens.
      […]

81   Sur une hauteur Olivier est monté.
      Il voit très bien maintenant le royaume d'Espagne,
      les Sarrasins assemblés en grand nombre.
      […]

82   Olivier dit : « J'ai vu les païens ;
      nul être humain n'en vit jamais davantage. »
      […]

83   Olivier dit : « Les païens sont en force,
      et nos Français, ce me semble, sont bien peu.
      Mon compagnon, Roland, sonnez donc votre cor,
      Charles l'entendra et l'armée reviendra. »
      Roland répond : « Ce serait une folie de ma part !
      En France la douce j'en perdrais mon renom. »
      […]

84   « Mon compagnon, Roland, l'olifant, sonnez-le !
      Charles l'entendra, il fera revenir l'armée,
      nous secourra avec tous ses chevaliers. »
      Roland répond : « Ne plaise à Dieu, notre Seigneur,
      qu'à cause de moi mes parents soient blâmés,
      que France la douce sombre dans le déshonneur ! »
      […] (*IS*, 91-93)[14]

---

14. Pour faciliter la compréhension du texte, j'ai choisi de citer la traduction plutôt que le texte original. Il est cependant à noter que les assonances (*y* pour la laisse 82, *o* pour la laisse 83 et *e* pour la laisse 84) sont ainsi perdues.

Les procédés répétitifs mentionnés précédemment, qui sont pour la plupart utilisés dans cet extrait, instaurent ainsi un rythme qui permet de maintenir l'intérêt du public, notamment en ne dévoilant que graduellement les éléments dramatiques. Cette façon de faire sert toutefois un autre but, celui de soutenir l'action elle-même en créant une sorte d'écho formel à l'insistance d'Olivier, « le sage », qui cherche à vaincre l'entêtement de Roland, « le preux ». Forme et fond s'unissent ainsi, comme c'est généralement le cas dans les chansons de geste, pour créer une impression plus durable sur l'auditoire.

Bien que la versification d'*Amédé* s'avère plus libre que ce qui précède, les mètres étant inégaux et les assonances moins régulières, les formes strophiques qui y sont exploitées présentent des caractéristiques semblables. Le texte s'ouvre ainsi sur une dizaine de strophes où Alma explique comment elle s'est laissée envoûter par l'histoire d'Amédé. Les répétitions, anaphores, gradations et assonances dont use l'auteure dans ce passage permettent alors non seulement de mieux faire comprendre l'attraction subie par la narratrice, mais aussi d'entraîner le lecteur à sa suite.

> l'Histoire a braqué dans la nuit
> un soir de fond de logis
> j'étions assis […]

> 4   et c'est du fond de la cale que ça venit
> un son comme une pluie
> fine […]
> et j'étions pus dans le logis

> 8   j'étions derrière les rideaux
> dans les veines de la nuit
> j'étions les yeux d'une tempête
> qui s'en venait vite

> 12   qui montait
> qui voulait
> qui virait […]
> et la porte rouvrit […]

16   une présence
        des pas de bêtes à deux pattes
        des voix d'hommes en rage
        une dispute

20   et un cri
        un cri
        et aussi vite que ç'avait monté [...]
        dans un cri

24   ça arrêtit
        l'Histoire a braqué dans la nuit
        dans la plus profonde des nuits
        dans la sueur de l'attente [...]

28   l'Histoire a braqué dans la nuit
        dans le cri de l'homme sans nom et sans corps
        dans le cri comme la mesure de quatre murs [...]
        l'Histoire a braqué dans la nuit

32   dans la sueur de mon écoute
        dans l'eau de lune forte, si forte
        dans ma marche pieds nus à gobiller
        pris dans le cri

36   pris dans le son
        partie (*GL*, 13-15)[15]

La répétition du premier vers, « l'Histoire a braqué dans la nuit »
(v. 1, 25, 28, 31) ; la description de plus en plus précise de la
menace, qui passe d'un son diffus (v. 5) à une tempête (v. 10) puis
à « des voix d'hommes en rage » (v. 18) ; les nombreuses anaphores
et enfin le « cri » répété d'une laisse à l'autre et soutenu par
l'assonance en « i » (nuit, logis, assis, venit, pluie, fine, vite, rouvrit,
arrêti, partie, etc.), constituent autant de procédés qui permettent
d'imposer dès le départ un rythme presque hypnotique à la
narration. En utilisant la forme épique, qui repose sur la répétition,

---

15. La numérotation des vers n'a été ajoutée en marge que pour faciliter l'étude
    des extraits présentés ; elle ne figure pas dans le texte original.

Georgette LeBlanc ressuscite ainsi une technique médiévale conçue pour attirer l'auditeur dans une histoire dont il ne pourra ensuite départager le réel de la légende.

De fait, la narration et la technique poétique ne représentent pas les seuls rapprochements possibles entre *Amédé* et la chanson de geste médiévale ; le sujet même de l'histoire et la façon dont il est présenté les apparentent également. Les premières chansons de geste ont en effet généralement comme point de départ un fait historique qu'elles magnifient au point d'en faire une quasi-légende, ce mouvement d'idéalisation, opéré à des fins souvent politiques, constituant « le principe essentiel de toute épopée[16] ». Ainsi, *La Chanson de Roland* évoque la défaite subie par l'arrière-garde de Charlemagne en 778 à Roncevaux[17], mais elle la transforme en une bataille héroïque livrée par des chevaliers chrétiens français contre des musulmans espagnols. Si le récit dans son ensemble, par ses exagérations et ses descriptions de combats prodigieux, contribue à faire de l'événement une légende, c'est bien sûr particulièrement le personnage de Roland qui bénéficie de l'hyperbole. Chevalier exemplaire, il s'avère supérieur, différent, à tel point que quiconque, « sans l'avoir vu avant, […] le reconn[aît] sans faute / à son visage farouche, à sa belle carrure / à son regard et à sa contenance » (*IS*, 125). Capable d'exploits surhumains, comme de briser le crâne d'un ennemi alors qu'il sent lui-même que « sa cervelle sort par ses oreilles » (*IS*, 163), il galvanise ses compagnons, les poussant à se dépasser. Il constitue ainsi l'exemple par excellence de la fine fleur de la chevalerie française et la diffusion de son histoire contribuera à la renommée de celle-ci, ce qui servira le pouvoir royal, soucieux d'affirmer sa grandeur et celle de la nation.

De façon semblable, le personnage d'Amédé transcende la réalité afin de devenir emblématique de la lutte pour la survie de la culture et de la musique cadiennes. Bien que son combat exclue bien sûr la cruauté guerrière propre à *La Chanson de Roland*, on constate en effet que, à l'instar de Roland, Amédé possède des qualités presque surnaturelles : étranger venu de loin,

---

16. Poirion, *op. cit.*, p. 241.
17. Voir Jules Horrent, « Roland (Chanson de) », Geneviève Hasenohr et Michel Zink (dir.), *Dictionnaire des lettres françaises. Le Moyen Âge*, Paris, Fayard, coll. « La Pochothèque », 1992, p. 1301.

suspecté d'avoir « des neufs mots dans le cœur » (*GL*, 24) , ce qui est considéré comme une menace à la cohésion traditionnelle du groupe, il séduit néanmoins le Village au point que celui-ci essaie même « d'inventer des racines pour trouver parenté » avec lui (*GL*, 27). Ainsi, comme Roland, Amédé est vite reconnu par ceux qui l'entourent, car

> [il] était trop beau pour rester Étranger
> son grand corps musclé était trop calme et souriant pour rester seul
> il y avait trop de quoi de vieux dans ses muscles jeunes
> trop d'étoiles dans ses yeux
> trop d'ombres fraîches à ses côtés. (*GL*, 26)

Cette aura d'Amédé est d'abord ressentie par « les enfants [qui] braquirent à le suivre » (*GL*, 26), puis d'autres se laissent subjuguer, comme Lejeune qui, tel Olivier sous l'influence de Roland, se surpasse alors. Jouant de son violon sous le regard d'Amédé, il

> se sentit plus grand
> sentit la pleine force de l'ancre du Village
> le cercle parfait du carré
> et ça fit Lejeune jouer fier, plus fort. (*GL*, 27-28)

La relation de Roland et Olivier, compagnons d'armes, amis et même frères, ainsi qu'ils le disent à plusieurs reprises, trouve en effet un écho dans celle d'Amédé et Lejeune ; alors que les premiers partent en croisade pour l'honneur de la France, combattant côte à côte avec leurs épées Durendal et Hauteclaire, les seconds conquièrent musicalement les soirées du Village puis celles du Grand Texas en y jouant, grâce à la Cordine d'Amédé et l'archet de Lejeune, la musique cadienne traditionnelle, le « carré de la tune » (*GL*, 58). Les deux compagnons deviennent alors eux aussi des frères, car

> après tant de temps ensemble
> c'était devenu plus qu'une amitié
> c'était s'accompagner sans dire un mot
> [...]
> c'était devenu de la famille asteure. (*GL*, 59)

Lejeune et Amédé établissent ainsi des liens presque fusionnels qui ne seront rompus, comme dans *La Chanson de Roland,* que par la mort.

Les scènes de la mort des héros principaux, Roland et Amédé, présentent également des similitudes frappantes tant du point de vue de la composition que des thèmes évoqués. En effet, dans les deux cas, les auditeurs/lecteurs sont préparés graduellement à la fin qui approche par des répétitions qui, procédé caractéristique des poèmes épiques, permettent de suspendre le moment, d'insister sur son importance et d'augmenter sa portée dramatique. Dans *La Chanson de Roland*, on lit ainsi d'abord que « Roland sent bien que sa mort est proche » (*IS*, 163), puis que « la mort s'empare de lui » (*IS*, 167), et enfin que « son temps est fini » (*IS*, 167) avant qu'il s'étende sous un pin et que, « les mains jointes, il [aille] à sa fin » (*IS*, 169). Dans *Amédé*, Georgette LeBlanc utilise une progression semblable pour annoncer la mort imminente de l'accordéoniste : décrivant la dernière soirée des musiciens, la narratrice révèle d'abord que « c'est de-même que cte soir-là / […] la course finit » (*GL*, 75), puis elle précise que Lejeune et Amédé jouent alors « le dernier voyage ensemble » (*GL*, 77), soulignant ensuite qu'une « tune [peut être] / une dernière vie » (*GL*, 77). À ce moment, Amédé, comme Roland, sait que « son temps [est] venu » (*GL*, 78) ; par conséquent, frappé à mort par la voiture, il laisse « son grand corps rentrer / dans toute la force / dans toute la terre de son cri » (*GL*, 78). Ainsi, dans les deux textes, l'image de la mort se précise peu à peu d'une laisse à l'autre jusqu'à la scène finale où les deux hommes en acceptent l'idée et s'y livrent volontairement.

La fin de l'un comme de l'autre révèle toutefois aussi un accomplissement. Roland s'éteint en apparence vaincu, après un ultime combat, mais son idéal chevaleresque a été atteint : il évoque en effet, avant de mourir, l'essence même de sa vie, soit les conquêtes qu'il a menées au nom de son seigneur, Charlemagne. Il meurt apaisé car il a accompli sa tâche, son idéal : « il est mort en conquérant » (*IS*, 167). De plus, même après sa mort, il reste une inspiration pour ses pairs ; Charlemagne, surtout, reprendra ainsi la lutte pour qu'il ne soit pas mort en vain. La mort d'Amédé, quant à elle, évoque des effets semblables, mais transposés au domaine musical : lors de son dernier spectacle, il se souvient lui aussi de ses accomplissements, soit toutes ces années « à nager enraciné

[…] / à faire danser / à faire grouiller, à faire lever / les skirts du temps » (*GL*, 76), alors qu'il poursuivait la recherche de son Livre. Comme Roland, il comprend alors qu'il a accompli sa quête car le Livre n'est rien d'autre que « la tune de la parenté » qu'il joue si bien. Ses racines sont inscrites en lui-même : « toutes ces années-là, il avait cherché / avec le Livre dans le ventre » (*GL*, 78). Enfin, le jeune accordéoniste demeure lui aussi une source d'inspiration au-delà de la mort ; pour Lejeune, bien sûr, mais également pour « un grand homme au corps épais[18] » (*GL*, 80), un musicien vagabond qui, comme Amédé avant lui, cherche à saisir ses origines, « à comprendre son chemin » (*GL,* 80). Or, ce musicien, passant un jour devant la demeure de Lejeune, entend un disque enregistré par Amédé et cette musique, « [c]e cri l'appelit comme une parenté perdue » (*GL*, 81). Il s'installe alors au Village, jouant avec le violoniste jusqu'à ce qu'ils se sentent « bien plantés, enracinés, […] et la tune rebraquit à danser » (*GL*, 81). L'héritage d'Amédé permet de la sorte la survivance de la musique cadienne, comme l'histoire de Roland celle de l'idéal chevaleresque.

Il est ainsi possible d'établir de nombreux rapprochements entre la chanson de geste, plus particulièrement *La Chanson de Roland*, et *Amédé*. Les aspects médiévaux de ce dernier débordent cependant le domaine épique pour rejoindre d'autres topoï de la littérature française du Moyen Âge. La recherche du Livre, quête identitaire d'Amédé, rappelle par exemple la célèbre Quête du Graal, objet mythique de la chrétienté ; le bois par où arrive Amédé s'apparente à la forêt des romans de la Table Ronde, autre lieu d'où surgissent nouveautés et mystères ; Rose, dont Amédé tombe amoureux, évoque le personnage éponyme du *Roman de la Rose* de Jean de Meun (13ᵉ s.) tant par son nom que par les défenses dont elle est entourée, Grosse Tête ressemblant étrangement à Danger ; enfin, les figures allégoriques qui hantent *Amédé*, entre autres Vigilance et la Justice, rappellent également le roman de

---

18. Allusion à Iry Lejeune (1928-1955), accordéoniste qui joua avec Dennis McGee et qui interpréta de façon remarquable le *Evangeline Special*. Pour entendre cette interprétation, consulter en ligne : http://www.youtube.com/watch?v=qyeR05WwF7Y (page consultée le 31 octobre 2013). Notons qu'Iry Lejeune connut une fin semblable à celle d'Amédé : il mourut frappé par une voiture, alors qu'il changeait un pneu crevé. Mes remerciements à Robert Viau pour m'avoir fourni ce renseignement et l'adresse du site.

Jean de Meun, qui donne vie à des personnages comme ceux de Faux-Semblant et Malebouche. Georgette LeBlanc procède ainsi en partie par mimésis lorsqu'elle écrit *Amédé*, puisant dans le Moyen Âge une façon de faire qui puisse rendre justice à son sujet. Choix sensible et judicieux car en effet l'œuvre qui en résulte, les enregistrements d'Amédé Ardoin sont là pour en témoigner[19], permet de saisir toute la force du « cri » du musicien louisianais et, ce faisant, approche ce dernier de la légende. Comme une nouvelle chanson, comme une nouvelle geste...

---

19. Pour entendre la musique d'Amédé Ardoin, consulter en ligne : http://www.youtube.com/watch?v=9EMELyoCE7k et http://www.youtube.com/watch?v=9EMELyoCE7k (pages consultées le 31 octobre 2013).

BIBLIOGRAPHIE

Ancelet, Barry Jean, Jay Edwards et Glen Pitre, *Cajun Country*, Jackson, University Press of Mississipi, 2012, 281 p.

-----, *The Makers of Cajun Music/Musiciens cadiens et créoles*, Sillery, Presses de l'Université du Québec/Austin, University of Texas Press, 1984, 160 p.

Chrétien De Troyes, *Œuvres complètes*, édition publiée sous la direction de Daniel Poirion, Paris, Gallimard, coll. « Bibliothèque de la Pléiade », 1994, 1531 p.

Harris, Craig, « Amédé Ardoin », en ligne : http://www.all music. com/artist/am%C3%A9d%C3%A9-ardoin-mn000 0022065/biography (page consultée le 24 septembre 2013).

Horrent, Jules, « Roland (Chanson de) », Geneviève Hasenohr et Michel Zink (dir.), *Dictionnaire des lettres françaises. Le Moyen Âge*, Paris, Fayard, coll. « La Pochothèque », 1992, p. 1298-1304.

Leblanc, Georgette, *Alma*, Moncton, Perce-Neige, coll. « Poésie », 2007, 95 p.

-----, *Alma : une performance acadienne,* thèse de doctorat, Université de la Louisiane à Lafayette, Lafayette, 2007, 279 p.

-----, *Amédé*, Moncton, Perce-Neige, 2010, coll. « Poésie », 81 p.

Marie De France, *Œuvres complètes*, t. 1, édition critique, traduit de l'ancien français par Nathalie Desgrugillers-Billard, Clermont-Ferrand, Éditions Paleo, coll. « L'encyclopédie médiévale », 2007, 345 p.

Poirion, Daniel, « Chanson de geste », Geneviève Hasenohr et Michel Zink (dir.), *Dictionnaire des lettres françaises. Le Moyen Âge*, Paris, Fayard, coll. « La Pochothèque », 1992, p. 238-243.

Short, Ian, *La Chanson de Roland*, édition critique, traduit de l'ancien français par Ian Short, Paris, Livre de Poche, coll. « Lettres gothiques », 1990, 275 p.

Zumthor, Paul, *Essai de poétique médiévale*, Paris, Édition du Seuil, 2000, 619 p.

-----, *La lettre et la voix. De la « littérature » médiévale*, Paris, Seuil, coll. « Poétique », 1987, 346 p.

FAMILLE ET FILIATION DANS *LES SOUPES CÉLESTES* ET *UNE MORT HONORABLE* DE JACQUES SAVOIE

CÉCILIA W. FRANCIS
Université Saint-Thomas

La thématique familiale traverse de part en part l'ensemble de l'œuvre littéraire de Jacques Savoie, à tel point qu'on n'est pas étonné de constater sa résurgence dans *Les soupes célestes* (2005) et *Une mort heureuse* (2010). En vertu de la récurrence du propos familial, ces écrits de la maturité font écho aux débuts du parcours de l'écrivain d'origine acadienne, surtout aux romans *Les portes tournantes* (1984) et *Le récif du Prince* (1986). Rappelons que Jacques Savoie y a traité de divers drames générés par l'éclatement familial chez des personnages liés aux milieux artistiques et au monde des médias. À l'égard des *Portes tournantes*, on se souvient de la déchirure vécue par la mère musicienne, Céleste, qui ayant abandonné son jeune fils au Nouveau-Brunswick pour poursuivre une carrière artistique à New York, tâche de se racheter en lui adressant des lettres qui lui parviendront après sa mort. Dans le second roman cité, Vassilie, une adolescente de 17 ans, a accepté un emploi d'été dans une tour de contrôle située sur le récif du Prince, au large du Saint-Laurent. Placée devant une absence de communication la séparant de ses parents, absorbés par leurs carrières respectives menées derrière l'écran télévisuel, elle décide dans un ultime geste de révolte et d'auto-affirmation de tout abandonner et de fuir. Or, si le scénario familial continue à interpeler Jacques Savoie, dans son œuvre plus contemporaine, celui-ci tend à le représenter dans des contextes de plus en plus divers, où le référent acadien s'universalise. Il s'agit, d'une part, dans *Les soupes célestes*, d'une cellule familiale bourgeoise, richissime, ayant comme contrepoint une communauté de laissés pour compte; d'autre part, lisant *Une mort heureuse*, le lecteur découvre les dessous d'un milieu d'espionnage et de crime impliquant une famille disloquée, touchée par des abus, révélés par la mondialisation. C'est dire qu'on décèle chez Savoie une certaine métamorphose eu égard à son traitement du leitmotiv familial, car à la différence de ses premiers écrits, l'objectif actuel de l'écrivain revient à greffer à des récits de lignage et d'ascendance un souci plus marqué envers des préoccupations sociales liées notamment à l'équité et à la justice.

Soutenir que la vaste majorité des écrits de Jacques Savoie se cristallise autour de l'exploration des relations familiales invite du coup à se pencher sur des éléments biographiques de l'auteur et à élucider son appartenance acadienne en tant qu'héritage identitaire et familial, au sens collectif. Soulignons que Jacques Savoie a à son actif une riche panoplie de productions engageant ses talents en tant qu'auteur, scénariste, musicien et réalisateur[1]. Cette immense polyvalence dans le domaine de la création l'a amené vers un cosmopolitisme qui a enrichi son idée d'appartenance[2]. Certes, son ascendance acadienne a influencé ses années formatrices, l'éclosion de sa sensibilité artistique: «Je suis né à Edmundston, j'ai été élevé à Campbellton et à Bathurst, j'ai travaillé à Moncton, puis j'ai des relations des gens du Nord-Est [*sic*]. Pour moi, ce territoire-là n'est pas une abstraction, j'y ai vécu et il compose qui je suis[3].» Sur le déclenchement du désir d'écrire, Jacques Savoie affirme: «J'ai toujours écrit. Mon père aussi était écrivain. Il a publié quatre ou cinq livres sur l'histoire contemporaine de l'Acadie. Ma mère, elle était musicienne et lisait beaucoup[4].» Cet

---

1. Pour une liste exhaustive des publications littéraires et des créations artistiques de Jacques Savoie, veuillez consulter David Lonergan, *Paroles d'Acadie: Anthologie de la littérature acadienne (1958-2009)*, Sudbury, Prise de parole, 2010, p. 178-180 et le blog de Jacques Savoie: http://jacquessavoie1.blogspot.ca/search?updated-min=2013-01-01T00:00:00-08:00&updated-max=2014-01-01T00:00:00-08:00&max-results=6 (consulté le 12 décembre 2013).
2. Voir à ce sujet, Jean Levasseur, «Portrait d'auteur. Jacques Savoie: de Moncton à Montréal», *Francophonies d'Amérique*, n° 9, 1999, p. 41-47.
3. Propos de Jacques Savoie, «Table ronde sur l'identité et la création culturelle en Acadie», *Revue de l'université de Moncton*, vol. 27, n° 2, 1994, p. 215.
4. Propos de Jacques Savoie recueillis par Robert Viau, «Jacques Savoie: une histoire de cœur», *Lettres québécoises*, n° 62, 1991, p. 9.

héritage attesté, les choix personnels de l'auteur, indissociables du primat d'une liberté artistique totale, ont toutefois impliqué un déplacement vers l'ailleurs, ce que Savoie a défendu en raison d'un besoin d'appartenance à une communauté d'artistes située en dehors de contraintes spatio-temporelles. Or, force est de constater que même si bon nombre de romans de l'écrivain ne traitent pas de l'identité acadienne et relèvent ainsi de la catégorie d'œuvres dénommées «atopiques», selon la définition proposée par Bernard Émont[5], la filiation acadienne continue de nourrir sa création et constitue parmi plusieurs dimensions une tangente incontournable qui façonne l'œuvre à chaque fois de manière distincte. C'est dire qu'aux yeux de Savoie sa filiation acadienne est inséparable du nomadisme et du transfuge, traits caractéristiques du peuple acadien et qui sous-tendent sa conception de l'artiste comme étant «quelqu'un qui est profondément libre[6]» et qui assume ces choix. Selon Pénélope Cormier, c'est l'art qui devient le lieu de prédilection de l'enracinement de l'artiste.

> [S]on «exil» se fait moins d'un lieu physique à un autre — de l'Acadie au Québec, par exemple — que d'un lieu physique à un lieu virtuel, indépendant des réalités spatio-temporelles: le lieu de la communauté artistique. La modernité artistique constitue la seule valeur légitime pour la collectivité d'artistes[7].

Voilà pourquoi Jacques Savoie ne saurait concevoir une logique d'appartenance qui serait réduite à une définition du territoire, laquelle aurait tendance à exclure certains artistes. «Pour moi, l'Acadie est historiquement un peuple éclaté, et je ne peux pas

---

5. Bernard Émont, « Le discours identitaire dans l'écrit acadien contemporain, 1990-1999 », Ghislain Clermont et Janine Gallant (dir.), *La modernité en Acadie*, Moncton, Chaire d'études acadiennes, Université de Moncton, 2005, p. 140.
6. Lévasseur, *op. cit.*, p. 255. Jacques Savoie précise: «Pablo Picasso a travaillé à Paris toute sa vie avant de se retirer dans le midi de la France, mais, pour les Espagnols, il est le plus grand peintre espagnol». *Ibid.,* p. 255.
7. Pénélope Cormier, « Modernité et nomadisme artistiques dans *Les portes tournantes* de Jacques Savoie», *Francophonies d'Amérique*, printemps 2005, n° 19, p. 189.

comprendre qu'une pensée moderne en Acadie soit une pensée qui exclut[8] » ses membres exilés.

Rappelons que l'éclatement dont parle Jacques Savoie constitue une allusion directe au Grand Dérangement, à la Déportation en 1755 des Acadiens de Nouvelle-France par le gouvernement britannique. Il importe de préciser que le *dérangement* fut surtout ressenti au sein de cellules familiales qui ont subi non seulement une dislocation, mais encore une dispersion impliquant directement les membres issus de ces unités parentales. Cette destruction du tissu familial en tant que base de la société acadienne eut des effets désastreux, car c'est dans la famille que s'opère la transmission linguistique et culturelle (traditions, rites, culte), fondements mêmes de l'identité de l'individu. Certes, le thème de la transmission rompue ou déficiente et ses retombées subconscientes troublantes a été exploité par maints créateurs acadiens, que l'on pense à Antonine Maillet, à France Daigle[9] ou à Zachary Richard, pour nommer les mieux connus. Or, dans ses romans récents, Savoie choisit d'élargir l'empan de telles explorations afin de privilégier des problématiques différentes qui interpellent la société postmoderne d'aujourd'hui. Dans *Les soupes célestes* et *Une mort heureuse*, les drames familiaux présentés adoptent comme structure spatio-temporelle principale les cadres du Québec (Montréal), du Nouveau-Brunswick (le littoral acadien) et de l'Inde (la région du nord) captés au 21e siècle, et s'inscrivent dans une perspective pluraliste qui recoupe le traitement qu'on lui accorde dans le roman contemporain.

IDENTITÉ, FAMILLE, LITTÉRATURE FRANCOPHONE

La démarche de Jacques Savoie s'appuie à bien des égards sur les enseignements de Dominique Viart qui affirme qu'en dépit du procès acerbe réservé à la notion de famille tout au long de la première moitié du 20e siècle, on assiste depuis plusieurs décennies

---

8. Propos de Jacques Savoie, « Table ronde sur l'identité et la création culturelle en Acadie », *op. cit.*, p. 221.
9. Pour une analyse du traitement du thème, voir notre article, « France Daigle. À propos des jeux de l'art et du hasard », *Canadian Literature/Littérature canadienne*, été 2006, n° 189, p. 183-192.

à un retour en force de pratiques littéraires multiples et transgenres qui élisent le paradigme de la filiation comme foyer privilégié d'interrogation et d'inspiration[10]. C'est dire que la fascination que semble exercer le travail littéraire d'élucidation des origines, des ascendances, des dynamiques relationnelles intimes n'est pas un effet de hasard, puisque comme on l'a vu le concept de famille constitue un référent fondamental de l'identité individuelle. Philosophes et théoriciens, de Paul Ricœur et Emmanuel Levinas à Émile Benveniste et à Julia Kristeva, postulent qu'un sentiment d'identité ne saurait s'éprouver qu'en fonction d'une intersubjectivité essentielle, voire nourricière. Luc Collès et Monique Lebrun précisent à cet égard que le structuralisme, qui transforme l'épistémologie des sciences humaines, et notamment les sciences du texte, « va opérer une véritable révolution dans l'histoire de notre philosophie [occidentale] en privilégiant la relation sur l'individu et en instituant l'autre comme pôle constituant à la délimitation de notre identité[11] ». À une conception substantielle de l'identité qui percevait le sujet cartésien comme identique à lui-même, le structuralisme oppose une conception différentielle où l'individu se définit moins par ce qu'il est positivement que par les rapports qu'il entretient avec autrui. La relation qui prime sur l'individu amène par conséquent à la reconnaissance d'une altérité constitutive de soi et favorise de la sorte l'interdépendance et l'échange[12]. Les rapports entre le soi et l'autre familial sont ainsi saisis comme des relations internes d'appartenance ou de rupture, des réseaux microcosmiques de fusion, de tension ou d'interdiction, impliquant un ordre généalogique, la mémoire, une vie affective, la transmission ou non d'un héritage identitaire et une descendance. Le milieu sensible de l'intersubjectivité familiale représente de ce fait un creuset riche et protéiforme, inhérent

---

10. Voir notamment Dominique Viart, « Filiations littéraires », Jan Baetens et Dominique Viart (dir.), *États du roman contemporain. Écritures contemporaines 2*, actes du colloque de Calaceite, Fondation Noesis, 6 au 13 juillet 1996, Paris-Caen, Lettres modernes Minard, 1999, p. 115-139.

11. Luc Collès et Monique Lebrun, « La littérature migrante francophone dans les cursus scolaires », Monique Lebrun et Luc Collès (dir.), *La littérature migrante dans l'espace francophone : Belgique - France - Québec - Suisse*, Cortil-Wodon (Belgique), Éditions Modulaires Européennes & Intercommunications S. P. R. L., 2007, p. 5-6.

12. *Ibid.*, p. 6.

aux questionnements qui se prêtent tant aux réflexions d'ordre ontologique ou axiologique qu'aux explorations esthétiques de situations passionnelles et dramatiques des plus véhémentes.

Dans son examen de la filiation en littérature contemporaine, Dominique Viart propose un certain nombre de postulats pour expliquer son extension et sa recrudescence, lesquels éclairent les romans à l'étude de Savoie. Si, d'après le chercheur, les questions d'Histoire, de mémoire, de témoignage et de restitution sont à l'ordre du jour, la situation historico-culturelle de l'époque actuelle est propice à l'infléchissement du littéraire vers des interrogations d'ordre filial :

> [L]a fin des « grands récits », un système social déterritorialisé, un défaut de transmission des valeurs, des mœurs et des pratiques, une caducité des compétences aggravée par le fait que les aïeux appartiennent à une génération qui a failli, à une civilisation qui a disparu sous l'accélération des mutations socio-économiques et technologiques, sans compter les fractures historiques du siècle passé : tout cela contribue à troubler, parfois invalider le legs des générations antérieures[13].

Une des manières de pénétrer ce legs ancestral parcellaire ou problématique qui résiste consiste à revenir au récit de l'autre. Il s'agit de creuser à l'aide d'une littérature transitive les relations intimes, leurs réseaux de conflits et de tensions, les carences et les ruptures d'ordre interpersonnel, bref divers faisceaux de déterminismes psychosociaux qui influencent en amont les membres d'un entourage immédiat.

Du côté de la pratique, si, d'une part, on doit des apports novateurs à la transposition du dispositif familial en imaginaire littéraire au récit autobiographique, à l'autofiction et à leurs avatars, d'autre part le vaste répertoire de la littérature francophone dont relève la littérature acadienne — minoritaire, postcoloniale — ouvre et enrichit la problématique de la filiation, étant donné ses réalités historiques, socioculturelles et psychiques, largement

---

13. Dominique Viart, « L'archéologie de soi dans la littérature française contemporaine : récits de filiations et fictions biographiques », Robert Dion, Frances Fortier, Barbara Havercroft et Hans-Jürgen Lüsebrink (dir.), *Vie en récits. Formes littéraires et médiatiques de la biographie et de l'autobiographie*, Québec, Nota bene, 2007, p. 129.

empreintes de destitution identitaire. Lire la filiation revient donc à se pencher sur la façon dont les dynamiques relationnelles les plus primaires (roman familial, concept œdipien, patriarcat, matriarcat, mythe, fable) modélisent et déterminent la scénographie et le sens des œuvres littéraires contemporaines. Quelles sont les prises de position éthiques de la filiation (véridiction, dénonciation, transgression) actualisées par les textes ? Quels sont les enjeux formels et poétiques (énonciation, narration, intertextualités) de la représentation du paradigme familial[14] ? Organisée sous forme de diptyque, notre étude propose d'examiner certains de ces éléments au prisme des romans retenus de Jacques Savoie.

ENTRE UN PÈRE MONSTRUEUX
ET UNE FIGURE PATERNELLE GÉNÉREUSE

Dans *Les soupes célestes*, Jacques Savoie entreprend une critique de la figure du père traditionnel saisie selon les traits d'un patriarche bourgeois, dépositaire d'autorité abusive. L'originalité du roman tient à la juxtaposition proposée de ce genre de père tout-puissant que renforcent une fonction sociale de législateur et une fortune familiale considérable, à un deuxième modèle de père. Celui-ci incarne un *pater familias* plutôt d'ordre spirituel, symbolique, associé à la fragilité humaine, à la maladie, et qui cultive la générosité en tant que valeur sociale à réinventer. D'un côté, il s'agit d'Hubert Fortier, ancien juge, époux décédé d'une femme soumise, père de trois fils adultes, qui continue d'exercer un pouvoir d'outre-tombe sur ce clan au moyen d'une fiducie testamentaire établie avant sa disparition. On découvre, de l'autre côté, un personnage aussi énigmatique qu'attachant, Achille Murphy, un professeur ayant dirigé la chaire d'économie dans une université située dans les provinces maritimes[15], mais

---

14. Voir Murielle Lucie Clément et Sabine van Wesemael (dir.), *Relations familiales dans les littératures française et francophone des XXe et XXIe siècles. La figure du père* (vol. 1) et *La figure de la mère* (vol. 2), Paris, L'Harmattan, 2008.

15. Il s'agit de « l'Université Mount Allison, au Nouveau-Brunswick ». Jacques Savoie, *Les soupes célestes*, Montréal, Fides, 2005, p. 82. Désormais, les références à cet ouvrage seront indiquées par le sigle *SC*, suivi du folio, et placées entre parenthèses dans le texte.

suspendu de ses fonctions en raison de sa démence (il souffre de la maladie d'Alzheimer). Un « mélange d'humanité et d'érudition » (*SC*, 55), Murphy est réduit à une vie de mendicité et s'associe en conséquence à un gîte populaire de Montréal dénommé l'*Accueil du Père* (*SC*, 108), ouvert aux hommes sans-abris[16]. Maintenues tout au long du roman, ces deux polarités extrêmes de paternité sont traversées de tensions et de confrontations. Elles provoquent des bouleversements dans les allégeances à l'égard de l'héritage paternel de la famille Fortier et sous-tendent l'éclosion d'un sentiment d'amour filial envers un père substitut que représente Achille Murphy.

C'est en déconstruisant les enjeux de la fidélité et de la déloyauté à l'endroit d'Hubert Fortier en tant que véritable monstruosité paternelle qu'il est possible de mieux saisir le sens du roman de Savoie. Les trois héritiers du clan Fortier entretiennent tous un rapport particulier avec leur père. Max, le cadet, un enfant adopté, « un enfant d'accompagnement » (*SC*, 25) qui devait servir à distraire son aîné s'est senti rejeté par Hubert Fortier, dès son jeune âge. Fils rebelle, il s'organise pour être le plus éloigné possible de ce père tentaculaire en menant une vie de bohème et en poursuivant une carrière aussi brillante que prospère dans le domaine de la publicité. Charles Leclerc, l'aîné, est l'enfant illégitime du père autour duquel plane le mystère : non seulement son statut d'héritier se révèle-t-il lors des tractations de la mère en vue de la dissolution de la fiducie, mais il dissimule à tous son homosexualité. Désireux de le protéger sans l'inclure pour autant dans le bercail familial, Hubert Fortier le nomme directeur de la fiducie familiale et exécuteur testamentaire. Au-delà donc de la mort de son père, ce notaire lui voue une fidélité inébranlable[17]. Le benjamin, Alex, semble être le fils qui reflète le mieux les aspirations familiales, vu qu'il suit dans le sillon tracé par son père : « l'homme de la situation » (*SC*, 16), ambitieux et efficace,

---

16. Dans le roman, l'histoire de l'*Accueil du Père* constitue un gîte pour hommes sans-abri. Afin de créer ce lieu, Savoie fait une transposition fictive de deux institutions existantes à Montréal nommées respectivement, *La Maison du Père* (sise boulevard René-Lévesque est) et *Accueil Bonneau* (sis rue de la Commune).

17. Hubert Fortier continue d'exercer son pouvoir sur ce « fils bâtard » (*SC*, 75) : « Encore ce ventriloque tirant les ficelles au-dessus de la tête de son fils illégitime » (*SC*, 100).

il est un avocat qui vise la magistrature (*SC*, 13). Toutefois, ce personnage éprouve une immense solitude malgré son succès professionnel et c'est dans le cadre de ses consultations auprès d'une psychologue qu'une métamorphose s'amorce dans son attitude envers son père défunt. D'ailleurs, un certain affaissement du monument érigé au nom du père ressort lors d'un des derniers tête-à-tête entre Alex et Max. Il avoue avoir détesté le juge autant que son frère cadet, sans pour autant avoir pu lui exprimer son opposition : « il n'avait pu se défaire de l'image sombre et trouble d'Hubert Fortier. Il n'avait jamais osé s'opposer à son père de son vivant, mais depuis quelques jours sa méfiance à son égard n'avait cessé de croître » (*SC*, 36).

> Même d'outre-tombe, le paternel avait toujours la main haute sur les siens. Par le truchement d'une fiducie testamentaire mise sur pied par Charles Leclerc, son ombre continuait de planer. Le stratagème perpétuait *ad vitam æternam* l'état de dépendance d'Hélène. Pour déjouer la gourmandise du fisc après sa mort, les économies, les fonds de pension, l'assurance-vie, bref la fortune du juge était devenue une entité légale. Un fantôme versant à sa veuve une rente mensuelle indexée au coût de la vie. Un salaire correct mais sans plus, qu'elle continuerait de recevoir jusqu'à sa mort (*SC*, 36).

À cet égard, le sous-texte psychanalytique du roman indique que Savoie est fort sensible à l'importance des enseignements légués par Freud et Lacan, entre autres, en ce qui concerne les relations que noue chaque enfant avec ses parents, particulièrement à l'endroit du père. Selon François Ouellet, qui s'est longuement penché sur la signification de la métaphore paternelle en littérature, la fonction du père s'inscrit au niveau de l'inconscient. Le chercheur rappelle qu'on doit à Freud le complexe d'Œdipe et une théorisation basée sur le mythe du meurtre du père primitif[18] et à Lacan le concept de Nom-du-Père : « le père en tant qu'il promulgue la loi est le père mort, c'est-à-dire le symbole du père[19] ».

---

18. Sigmund Freud, *Totem et tabou*, Paris, Gallimard, 1993, et du même auteur, *L'homme Moïse et le monothéisme*, Paris, Gallimard, 1986.
19. Jacques Lacan, *Le séminaire V. Les formations de l'inconscient,* Paris, Seuil, 1998, p. 146.

[L]e sujet ne cessera jamais de *nommer* son désir à travers une chaîne signifiante ordonnée par la métaphore paternelle, et par là de rejouer les conditions de son accès à l'univers symbolique (le double mouvement de parricide et de reconnaissance de la loi) à travers sa tentative de se faire père[20].

Notons que ce discours théorique qui s'apparente aux consultations avec Iseult, la thérapeute, retrouve une certaine concrétisation au plan narratif du texte, à l'aide des rebondissements de l'intrigue romanesque. Car c'est dans la foulée de la disparition du personnage de Max que s'érige la révolte symbolique du fils, la rupture d'Alex par rapport à Hubert Fortier.

À la mort de Max, survenue accidentellement à l'âge de 33 ans, Alex fait la connaissance d'un certain Achille Murphy puisque son frère adoptif, à l'insu de tous, avait compté ce «clochard» (*SC*, 32) parmi ses héritiers. Max avait fait la connaissance d'Achille à l'*Accueil du Père*, situé rue de la Commune dans le Vieux-Montréal, endroit qui devait lui rappeler l'orphelinat de son enfance où il éprouvait un sentiment d'appartenance. Avec Achille et sous la direction d'une femme nommée Brigitte, déguisée en religieuse, Max participait souvent à la préparation de la soupe quotidienne offerte aux itinérants. Or, si cet homme «au cerveau brillant mais quelque peu détraqué» (*SC*, 181) contribue au bon fonctionnement de l'*Accueil*, il possède en même temps des connaissances poussées des théories de Marx, d'Adam Smith et de Nietzsche et envoûte par son talent oratoire non seulement Max et les habitués du gîte populaire, mais aussi la veuve de Hubert Fortier. En somme, c'est surtout en raison de son humanisme et de sa générosité qu'il est devenu le pseudo père de Max[21].

C'était un poète. Les analyses étaient parfois boiteuses, mais on ne pouvait rester insensible à l'émotion que Murphy suscitait. Alex comprenait un peu mieux pourquoi sa mère avait été si

---

20. François Ouellet, *Passer au rang de père. Identité sociohistorique et littéraire au Québec*, Québec, Nota bene, 2002, p. 21.
21. Alex découvre dans le loft de Max, après sa mort, une photo montage d'Achille Murphy ressemblant à la photo d'Einstein prise par Yousuf Karsh (*SC*, 152), accrochée dans sa chambre : « Pour réaliser une si belle image de l'ancien professeur et l'accrocher ainsi dans cet endroit, il fallait que Max ait beaucoup aimé cet homme. » (*SC*, 152)

fascinée par cet homme. Au-delà des contradictions dont il abusait allègrement, Achille était vraiment un humaniste […]. Sous l'avalanche de mots, […] il avait le souci de son semblable. Ce n'était ni par indulgence ni par amour de Dieu qu'il se comportait ainsi. Il était comme cela, tout simplement (*SC*, 173).

Le réquisitoire de Murphy contre l'injustice sociale s'illustre du fait que sur les vingt-cinq mille dollars reçus en héritage de Max, lui qui vit dans l'indigence offre à l'*Accueil* un montant de vingt mille dollars pour la rénovation de la cuisine commune. Des éléments du discours d'Achille Murphy éclairent la distinction qu'il établit entre la charité et la générosité :

La charité est une vertu inventée par les théologiens. L'amour de Dieu nous pousse à aider notre prochain. […] Smith tenait vraiment à ce qu'on sache qu'il n'agissait pas pour cette raison […]. L'amour de Dieu n'a rien à voir avec la générosité. Il s'agit d'une qualité humaine. Comme la bonté, par exemple... (*SC*, 173)[22].

Le sens du partage de Murphy dépasse en effet les bornes imaginables. Spécialiste en fiscalité, il fait comprendre à Hélène que son patrimoine familial, qui cumule la fiducie testamentaire et la fortune léguée de Max, est si exorbitant qu'il ne serait jamais épuisé par ses héritiers. Il l'enjoint donc de faire un don financier important à l'*Accueil*, si bien que le montant épargné strictement en impôts (environ deux millions et demi de dollars) serait largement suffisant pour satisfaire aux besoins de ses descendants (*SC*, 70). L'épisode en question suscite de vives inquiétudes à la fois chez Alex et Hubert, car durant un certain moment tous deux se méfient d'Achille, croyant que le professeur « prêchant ses paradoxes et ses contradictions dans un refuge pour itinérants » (*SC*, 84)[23] était au fond un charlatan qui cherchait à profiter de la fragilité de leur mère, secouée par son deuil de Max.

---

22. Rapportant les propos de Jacques Savoie, Sabin Desmeules précise que le thème de la générosité est à la base du roman. Voir « Le secret d'une bonne soupe », *L'accent acadien*, du 5 au 11 mars 2005, p. 3, cahier spécial de *L'Acadie nouvelle*, le 5 mars, 2005.

23. Brigitte note certaines déclarations d'Achille dans son cahier de recettes. À titre d'exemple : « Partant du principe que le profit est la part non payée du

Bien que le don ne se fasse pas dans les circonstances imaginées, en raison de la disparition soudaine d'Hélène, le projet extraordinaire proposé éclaire le désir d'Achille de philanthropie, de partage des richesses. À cet égard, celui-ci évoque toujours l'exemple d'Adam Smith qui ayant accumulé une immense fortune s'est mis à donner son argent à la fin de sa vie. « La loi du marché, celle de l'offre et de la demande, et toutes les autres qu'il avait énoncées n'avaient pu endiguer la pauvreté qui l'entourait. Il fallait s'y prendre autrement. Trouver une autre façon de redistribuer la richesse... » (*SC*, 166-167). Achille explique que « le père Smith tenait à ce qu'on le sache. En distribuant son argent dans les rues de Londres, il ne faisait pas la charité. Il était généreux » (*SC*, 172). Le geste d'Achille Murphy s'avère donc doublement important. La psychologue d'Alex éclaire la force du projet de redistribution du clochard, car ce don démesuré représente en réalité le moyen définitif d'enrayer l'influence de son père sur ses héritiers (*SC*, 138). Le coup d'Achille « s'avérait l'ultime pied-de-nez au juge » (*SC*, 140) que lui-même en tant que fils n'avait jamais eu le courage de faire. « Enterrer le juge une fois pour toutes [...] c'est un peu ce qu'Achille Murphy avait fait » (*SC*, 140).

DE LA RÉVOLTE DU FILS À LA FAMILLE RECONSTITUÉE

Alex finit par comprendre que « tuer le père » (*SC*, 227), c'est-à-dire se libérer de l'emprise qu'exerce sur lui le fantôme de son père biologique, obsédé par la consolidation et le contrôle de son immense fortune, exige de sa part une évolution dans son optique du monde. Selon François Ouellet, l'étape préalable à l'affirmation de soi qui consiste à *tuer le père* s'impose afin de pouvoir passer soi-même au rang de père ; « c'est devenir père pour soi-même, mais autre que ce que fut le père : le meurtre symbolique doit permettre au fils de redéfinir sa relation au père, le rapport à la paternité[24] ». Relié à la révolte du fils, le meurtre en tant que parricide métaphorique est donc le point de départ d'une nouvelle

---

travail de l'homme, chacun cherche à s'arroger cette part non payée, donc à exploiter l'homme. Ce qui engendre l'égoïsme et l'isolement. Le profit pour tous, mais chacun pour soi. » (*SC*, 83)

24. Ouellet, *op. cit.*, p. 18-19.

vie, parce qu'il est « l'expression la plus extrême d'un désir de redéfinir l'image du père[25] ».

Du même coup, ce geste d'opposition face à son père fraye une voie chez Alex vers une acceptation non seulement d'Achille, mais aussi de l'altérité, des aspects odieux et abjects du monde[26]. Voilà pourquoi après une période prolongée d'évitement et de tergiversation, il finit par inviter Achille à loger chez lui. Celui-ci devient le chauffeur privé d'Alex et les deux parviennent finalement à se réconcilier en vertu de leur deuil partagé par rapport à Hélène et de leur entraide offerte à l'*Accueil*. Durant cette période de douze jours intenses au cours desquels Alex délaisse ses fonctions professionnelles, ils se lient d'une amitié profonde. Tellement qu'à la mort soudaine d'Achille — en raison d'une explosion provoquée par un conduit de gaz[27] —, Alex le fait enterrer dans le caveau de la famille Fortier, à côté de la place d'Hubert Fortier, en dépit du désaccord de Charles (*SC*, 192)[28]. Ce n'est toutefois qu'à la suite du décès d'Achille qu'Alex parvient à saisir le sens de l'héritage que cet homme lui a transmis.

Le soir du téléthon organisé par Sœur Brigitte en vue de ramasser des fonds pour la restauration de l'édifice de l'*Accueil*, Alex se rend compte que son don anonyme de cent mille dollars reste insuffisant, car il ne lui permet pas de redistribuer sa richesse.

> Ce téléthon était sans âme et, quoi qu'il fasse, il n'y changerait rien. Il pensa alors à Achille. Ou plutôt à ce qu'Achille aurait pensé de cette triste affaire. Un clown vendait l'illusion de la générosité. On donnait le numéro de sa carte de crédit puis, après avoir éteint la télé, on allait dormir tranquille. N'était-ce pas acheter la paix (*SC*, 210)?

---

25. *Ibid.*, p. 19.
26. Voir à ce sujet notamment, Julia Kristeva, *Étrangers à nous-mêmes*, Paris, Gallimard, 1991.
27. Jacques Savoie s'inspire d'un événement qui s'est produit le 9 juin 1998. Une explosion ravageait l'édifice de l'Accueil Bonneau et a provoqué la mort de deux bénévoles et d'une sœur grise ; il y a eu des dizaines de blessés. Voir : http://www.ledevoir.com/societe/sante/193254/en-bref-l-accueil-bonneau-souligne-les-dix-ans-de-l-explosion (consulté le 12 décembre 2013).
28. Charles désapprouve : « C'était un mendiant ! criait-il. Il ne peut pas reposer aux côtés de papa ! Lorsque cette comédie sera terminée, je le ferai enterrer ailleurs ! » (*SC*, 196).

Ainsi, il décide d'offrir un montant exorbitant de cinq millions de dollars pour le livre de recettes de Sœur Brigitte, dans lequel sont inscrites les pensées d'Achille[29]. Or encaisser un tel montant de la fiducie impliquerait l'acquisition d'un gain capital énorme, ce qui entraînerait un taux d'imposition fiscale de deux millions de dollars. Craignant une dilapidation de la fortune familiale, Charles s'y oppose farouchement. Il propose plutôt à Alex de présenter les cinq millions sous forme de don, ce qui permettrait de se soustraire aux impôts. Alex défend en revanche sa position, car il désire rembourser à la société les dettes impayées de son père :

> [P]endant toute sa vie, papa n'a eu qu'une devise : ne jamais payer d'intérêts, ne jamais payer d'impôts. Voilà pourquoi il a créé cette corporation devenue à sa mort une fiducie. Pour se soustraire au fisc ! Pour se soustraire à ses responsabilités sociales parce qu'il s'est toujours cru au-dessus de tout. Au-dessus des lois... [...] Payer les impôts de papa trois ans après sa mort semble un juste retour des choses (SC, 219).

S'efforcer de rectifier les torts de son père par le règlement des impôts que celui-ci avait esquivés sa vie durant demeure certes un geste extrême. Qu'à cela ne tienne, il se veut proportionnel dans sa démesure à la transformation aussi radicale de la logique d'Alex. Car dépenser l'argent de la fiducie tout en assumant l'imposition fiscale exigée pour reconstruire l'*Accueil* lui permettrait d'éradiquer l'image d'un père égoïste, calculateur et aliénant. Alex épouse de la sorte concrètement les valeurs et la vision du monde incarnées par Achille Murphy.

Toutefois, pour y parvenir, il faudrait qu'il fasse un pas de plus. Iseult explique à Alex que les mesures draconiennes prises par Charles pour empêcher que soit encaissés les cinq millions de dollars de la fiducie — il menace d'imposer à son frère une injonction d'inaptitude — constituent sa manière de demander une reconnaissance en tant que frère[30]. « Charles cherche à vous dire

---

29. « C'étaient les mêmes cinq millions qu'Hélène avait offerts avant de mourir. Seule la mémoire d'Achille s'y était ajoutée, comme une plus-value » (SC, 211).
30. « [Charles] aurait tant aimé qu'Alex l'écoute, le considère. Reconnaisse sa différence. Combien de temps encore lui faudrait-il attendre pour avoir une place » (SC, 219).

quelque chose. Mais vous refusez de l'entendre. Alors, il se tourne vers les tribunaux pour combler un vide qu'il ressent » (*SC*, 228). Qui plus est, la thérapeute invite Alex à réfléchir au sens du mot « accueil » tel qu'il s'associe à Achille Murphy et à ceux et à celles reliés à la soupe populaire du Vieux Montréal[31].

> Votre père ne vous a jamais « accueilli », ni vous ni votre frère Max. Voilà que Charles vous demande de « l'accueillir ». Comment pouvez-vous donner ce que vous n'avez jamais reçu ? […] En fait, « l'accueil » qu'on vous a refusé, vous voulez l'offrir à certains mais pas à tout le monde. Vous voulez donner de l'argent, une fortune, mais vous repoussez Charles parce que vous l'identifiez à votre père... (*SC*, 237).

L'acceptation de son demi-frère doit faire partie de sa nouvelle quête en vue d'une existence plus équitable que celle léguée non seulement par son père, mais aussi par son milieu social aisé. En effet, ce changement de paradigme parental sous-entend non seulement une redistribution des ressources financières des mieux nantis, mais également une compassion au niveau des paroles et des gestes vis-à-vis autrui. Accepter Charles tel qu'il est en le dissociant du père Fortier permet finalement de l'accueillir en tant que vrai frère. Enfin les deux parviennent à une entente concernant la redistribution des cinq millions de dollars à l'*Accueil* qui revient à la forme du projet initial de don proposé par Achille Murphy, désigné « le don d'Hélène » (*SC*, 254).

    La reconstruction de l'édifice de l'*Accueil* et sa réouverture comme culmination du don généreux de la part d'Alex (au nom de sa mère) se posent en tant que métaphore d'une refonte tant de la société que de la famille traditionnelle. Lors de la réouverture du gîte, on assiste à l'inauguration de « L'espace Achille Murphy » (*SC*, 258), désignation donnée à la grande salle à manger restaurée où domine la photo montage d'Achille conçue par Max. La mise à l'honneur de cet homme démuni mais débordant de sagesse et d'altruisme présuppose qu'on l'érige officiellement en père symbolique, incarnant un héritage fondé sur l'entraide et le

---

31. « C'est à l'*Accueil du Père* que votre frère Max a rencontré Achille Murphy. C'est là que votre mère est morte. C'est pour reconstruire l'*Accueil* que vous vous démenez comme un diable » (*SC*, 236).

partage. À la différence du patriarcat égocentrique d'Hubert Fortier, ce nouveau modèle de père se trouve à la tête d'une famille nombreuse fort diverse, reliée non pas par un patrimoine matériel et financier, mais par son humanité, par son besoin inhérent de solidarité. Au niveau du dénouement, la réouverture de l'*Accueil* est l'occasion d'une grande fête communautaire qui coïncide avec l'annonce de la paternité d'Alex, grâce à Brigitte devenue son amoureuse et qui porte son enfant (*SC*, 364). Passer à ce rang du père veut dire qu'Alex réussit bel et bien à abolir une fois pour toutes l'emprise sur lui de l'héritage problématique du juge Fortier. Enfin, son enfant à naître, en tant que rejeton d'une famille renouvelée, fondée sur des valeurs philanthropiques imprégnées de l'œuvre charitable d'Achille Murphy, apporte de l'espoir au rêve du jeune père. Car sa nouvelle *weltanschauung* s'articule dès lors en fonction d'un désir réel de contribuer à l'émergence d'une société davantage équitable.

DYNAMIQUES FAMILIALES ET MONDES DU CRIME

Dans *Une mort honorable* où l'écriture de Savoie emprunte au polar, le thème de la filiation s'enchevêtre dans une dyade d'intrigues policières[32]. En convalescence à la suite d'une blessure survenue à la mâchoire, Jérôme Marceau, 56 ans, adjoint à l'enquêteure chef des homicides du Service de Police de la Ville de Montréal (*SPVM*), se trouve embourbé dans deux sortes de poursuites. Il est soupçonné d'avoir collaboré au vol de 5 000 passeports canadiens vierges, soutirés des voûtes d'entreposage au troisième sous-sol de la Place Guy-Favreau, ancien fief des forces fédéralistes[33]. La suspicion du protagoniste dans cette affaire découle du fait qu'il s'avère être l'unique détenteur d'un document

---

32. Voir Jacques Savoie, *Une mort honorable*, Montréal, Libre Expression, 2012. Désormais, les références à cet ouvrage seront indiquées par le sigle *MH*, suivi du folio, et placées entre parenthèses dans le texte. Il constitue le deuxième volet d'une série romanesque ayant pour premier titre le roman *Cinq secondes* (2010).

33. « La construction de ce qui allait devenir Place Guy-Favreau s'est poursuivie jusqu'en 1983. La grande frayeur du référendum avait secoué Ottawa et l'idée d'une nouvelle consultation populaire sur *la* question était dans tous les esprits. [...] [S]ous des dehors plutôt anonymes, la Place Guy-

secret nommé le *Protocole de 95*, dictant la démarche péquiste advenant la victoire des tenants du « oui » du référendum sur la souveraineté du Québec en 1995. Dans ce traité, on prévoyait refuser de négocier l'indépendance selon les conditions données au préalable ; on planifiait entre autres mesures de saisir des documents relatifs au territoire et d'annexer à la province le sous-sol fédéraliste (*MH*, 63), situé à l'endroit précis où s'est produit le fameux vol des passeports[34]. Vu sa familiarité des entrailles de la ville de Montréal, ses tunnels, allées et bunkers souterrains, lieux de transactions politiques clandestines, Jérôme est poursuivi tour à tour par la GRC et le SCS (Sécurité et Contrôle souterrains). Il se défend néanmoins avec vigueur, fait preuve de ruse et de stratagèmes pour déjouer ses assaillants dans ce qui aurait pu prendre les proportions d'une catastrophe nationale.

En même temps, cet enquêteur compulsif se trouve confronté à un certain nombre d'indices qui lui révèlent des traces d'un crime d'honneur. Un tel acte violent visant l'anéantissement d'un membre familial pour cause de disgrâce est relié à un ressortissant indien qu'il rencontre lors d'un achat de véhicule usagé. Travaillant pour une multinationale française en Inde, Sanjay Singh Dhankhar suit une formation à Montréal, y séjourne avec sa femme et ses deux filles, Rashmi et Sangeeta, âgées respectivement de vingt-deux et de dix-sept ans. Jérôme va déployer tous ses talents d'enquêteur pour démêler cette affaire macabre. En somme, ne considérant que sa vie professionnelle, l'existence de notre héros se trouve mêlée aux drames reliés à la métaphore filiale : à une échelle collective, il s'assimile à une famille nationale, au patrimoine du Québec, aux déboires politiques de son histoire récente. De manière simultanée, sa propre vie est perturbée par l'une des tragédies les plus atroces révélées par la mondialisation, caractérisant des pratiques familiales ancrées dans une mentalité patriarcale antique.

Favreau était devenue une véritable forteresse [...] fédéraliste [...]. [Il s'y entreposait] des réserves régionales d'or de la Banque du Canada, des documents précieux et des traités avec les Autochtones » (*MH*, 69). En employant le terme Place Guy-Favreau, Savoie fait une transposition fictive d'un édifice nommé Complexe Guy-Favreau (sis boulevard René-Lévesque ouest).

34. À l'époque, l'édifice fut relié par un accès souterrain à la tour d'Hydro-Québec, quartier général du regroupement des adhérents péquistes.

Observons que l'existence de Jérôme Marceau s'avère autrement complexe. Car au-delà de ses fonctions policières gît chez lui au plan intime son propre traumatisme filial. Pour disséquer cette fêlure, il importe de préciser que cet homme ayant atteint la maturité a souffert pendant toute sa vie d'un handicap physique : victime de la thalidomide, médicament prescrit à sa mère enceinte, comme à des milliers de femmes durant les années 1960, Jérôme est né le bras atrophié. Mais malgré les limitations que cette infirmité lui cause, l'enquêteur réussit à faire son chemin dans les services policiers du fait que son invalidité est compensée par un surcroît d'intuition, des dons analytiques remarquables. Or, en dépit de son succès professionnel, Jérôme ressent nonobstant une humiliation, demeure conscient du rejet d'autrui en raison de sa différence[35]. Qui plus est, ce sentiment d'ostracisme se trouve amplifié par une blessure psychique refoulée qui remonte à l'absence de la figure paternelle. D'origine haïtienne, ayant réintégré son pays, ce père manquant mérite tout au plus le titre de géniteur. À la grossesse de Florence, la mère, il l'abandonne et resurgit à une seule occasion, lors du dixième anniversaire de son fils. Au moment d'un échange de propos avec sa mère, la peine resurgit alors que Jérôme se rappelle un incident survenu le jour de ces retrouvailles. Conscient que son fils ne pouvait attraper « un ballon de football » (MH, 191), le père insista pour le lui lancer, provoquant chez le garçon le vif sentiment d'avoir déçu son père.

> Un beau lancer, bien droit et fort. Mais j'ai été incapable de l'attraper à cause de mon bras. Je n'ai même pas essayé. Je me suis penché et il est passé au-dessus de ma tête. [...] Il m'a dit : « Tu n'es même pas capable d'attraper un ballon ! » [...] Eh oui, ce père qu'il n'avait rencontré qu'une fois l'avait humilié ! (MH, 192)

Sa vie durant, Jérôme porte les séquelles de cette expérience mortifère d'humiliation et d'abandon[36]. Il avoue à sa mère,

---

35. Conscient de ce regard social porté sur lui auquel se mêle la pitié, Jérôme doit subir de se faire appeler par certains collègues un sobriquet dégradant qui vise son infirmité : « Aileron » (MH, 83).

36. L'abandon par le père est souvent au principe du récit de filiation. Voir Dominique Viart, « Le silence des pères au principe du récit de filiation », Études françaises, vol. 45, no 3, 2009, p. 95-112.

dans un rare tête-à-tête alors que celle-ci vit ses derniers jours, que le traumatisme s'est graduellement estompé ou plutôt transposé dans une propension vers un auto-abaissement devant ses supérieurs[37]. Toute sa vie, il s'était fait dire : « Tu n'es même pas capable d'attraper un ballon ! » (*MH*, 192) « Toute sa vie, il avait encaissé. C'est son père qui avait parti le bal, il y avait de cela une éternité. Et voilà que cette blessure revenait le hanter après tout ce temps ! » (*MH*, 193)

Rappelons qu'au début du roman, Jérôme projette de vivre sa convalescence en traversant seul le continent pour gagner la côte ouest et San Francisco. Il voulait suivre ainsi les traces de celui qui est devenu en quelque sorte son père spirituel, Jacques Poulin[38]. À l'instar de l'écrivain québécois, il se plaisait à l'idée de parcourir de grandes distances tout en faisant marche arrière dans des souvenirs, « un voyage intérieur » (*MH*, 16) qui aurait pu l'aider à apaiser son malaise, à revenir plus affirmé et confiant. D'où la transaction conclue avec Singh Dhankhar. Or, son projet de guérison de l'âme subit une déviation insoupçonnée de parcours, tout en demeurant aimanté en filigrane par la dynamique filiale.

ENTRE UNE MORT HONORABLE ET UN CRIME D'HONNEUR

La problématique filiale tire tout son retentissement dramatique du tissage serré maintenu de deux nœuds de l'intrique qui s'interpellent. D'une part, Jérôme annule son voyage vers l'ouest pour s'occuper de sa mère vieillissante qui souffre d'une maladie dégénérative du cerveau. Tout comme Max dans *Les soupes célestes*, il veut réaliser un ultime voyage avec elle, qui consiste à exaucer le dernier vœu de Florence de voir la mer. Tous deux partent vers le littoral acadien du Nouveau-Brunswick, pour

---

37. « Pendant des années, il avait fait la taupe, rapportant à la patronne tout ce qu'il entendait chez ses collègues, toutes les confidences qu'on lui faisait » (*MH*, 35).

38. Il est question du roman de Jacques Poulin, *Volkswagen blues*, Montréal, Québec/Amérique, 1984. Sur les rapprochements entre les œuvres de Jacques Poulin et de Jacques Savoie, voir Françoise Bayle Petrelli, « De l'essentiel à l'anecdotique : l'influence de J. Poulin sur l'œuvre de J. Savoie », *Revue interdisciplinaire des études canadiennes en France*, no 37, 1994, p. 395-406.

s'installer à Cap-Pelé, afin de se délecter des vagues de l'Atlantique. Ce trajet vers l'est adopte d'autre part l'itinéraire exact que la famille Dhankhar avait emprunté quelques semaines plus tôt lors de ses vacances mystérieuses en terre acadienne, peu avant son retour prévu en Inde. Certes, le but de ce déplacement avait adopté une allure de voyage touristique; toutefois, grâce à sa perspicacité et surtout à ses codes d'accès d'enquêteur, Jérôme est en mesure de déjouer les astuces du père. Si Sanjay Singh Dhankhar, accompagné d'un guide acadien (*MH*, 246-254), feint de s'intéresser à acheter un terrain à Haute-Aboujagane (*MH*, 291), située à proximité de la mer, c'était pour y identifier au bout d'un chemin perdu, au cœur de la forêt acadienne, un lieu où camoufler la fosse de Rashmi sa fille aînée, brutalement sacrifiée afin de laver l'honneur de la famille.

> Sanjay s'était imaginé qu'en roulant pendant des jours dans ce Canada si vaste, il atteindrait le bout du monde. Une sorte de *Far East* si loin de tout, si dépeuplé, qu'on pouvait y tuer quelqu'un sans que personne s'en rende compte. Il avait mal choisi sa destination. [...] On l'avait immédiatement repéré lorsqu'il avait mis le pied en Acadie. (*MH*, 266)

L'amour filial exprimé par un fils pour sa mère souffrante, un sentiment inséparable de la hantise de ses blessures remontant à son père manquant, se confronte donc à cette haine fanatique et implacable qu'une autre figure paternelle ressent à l'égard de sa propre fille accusée de déshonneur, au point de vouloir l'anéantir.

Or de ce choc d'affectivités intenses va justement surgir les contours d'une nouvelle dynamique relationnelle, celle d'un rapport père-fils de substitution, engageant Jérôme et le personnage de Gabriel Lefebvre, le fiancé québécois[39] de Rashmi, celui qui assiste l'enquêteur dans le décryptage du mystère. Responsable d'avoir détourné Rashmi de son devoir filial en tant que fille aînée d'une famille adhérant aux valeurs conservatrices, Gabriel agit en tant qu'intermédiaire précieux. C'est grâce à ses observations intimes livrées au sujet d'un aspect souvent méconnu de la culture

---

39. « Début de vingtaine, les cheveux ébouriffés et teint pâle, il n'avait rien de l'image qu'on se fait d'un amoureux exalté. Plutôt du genre intellectuel contestataire. Un Roméo à grande gueule, comme on en voit aux premiers rangs des manifestations contre les réunions du G8 ou les Sommets de la Terre » (*MH*, 67).

indienne, à la fois à Montréal et lors de son voyage en Inde, que Jérôme commence à saisir la logique derrière le crime d'honneur commis par Dhankhar.

La famille Dhankhar, originaire d'un bourg de l'état ultra-traditionaliste de l'Haryana, situé dans le nord de l'Inde, une région voisine de la capitale de New Delhi, vivait sous le régime rigide du système des castes, malgré le niveau élevé d'instruction du père. Jérôme apprend ainsi que dans cette communauté, les crimes d'honneur étaient une pratique consacrée par la culture plutôt que par la religion. «Les femmes sont perçues comme la propriété de la famille, de la caste et de la communauté. Leur chasteté est l'honneur du clan» (*MH*, 86)[40]. Elles incarnent de la sorte l'honneur d'une lignée familiale sur des générations. Il s'agit d'«[u]ne coutume enracinée dans un code complexe, permettant à un homme de tuer ou d'abuser d'une femme dans sa famille, même de sa partenaire, pour cause de comportement immoral» (*MH*, 86). C'est dire que certains actes sont jugés immoraux, à savoir choisir pour époux un homme de caste inférieure, d'une religion différente ou même d'avoir été victime de viol. Source de honte pour la famille, de telles circonstances justifient le meurtre (*MH*, 86). Qui plus est, l'agression perpétrée par le père ou le fils pour restaurer l'honneur familial perdu bénéficie de l'impunité, car elle échappe la plupart du temps à la sanction des tribunaux. Dit autrement, en cas de déshonneur, la condamnation sociale est désastreuse : la famille est rejetée par les membres de la caste ; on lui retire toute transaction commerciale et communautaire ; elle n'a d'autre choix que de fuir. Chez les Dhankhar, l'honneur et la réussite du groupe familial passaient par le mariage de leurs filles, promises aux hommes plus âgés et appartenant à une caste supérieure, celle des Rajput (*MH*, 96).

Alors que Sangeeta, la cadette, adopte à Montréal un comportement dévergondé en guise de révolte, le conseil des sages[41] du village des Dhankhar dénonce plutôt Rashmi, car

---

40. Voir à ce sujet, Marie-Andrée Chouinard, « Crimes d'honneur – au Canada aussi ! », *Le Devoir*, le 18 juin 2010, p. A8 et Sara Daniel, « Le cauchemar des crimes d'honneur », *Le Nouvel Observateur*, n° 1931, 8 novembre 2001, p. 43-45.

41. Il s'agit d'un groupe de sages de la *khap panchayat* (*MH*, 99) qui décrète aux familles l'ordre à suivre, même en ce qui concerne celles en situation de déplacement.

en tant qu'aînée, celle-ci se devait de lui donner l'exemple. On considère donc Rashmi doublement coupable ; non seulement est-elle accusée d'avoir méconduit sa sœur, mais contrairement aux vœux de ses parents, qui avaient conclu une entente de mariage avec un prétendant de leur culture, ce qui pouvait anoblir cette famille sans fils, elle s'est fiancée sans leur approbation avec un homme québécois.

Dans sa correspondance avec Jérôme, à travers son blogue et ses courriels, Gabriel parle de ses recherches, exprime son inquiétude au sujet de Rashmi, avoue son désir le plus ardent de sauver son amour. Il se rend même dans le village de Rashmi, en Inde, afin de l'extirper de l'emprise des sages. Il découvre ainsi que ce n'est pas Sangeeta qui est visée, mais bien Rashmi. Tout au long de cette épreuve, Jérôme s'offre comme confident, tâche de venir en aide à Gabriel, car il perçoit en lui un garçon qu'il « aime bien » (*MH*, 294), le fils qu'il n'a jamais eu. En effet, au cours de cette quête désespérée pour sauver Rashmi de l'agression de Dhankhar, une relation familiale renouée s'impose. Cela ressort dans un message que Gabriel adresse à Jérôme :

> *Sanjay la cache [Rashmi] et attend le moment propice. [...] J'ai fait la moitié d'un tour du monde pour arriver à cette conclusion. Je suis sûr de ce que j'avance. Le 15 août, nous devions nous marier. Il n'est peut-être pas trop tard. C'est toi qui es venu me conduire à l'aéroport, Jérôme. C'est toi qui as reconnu le tueur dans le regard de cet homme. C'était peut-être le regard de celui qui a l'intention de tuer. Le regard de celui qui, forcé par la tradition, n'aura d'autre choix que de tuer. S'il te plaît, Jérôme, je te le demande comme un fils le demanderait à son père, s'il te plaît, peux-tu retrouver Rashmi ? [...] Dis-moi que je peux compter sur toi !* (*MH*, 278 ; en italique)

Malgré sa teneur métaphorique, cette demande filiale s'inscrit dans un réseau complexe d'affectivité engageant parent et enfant. Elle fait ainsi écho à l'obligation qu'un parent ressent instinctivement envers son enfant, exigeant de la part du parent, le père en l'occurrence, un don, voire une preuve de générosité dont les bornes dépassent un simple échange donnant-donnant entre créancier et débiteur[42]. Gabriel articule clairement ce besoin colossal qu'éprouve l'enfant à l'endroit de son succédané parental : « *S'il te plaît,*

Jérôme, je te le demande comme un fils le demanderait à son père, s'il te plaît, peux-tu retrouver Rashmi? [...] Dis-moi que je peux compter sur toi!» (*MH*, 278). Dans son rôle d'ersatz paternel, Jérôme se sent interpelé, se rend compte qu'il possède la capacité d'offrir le don parental désintéressé dont a besoin ce jeune homme qui agit en tant que fils : « au-delà de ces arguments [...], c'est le ton de ce message qui touchait Jérôme. L'enfant parti à l'étranger était sur le chemin de retour. Il demandait à son père de venir le chercher à l'aéroport » (*MH*, 279), c'est-à-dire, de lui venir en aide concrètement pour empêcher Dhankhar de passer à l'acte.

Grâce à Jérôme, l'agresseur se fera arrêter à Montréal avant de pouvoir quitter le sol canadien à destination de l'Inde. L'enquêteur manchot parvient à éclairer tous les dessous du crime d'honneur, cependant qu'il arrange pour que ce soit un officier de la GRC, Pierre LeBlanc, originaire du Nouveau-Brunswick, et non lui, qui se charge de l'enquête criminelle[43]. Jérôme conclut ce genre de marché cédant les détails de l'enquête à un autre responsable, car ce n'est plus la gloire professionnelle qui le préoccupe, mais bien le côté humain de cette affaire. Il s'inquiète en effet de comment Gabriel réagira à la révélation que sa fiancée soit brutalement abattue, anticipe sur ses réactions, insistant de lui parler en premier à sa descente de l'avion (*MH*, 308). Jérôme trahit ses vrais sentiments en parlant de Gabriel : « Il était très amoureux de Rashmi. Il va falloir lui apprendre la nouvelle. Ça ne peut pas se faire n'importe comment. [...] [L]e petit... j'ai envie de faire attention à lui » (*MH*, 306). D'ailleurs, la transformation chez le protagoniste suggère qu'il compte s'investir profondément dans sa nouvelle relation parentale. Enfin, le roman se termine sur le commencement de « cette histoire avec ce garçon... Gabriel »

---

42. D'après Nathalie Sarthou-Lajus, l'inégalité du rapport parental se fonde sur « la dépendance et la vulnérabilité de l'enfant, le besoin qu'il a de ses géniteurs renforçant la responsabilité de ceux-ci à son endroit. Le don de vie crée ainsi des obligations pour les géniteurs eux-mêmes, des dettes à l'égard de leurs enfants dont ils doivent s'acquitter avec la hantise de ne donner jamais assez.» Voir, *L'éthique de la dette*, Paris, Presses Universitaires de France, 1997, p. 39.

43. Jérôme attire Pierre LeBlanc sur les lieux du crime en lui promettant une copie du *Protocole 95*, mais qu'il va détruire entre-temps pour respecter un pacte d'honneur conclu entre les membres de l'équipe s'occupant du dossier (*MH*, 304).

(*MH*, 308), celle qui jaillit de la tragédie familiale dévoilée. Car dans les derniers propos échangés avec sa mère, à l'article de sa *mort honorable*, Jérôme revient justement sur sa hantise de l'abandon qui remonte à ses carences d'amour paternel (*MH*, 310). Comme si dans son nouveau rôle de père substitut et au-delà de la perte de sa propre mère, il saurait donner une nouvelle signification à sa vie, grâce à un rapport parental réinventé, fondé sur une relation qui lui permettrait de reconfigurer le gouffre de son expérience filiale.

POUR CLORE

La représentation de la famille et des enjeux de la filiation dans les deux romans analysés s'élabore clairement dans la direction d'un *modus vivendi* repensé. En effet, sur le plan énonciatif, les deux romans de Jacques Savoie s'articulent en fonction d'une structure de compénétration qui signale le passage des modalités traditionnelles régissant les dynamiques familiales vers celles qui s'annoncent selon des paramètres éclatés. Aussi, les familles représentées se définissent par un souci de justice sociale et l'accueil de l'autre. Chez Savoie, la famille transfigurée, qu'elle soit nucléaire ou élargie, évolue au diapason des réalités sociales qui la sous-tendent et la dépassent. Dans *Les soupes célestes*, la nouvelle cellule familiale fondée par Alex, Brigitte et leur enfant à naître est indissociable d'une famille communautaire réunie autour de l'*Accueil du Père*. Il n'est pas inutile de rappeler qu'anciennement les communautés religieuses s'occupaient de semblables regroupements de pauvres. Dans le roman, le narrateur fait allusion à cet héritage judéo-chrétien de l'amour du prochain en évoquant l'exemple de saint Basile. Religieux devenu évêque de Césarée en l'an 370 de notre ère, on lui attribue la paternité de la soupe populaire : « [c]ette soupe imaginée par saint Basile est en fait un pied de nez au profit capitaliste, quinze cents ans avant qu'Adam Smith en énonce les principes » (*SC*, 63). L'intertexte religieux renvoie à la redistribution des richesses par la voie de la nourriture, ce qui relève du sens primaire de la fonction familiale. Qui plus est, il tend à imprégner le discours de Savoie relativement aux responsabilités à assumer par la famille, peu importe les modalités de parenté à venir. Adressé aux membres de sociétés postmodernes, laïcisés et organisés en fonction de la famille nucléaire, le roman se veut donc un plaidoyer en vue d'une transformation en matière de relations sociales. Par-delà la divergence de leurs valeurs et spécificités culturelles, Savoie enjoint les intervenants faisant partie de cellules familiales de s'impliquer davantage au niveau communautaire, afin de donner un sens nouveau à la générosité humaine.

Une telle dynamique s'illustre également dans *Une mort honorable*. L'un des fléaux les plus inacceptables inhérents aux pratiques archaïques à l'endroit des femmes membres de clans se trouve démenti par des relations familiales autrement enrichissantes qui en constituent le repoussoir. En effet, la filiation maternelle de Jérôme, incarnée dans un intense sentiment d'attachement et de reconnaissance, se trouve réinvestie dans un nouveau mode de parenté qu'il découvre, exprimé par son amour pour un fils adoptif. Ce genre d'interaction interpersonnelle greffée sur une structure d'alliance généalogique réaffirme sans conteste le potentiel transformateur que renferme la famille face à l'adversité sociale.

Enfin, la récurrence de la thématique familiale chez Jacques Savoie et l'extension que l'auteur donne à chaque fois à cette problématique essentielle[44] nous incitent à conclure que les écrits de l'auteur appuient la position de Dominique Viart et de Bruno Vercier, à savoir que la configuration familiale constitue décidemment la « colonne vertébrale du roman[45] » contemporain.

---

44. Voir notamment de Jacques Savoie, *Le fils emprunté* (2013), où il s'agit du retour des personnages de Jérôme Marceau et de Gabriel Lefebvre.
45. Dominique Viart et Bruno Vercier, *La littérature française au présent. Héritage, modernité, mutations*, Paris, Bordas, 2005, p. 98.

BIBLIOGRAPHIE

Bayle Petrelli, Françoise, « De l'essentiel à l'anecdotique : l'influence de J. Poulin sur l'œuvre de J. Savoie », *Revue interdisciplinaire des études canadiennes en France*, n° 37, 1994, p. 395-406.

Chouinard, Marie-Andrée, « Crimes d'honneur – au Canada aussi ! », *Le Devoir*, 18 juin 2010, p. A8.

Clément, Murielle Lucie et Sabine Van Wesemael, *Relations familiales dans les littératures française et francophone des XXe et XXIe siècles. La figure du père,* Paris, L'Harmattan, 2008, 2 vol., 372 et 396 p.

Collès, Luc et Monique Lebrun, « La littérature migrante francophone dans les cursus scolaires », Monique Lebrun et Luc Collès (dir.), *La littérature migrante dans l'espace francophone : Belgique – France – Québec – Suisse*, Cortil-Wodon (Belgique), Éditions Modulaires Européennes & Intercommunications S. P. R. L., 2007, 346 p.

Cormier, Pénélope, « Modernité et nomadisme artistiques dans *Les portes tournantes* de Jacques Savoie », *Francophonies d'Amérique*, printemps 2005, n° 19, p. 185-192.

Daniel, Sara, « Le cauchemar des crimes d'honneur », *Le Nouvel Observateur*, n° 1931, 8 novembre 2001, p. 43-45.

Desmeules, Sabin, « Le secret d'une bonne soupe », *L'accent acadien*, du 5 au 11 mars 2005, p. 3, cahier spécial de *L'Acadie nouvelle*, le 5 mars, 2005.

Émont, Bernard, « Le discours identitaire dans l'écrit acadien contemporain, 1990-1999 », Ghislain Clermont et Janine Gallant (dir.), *La modernité en Acadie*, Moncton, Chaire d'études acadiennes, Université de Moncton, 2005, p. 125-145.

Francis, Cécilia W., « France Daigle. À propos des jeux de l'art et du hasard », *Canadian Literature/Littérature canadienne*, été 2006, n° 189, p. 183-192.

Freud, Sigmund, *L'homme Moïse et le monothéisme*, Paris Gallimard, 1986, 256 p.

-----, *Totem et tabou*, Paris, Gallimard, 1993, 360 p.

Johnson, Marc, Jacques SAVOIE, Herménégilde CHIASSON, *et al.*, « Table ronde sur l'identité et la création culturelle en Acadie », *Revue de l'université de Moncton*, vol. 27, n° 2, 1994, p. 207-227.

Kristeva, Julia, *Étrangers à nous-mêmes*, Paris, Gallimard, 1991, 320 p.

Lacan, Jacques, *Le séminaire V. Les formations de l'inconscient*, Paris, Seuil, 1998, 517 p.

Levasseur, Jean, « Portrait d'auteur. Jacques Savoie : de Moncton à Montréal », *Francophonies d'Amérique*, nº 9, 1999, p. 41-47.

Lonergan, David, *Paroles d'Acadie : Anthologie de la littérature acadienne (1958-2009)*, Sudbury, Prise de parole, 2010, 447 p.

Ouellet, François, *Passer au rang de père. Identité sociohistorique et littéraire au Québec*, Québec, Nota bene, 2002, 154 p.

Poulin, Jacques, *Volkswagen blues*, Montréal, Québec/Amérique, 1984, 323 p.

Sarthou-Lajus, Nathalie, *L'éthique de la dette*, Paris, Presses Universitaires de France, 1997, 229 p.

Savoie, Jacques, *Cinq secondes*, Montréal, Libre Expression, 2010, 312 p.

-----, *Le fils emprunté*, Montréal, Éditions Libre Expression, coll. « Expression noire », 2013, 336 p.

-----, *Les Portes tournantes*, Montréal, Boréal, 1984, 170 p.

-----, *Le Récif du prince*, Montréal, Boréal, 1986, 168 p.

-----, *Les Soupes célestes*, Montréal, Fides, 2005, 274 p.

-----, *Une mort honorable*, Montréal, Éditions Libre Expression, coll. « Expression noire », 2012, 312 p.

-----, http://jacquessavoie1.blogspot.ca/search?updated-min=2013-01-01T00:00:00-08:00&updated-max=2014-01-01T00:00:00-08:00&max-results=6 (consulté le 12 décembre 2013).

Viart, Dominique, « L'archéologie de soi dans la littérature française contemporaine : récits de filiations et fictions biographiques », Robert Dion, Frances Fortier, Barbara Havercroft et Hans-Jürgen Lüsebrink (dir.), *Vie en récits. Formes littéraires et médiatiques de la biographie et de l'autobiographie*, Québec, Nota bene, 2007, p. 107-137.

-----, « Filiations littéraires », Jan Baetens et Dominique Viart (dir.), *États du roman contemporain. Écritures contemporaines 2*, actes du colloque de Calaceite, Fondation Noesis, 6 au 13 juillet 1996, Paris-Caen, Lettres modernes Minard, 1999, p. 115-139.

-----, « Le silence des pères au principe du *récit de filiation* », *Études françaises*, vol. 45, n° 3, 2009, p. 95-112.

----- et Bruno Vercier, *La littérature française au présent. Héritage, modernité, mutations*, Paris, Bordas, 2005, 512 p.

Viau, Robert, « Jacques Savoie : une histoire de cœur », *Lettres québécoises*, n° 62, 1991, p. 9-11.

-----, « Raconte-moi Jacques Savoie », *Études en littérature canadienne/Studies in Canadian Literature*, vol. 16, no 1, été 1991, p. 36-53.

RÉCONCILIER « ESPACE » ET « HUMAIN » : UNE LECTURE GÉOCRITIQUE DU ROMAN *PAS PIRE* DE FRANCE DAIGLE

CATHERINE SKIDDS
Université McGill

Le discours identitaire acadien, comme celui de tout peuple minoritaire baignant à l'intérieur d'une culture dominante, s'est principalement construit autour d'éléments géographiques emblématiques du paysage d'où il est issu. Le discours identitaire acadien a toutefois ceci de particulier qu'il n'existe pas de territoire officiel sur lequel s'appuyer. Voilà pourquoi l'élément géographique de l'eau, notamment dans ses associations multiples à la mer et en raison de la place importante qu'elle occupe dans l'histoire du peuple acadien — tant sur le plan économique, grâce à la pêche, qu'historique, en raison de la Déportation — occupe pendant longtemps le rôle d'un symbole identitaire dans l'imaginaire collectif de l'Acadie. Toutefois, le phénomène aquatique devra éventuellement partager cette position de choix en partie avec le thème de la ville de Moncton qui, par son rayonnement de plus en plus international, s'est imposée comme un nouveau centre culturel, un incontournable de l'identité acadienne au tournant des années 1970[1].

Moncton devient au cours des ans une sorte de sociogramme construit au fil des réécritures de la ville par les auteurs acadiens qui l'investissent sans cesse de nouvelles subjectivités. Leurs récits s'inscrivent dans une tendance littéraire que Marie-Linda Lord relève et désigne par l'expression « Écrire Moncton[2] ». Cette façon

---

1. Marie-Linda Lord, « Identité et urbanité dans la littérature acadienne », Madeleine Frédéric et Serge Jaumain (dir.), *Regards croisés sur l'histoire et la littérature acadiennes*, Bruxelles, Peter Lang, 2006, p. 71.
2. *Ibid.*, p. 74.

particulière d'inscrire la ville à même diverses démarches créatives s'effectue en vertu d'une reconstruction imaginaire de l'espace urbain par les auteurs, de manière à pallier les lacunes de la réalité. L'éclosion d'une telle pratique d'écriture signifie que les écrivains ne participent non plus seulement à une recherche identitaire ou territoriale acadienne, mais également à une quête culturelle, qui permettrait de situer leur culture dans celle, beaucoup plus vaste, de l'Amérique.

Le roman *Pas pire*[3] de France Daigle témoigne de ce même désir de reconstruction caractéristique de la tendance esthétique dénommée « Écrire Moncton ». Cependant, dans ce roman, la récupération des lieux ne s'applique pas seulement à la ville de Moncton, mais également à celle de Dieppe, ainsi qu'à la rivière Petitcodiac. Dans ce roman autofictif, la narration est assurée par une narratrice autodiégétique nommée France Daigle, personnage assimilé à une écrivaine acadienne qui souffre de l'agoraphobie. Nous verrons comment la réécriture d'espaces symboliques qu'on observe dans *Pas pire* est à la fois symptomatique d'une conquête personnelle chez la narratrice sur sa phobie et de celle, plus emblématique, de l'identité acadienne sur la culture francophone mondiale. En nous appuyant sur la théorie de la géocritique développée par Bertrand Westphal[4], nous examinerons, dans un premier temps, de quelle manière la réinscription de certains lieux dans une nouvelle lignée historique, notamment grâce à un travail imaginaire, mènera à la conquête d'un espace international. Nous démontrerons ensuite que France Daigle parvient, entre autres, grâce à la portée symbolique associée à la phobie dont souffre la narratrice, à poser un regard critique sur certains aspects de la culture acadienne.

Indissociable de la problématique identitaire, la question du centre demeure un élément primordial sur lequel repose en grande partie le raisonnement de notre argumentation. La narratrice de *Pas pire* est elle-même très sensible à cette question et remarque

---

3. France Daigle, *Pas pire*, Montréal, Boréal, coll. « Boréal Compact », 2002 [1998], 203 p. Désormais, les références à cet ouvrage seront indiquées par le sigle *PP*, suivi du folio, et placées entre parenthèses dans le texte.

4. Bertrand Westphal, « Pour une approche géocritique des textes – Esquisse », *SFLGC (Vox Poetica)*, 30 septembre 2005, en ligne : http://www.vox-poetica.com/sflgc/biblio/gcr.html (page consultée le 18 septembre 2013).

que la notion d'espace, et notamment son propre rapport à l'espace, soulève des difficultés en ce que « [d]ans une dimension comme dans l'autre [intérieure et extérieure à l'humain], il y a dilatation vers l'infini et difficulté de localiser un centre » (*PP*, 54). Les premières pages du roman définissent ainsi une tension existant entre deux forces extrêmes, centripètes et centrifuges, à la fois opposées et complémentaires, dont la dynamique serait représentative de la situation du peuple acadien. Ce mouvement propre à la définition de l'espace provoquerait un déséquilibre, qui se manifeste dans l'agoraphobie développée chez la narratrice, et dont le peuple acadien semble également ressentir les maux.

LA GÉOCRITIQUE OU COMMENT DÉFINIR L'ESPACE

Dans sa définition de l'espace, la géocritique s'inscrit dans une vision postmoderne et pluraliste qui se rapprocherait de celle élaborée dans le roman de Daigle, puisque cette discipline pose pour postulat principal l'« abandon du singulier ; [afin d'] oriente[r] le lecteur vers une perception plurielle de l'espace, ou vers la perception d'espaces pluriels[5] ». Cette conception reflète la pensée de Bernard Westphal à l'égard de la création artistique postmoderne où l'espace social n'est désormais plus monolithique à l'image du roman réaliste, mais plutôt multiple et hétérogène, rendant possible l'analyse des influences réciproques entre l'espace et l'humain. Cette interrelation est la pierre angulaire de la théorie de Westphal ; le rapport entre littérature, humain et espace est au cœur de ce que « [l]a géocritique, [...] se propose d'étudier, [c'est-à-dire] non pas seulement une relation unilatérale (espace-littérature), mais une véritable dialectique (espace-littérature-espace) qui implique que l'espace se transforme *à son tour* [je souligne] en fonction du texte qui, antérieurement, l'avait assimilé[6] ». Ce paradigme est particulièrement intéressant dans le roman de France Daigle, puisque la narratrice semble concevoir une corrélation entre le statisme de la ville de son enfance et l'agoraphobie qui se manifeste chez elle ultérieurement. La narratrice avoue par ailleurs que le principal élément déclencheur

---

5. *Ibid.*
6. *Ibid.*

d'une crise de panique n'est pas simplement attribuable à une peur physique des espaces vides, puisqu'il s'agit d'abord et avant tout d'une réaction devant une distance à franchir. «[U]ne crise peut quasiment m'arriver n'importe quand, chaque fois qu'y a comme une distance à traverser. [...] Dans les livres, ça dit que c'est une distance psychologique» (*PP*, 73). Or le personnage-narratrice, France Daigle, peut grâce à son pouvoir imaginaire, tâcher de réduire cette «distance psychologique» néfaste en effectuant dans son travail créateur, une superposition de certains centres culturels internationaux à des lieux de son enfance, vécue à Dieppe, amorçant ainsi sa conquête personnelle sur l'agoraphobie, mais également celle, plus générale, de sa culture acadienne sur la culture francophone plus élargie. Sous-tendue par une exploration fictive, une telle conquête lui permet de transfigurer à son tour la représentation de certains espaces familiers relevant du quotidien. Cela s'inscrit dans le cas de la ville de Dieppe, étudiée plus en détail ultérieurement, qui se retrouve réinvestie de signification nouvelle par l'entremise de la narratrice qui jette ainsi un regard critique[7] sur les espaces de son enfance tout en les associant à d'autres lieux culturels et historiques.

La dimension temporelle dont se sert la narratrice est également l'un des éléments importants de l'analyse géocritique, qui stipule «que si l'espace est mouvant, il l'est essentiellement dans le temps[8]». La réinscription par la narratrice de certains lieux acadiens dans une culture et une temporalité plus cosmopolite et élargie, prenant part au mouvement d'influences entre l'espace et l'humain, constitue une étape cruciale dans sa conquête de l'agoraphobie et par ricochet, dans celle de la société acadienne par rapport à un raffermissement identitaire. La narratrice propose de cette manière de revoir certains endroits de son enfance afin de s'attarder sur les sentiments qui en sont déclenchés pour ensuite doter ceux-ci d'une sensibilité nouvelle dans le but de supplanter le souvenir des réactions problématiques qui s'y relient. L'analyse de ces influences, pour chacun des trois lieux revisités, fera l'objet d'une étude dans les prochaines sections.

---

7. Cécilia W. Francis, «L'autofiction de France Daigle. Identité, perception visuelle et réinvention de soi», *Voix et images*, vol. 28, n° 3, 2003, p. 126.
8. Westphal, *op. cit.*

DIEPPE, UN NOYAU CULTUREL

La ville de Dieppe est construite dans le texte au gré des souvenirs d'enfance de la narratrice, qui la dépeint comme un espace marqué par la répétition d'habitudes et de traditions de même que par l'absence du renouveau. Cette représentation statique de la ville ne se compare en rien à ce que Dieppe est devenu par la suite au moment où la narratrice se remémore son enfance ; la ville a connu, au fil des années, un important développement. Le Dieppe du roman nous apparaît donc comme une ville profondément ancrée dans ses us et coutumes, ce qui fait d'elle un noyau culturel fermé et indivisible. Dans cette ville « immobile » même les déplacements des enfants, pourtant habituellement synonymes de liberté, apparaissent comme étant ordonnés, mécaniques. Leurs jeux et amusements sont circonscrits dans un cycle qui se reproduit chaque année : ils vont cueillir des fraises, puis des bleuets, puis il y a la fabrication de *root beer* en famille (*PP*, 23-24) et l'épisode des « feux » (*PP*, 25-27). Textuellement, l'emploi de l'imparfait marque cette impression de routine, également appuyée par certains termes qui connotent l'idée de répétition. La narratrice relate qu'« *[u]ne fois par année*, [leur] mère [leur] lançait le projet de faire [leur] propre root beer » et que « [l]'idée [les] enthousiasm*ait toujours* » (*PP*, 23, je souligne). L'impression de confinement culturel s'illustre également dans le choix des éléments descriptifs retenus par la narratrice afin de dresser le portrait de la ville de Dieppe : sa toponymie comprenant celle des rues et des lieux accompagne la narration des souvenirs, confinant ceux-ci à l'intérieur d'un espace homogène clairement répertorié. Le centre névralgique de la ville, l'intersection des rues Champlain et Acadie, se nomme par les citoyens de Dieppe tout simplement « *le coin* » (*PP*, 21, l'auteure souligne), ce qui résume plutôt bien l'impression de cloisonnement évoquée par la narratrice.

L'exploration de ce sentiment de claustration émanant du quotidien de Dieppe à l'époque de la jeunesse de la narratrice se double d'une réflexion sur le peu de voies d'avenir qu'un tel lieu laisse envisager à ses habitants. La narratrice remarque à cet égard que pour sa génération, ainsi que pour les précédentes, il semble que « le plus difficile n'était peut-être pas de naître, mais de naître à quelque chose » (*PP*, 18). Cette conclusion à laquelle parvient la narratrice traduit l'inquiétude qu'engendre chez elle l'impression de n'être née à rien ou pire encore, à l'immobilisme. Or, la possibilité de transposition imaginaire de ce milieu lui offre le pouvoir de renverser cette tendance et d'échapper au statisme ambiant qui semble maintenir les Dieppois dans un cycle habituel régi par un destin rétréci.

La narratrice parvient à briser cette impression de vivre dans une enclave figée et monolithique, car elle est à même d'y jeter un regard ironique[9], comme en fait foi l'exemple suivant : « [j]e parle du vieux Dieppe, du Dieppe centre, c'est-à-dire de la paroisse Sainte-Thérèse, avec l'église Sainte-Thérèse longeant la rue Sainte-Thérèse à côté de l'école Sainte-Thérèse » (PP, 10). L'accumulation du nom propre « Sainte-Thérèse » produit un effet rhétorique comique qui allège l'impression de claustration émanant de l'énumération de noms de lieux, mais qui montre également le manque d'originalité qu'une culture aussi concentrique peut engendrer. La narratrice reproduit néanmoins cette tendance et désigne chaque nouveau personnage présenté en fonction de son lieu de naissance. Il en va de même pour la présentation de Terry qui, dès ses premières apparitions, est capté en termes dictés par le paysage de « son enfance sur la rue Lafrance, à Dieppe, entre le chemin des Gauvin et la rue Champlain, pas loin du deuxième ruisseau, à côté de l'atelier de débosselage Champlain qu'exploitaient son père et ses frères » (PP, 87). En détaillant une telle géographie intime et familière, la narratrice s'assure non seulement de fournir une généalogie purement acadienne aux personnages, pour qui cette information demeure d'une importance capitale, mais également d'inscrire le roman, en reprenant certains codes, dans une tradition propre à sa culture d'origine. Elle propose toutefois de modifier cette tradition en présentant certains des personnages dans un cadre nouveau où ils évoluent — nouveaux quartier ou ville, nouveaux emplois, etc. —, ce qui lui permet de montrer qu'il est possible de cultiver en soi à la fois un sentiment d'appartenance, tout en s'ouvrant au changement, et à d'autres espaces et à d'autres milieux.

La narratrice cherche également à remonter le fil du temps afin de mieux connaître ce lieu d'où elle vient et, peut-être, de mieux circonscrire ce à quoi elle est née (PP, 18). Le pouvoir de l'imaginaire sous-tendant le travail de création lui permet de

---

9. Francis, *op. cit.*, p. 125.

transformer son Dieppe par l'entremise d'un jeu d'associations en un autre Dieppe, ayant une réputation internationale. Elle déplace sa ville d'origine dans le temps et crée ainsi un mouvement qui libérera cette ville acadienne de son immobilisme caractéristique. À l'aide d'un procédé d'extrapolation, la narratrice tisse par exemple des liens entre des éléments d'un paysage quotidien de Dieppe, à savoir le spectacle des jardins luxuriants des voisins, observés « sous nos yeux, aux fenêtres de la cuisine » (*PP*, 30), et une peinture célèbre de Bruegel l'Ancien, intitulée *Le dénombrement de Bethléem* (*PP*, 31). La narratrice opte ainsi pour une peinture relatant une vie communautaire fort animée, caractéristique de l'époque de Bruegel, dans laquelle se trouvent les figures de Marie et Joseph, peu avant la naissance du divin enfant. Le choix d'inclure ce tableau dans la lignée temporelle qui débouche sur la ville acadienne de Dieppe semble prendre une signification toute particulière, puisque Marie y est représentée lorsqu'elle est enceinte du « sauveur ». Le lien intertextuel forgé entre ces deux Dieppe pourrait trahir, en effet, un espoir de voir émerger à Dieppe une figure salvatrice, voire une génération complète, qui saura rompre le cycle de gens qui se croient *nés à rien* (*PP*, 18).

Dans cette même foulée, la narratrice évoque également le Dieppe de la Deuxième Guerre mondiale, celui du débarquement, théâtre d'une des pires tragédies de l'histoire canadienne à l'étranger. Dans l'extrait en question, la narratrice crée un effet rythmique particulier par l'entremise de la répétition de l'énoncé introducteur « je parle de » (*PP*, 37-38), suivi de la description d'éléments précis des combats du mois d'août 1942. L'exactitude des détails énumérés par la narratrice donne l'impression qu'elle a réellement vécu l'expérience du débarquement, ce qui contribue à son travail d'inscription de la réalité dieppoise acadienne dans une temporalité qui l'enrichit et la transcende[10].

Dans une veine similaire d'associations, la narratrice évoque également des rapprochements entre l'histoire d'Anne Frank, victime de l'holocauste, et son quotidien lors de sa jeunesse.

---

10. L'expression scandée, « je parle de », revient à neuf reprises (*PP*, 37-38) et représente le support d'une évocation détaillée des horreurs du déploiement amphibie de grande ampleur se produisant sur les côtes de la Normandie en août 1942.

Enfant, elle se lançait dans des pérégrinations imaginaires où le destin de sa propre famille et celui de son idole s'enchevêtraient jusqu'à devenir indissociables. L'imbrication de ces deux destins est renforcée par l'emploi du pronom personnel « nous » servant à relater des éléments de la vie d'Anne Frank : « [n]ous avions du courage. Nos parents étaient les maîtres d'œuvre et nous, les enfants, nous nous en remettions à eux » (*PP*, 36). L'évocation de ces souvenirs d'enfance semble indiquer que la narratrice ressentait déjà à l'époque un besoin de rattacher son vécu singulier aux phénomènes étrangers à son univers quotidien, sans doute pour se sortir de la torpeur de la ville. Il est intéressant de noter que dans son jeune âge, la narratrice s'identifie à un personnage emprisonné (Anne Frank), dont les libertés sont restreintes. Or en vieillissant, ses références se font plus dynamiques, en fonction sans doute des efforts déployés pour vaincre sa propre phobie du mouvement. Ce changement dans l'approche de la narratrice semble faire foi de son désir de réinvestir la ville de Dieppe d'un nouveau sens, de la transformer par l'imaginaire.

En remontant ainsi le fil du temps, la narratrice parvient à investir la ville de Dieppe d'une nouvelle dimension temporelle. Grâce à l'imaginaire, l'inscription de la ville dans une lignée historique permet de lui donner une dimension temporelle multiple éclatée et multiple d'ordre transculturel. Rassemblant les différentes époques et cultures évoquées, la dynamique de cette vision créatrice a pour effet d'ouvrir l'espace de la ville afin de rompre avec son caractère statique. Un tel dialogue permet d'amorcer le mouvement qui pourra faire de Dieppe un espace pluriel. En somme, la reconfiguration de Dieppe permet à la narratrice de briser le cycle de la tradition.

En vertu de ce travail de réinterprétation effectué par la narratrice sur son passé, elle re-modélise ses racines, ce qui constitue une première étape dans le processus de reconquête de l'espace. Elle a donc retrouvé dans l'Histoire certains événements ponctuels qu'elle s'est réappropriés afin d'en faire de nouveaux points d'ancrage identitaires. Ce faisant, elle parvient à contrecarrer l'immobilisme handicapant de la ville et à en créer un espace dynamique dans l'objectif de réduire la « distance psychologique » (*PP*, 73) entre l'Europe et l'Acadie, marquant ainsi un premier pas dans sa conquête de l'agoraphobie.

MONCTON, OU RÉUSSIR À LOCALISER UN CENTRE

Si dans *Pas pire*, la ville de Dieppe tend à s'associer à l'immobilisme caractérisant l'enfance, Moncton qui est davantage lié à la vie d'adulte de la narratrice apparaît par contraste comme une ville en mouvement perpétuel. La présentation de Moncton se démarque en partie de celle de Dieppe du fait qu'on intègre au tissu narratif le discours direct et des dialogues, ce qui permet de mettre en valeur des particularités de la langue parlée des personnages. L'insertion de la parole en tant que spécimen de la langue vivante, souvent liée au parler local de la région, ce qui change des discours rapportés des souvenirs liés à Dieppe, crée une nouvelle dynamique dans la narration[11]. De plus, Moncton ressort comme un centre urbain marqué par une hypermodernité de même que par la technologie : en plus de l'intégration du temps présent à la narration, téléphones cellulaires, télévisions et ordinateurs font désormais partie du décor. Les références culturelles évoquées — le *Late Night* de David Letterman et *Bouillon de culture* de Bernard Pivot — témoignent de cet ancrage de la métropole acadienne dans l'époque contemporaine. Ces références sous-entendent également une plus grande ouverture aux éléments culturels à caractère mondial ainsi qu'une pénétration, voire une incorporation, de cette mouvance à même la culture acadienne.

On assiste à une recrudescence de l'invention chez la narratrice, car elle créé dès lors un quartier purement francophone à l'intérieur de la ville de Moncton, pourtant majoritairement anglophone[12]. S'agissant du « quartier de la Terre-Rouge », peuplé par une population et des établissements acadiens, un tel ajout s'inscrit à la fois dans la visée d'« écrire Moncton », évoquée par Marie-Linda Lord, et dans le paradigme développé par Bertrand Westphal, puisqu'il témoigne d'un désir sans équivoque de se réapproprier la ville de Moncton, un espace traditionnellement hostile au changement[13].

---

11. Jean Morency, « La géographie des romans récents de France Daigle : un nouveau rapport à l'identité et à l'altérité », *Études canadiennes/Canadian Studies*, 2005, n° 58, p. 199.

12. Benoit Doyon-Gosselin et Jean Morency, « Le monde de Moncton, Moncton ville du monde : l'inscription de la ville dans les romans récents de France Daigle », *Voix et images*, vol. 29, n° 3, p. 75.

13. *Ibid.*, p. 75. Benoit Doyon-Gosselin et Jean Morency étudient plus longuement la teneur ironique du passage textuel en question.

Ce quartier fictif s'avère fortement marqué par l'histoire acadienne du fait que chaque rue porte un nom francophone et qu'en son centre trône un monument érigé en l'honneur des premiers colons.

> Ce jour-là, Terry et Carmen s'étaient attardés plus longtemps que de coutume dans le quartier de la Terre-Rouge. Ils longèrent la rue du Cran, puis la rue de la Brosse, jusqu'à la petite place où des ouvriers érigeaient un monument à la mémoire des premiers colons de la Coude. (*PP*, 135)

L'invention d'une « Coopérative du Coude » (*PP*, 133) relève, qui plus est, d'une vision utopique de la narratrice[14], dans la mesure où elle laisse transparaître son souhait de voir une plus grande importance associée à l'histoire acadienne dans ce lieu qui, en plus de sembler irrévocablement tourné vers l'extérieur, symbolise la négation de la présence francophone, ne serait-ce que par le pouvoir représentatif du nom —celui du général anglais Monckton — qui lui a été attribué.

Moncton se pose comme un site urbain apte non seulement à soutenir une redéfinition culturelle, mais aussi à offrir à la narratrice des balises pour sa guérison. Rappelons que Moncton est vraisemblablement la ville où la narratrice éprouve le plus vivement les symptômes de son agoraphobie ; mais, c'est là aussi où elle apprend pour la première fois à nommer ce malaise dont elle souffrait déjà depuis quelque temps. C'est également la ville où la narratrice semble prolonger son séjour le plus longuement. La reconfiguration de Moncton par l'ajout d'un l'îlot francophone fictionnel, clairement circonscrit dans la géographie de la ville par l'énonciation de noms de rues et de ceux des colons disparus[15], répond donc à un emploi double. Elle sert non seulement à soutenir une réappropriation acadienne de Moncton, mais aussi de manière aussi significative, elle semble relever de la démarche entamée par la narratrice et dont l'objectif est l'apprivoisement de son

---

14. *Ibid.*, p. 65.
15. Il s'agit à titre d'exemples supplémentaires, de la rue des Saules, de la rue des Toises et de l'ancienne rue King, rebaptisée rue Royale (*PP*, 137). Concernant les colons disparus, « Y avait les Babinot pis les Breau aussi, au commencement. Pis […] y'avait des Blanchard, des Gaudet, des Brossard […] des Melanson, des Surette, des LeBlanc, des Doucet, des Saulnier, des Landry, des Léger... » (*PP*, 136).

agoraphobie. Au moyen d'une approche loufoque, la narratrice crée ainsi un noyau culturel francophone axé sur la modernité et, ce faisant, offre un contrepoids à la tension qui menace une dispersion vers l'infini (une « difficulté de localiser un centre » *PP*, 54). Circonscrire un tel centre identitaire assure à soi-même et à la culture acadienne un ancrage permettant sans doute de combler un peu la « distance psychologique » (*PP*, 73) ressentie envers la communauté anglophone de Moncton.

LA RIVIÈRE PETITCODIAC : LIEU DE LA RENCONTRE

La romancière se réapproprie dans *Pas pire* la rivière Petitcodiac, un autre haut lieu de l'histoire acadienne. Cette rivière occupe une place centrale dans l'imaginaire acadien puisque, comme le rappelle Jean Morency, c'est non seulement par cette rivière que le colonel Monckton est arrivé pour incendier les habitations appartenant aux Acadiens, peu avant la Déportation, mais c'est également par cette rivière que les Acadiens sont revenus pour reprendre possession de leurs terres[16]. Devenue avec le temps une voie non navigable en raison de ses marées, elle demeure néanmoins un lieu primordial de mémoire, ne serait-ce qu'en vertu de la fortune historique qui l'accompagne. Or, par le biais de l'imaginaire, la narratrice dote la Petitcodiac d'un système ultra-moderne d'écluses permettant de naviguer ses courants.

> Il s'agissait en gros d'élargir le lit de la Petitcodiac et d'installer des correcteurs de dérivation ultrasensibles afin de garantir le cours des bateaux du tourisme qui feraient la navette entre Beaumont et le centre-ville de Moncton. [...] Le danger était particulièrement grand dans le secteur du coude, à la jonction de Dieppe et de Moncton, où la rivière effectue un virage de quatre-vingt-dix degrés. Les ingénieurs avaient donc mis au point un système de repérage électronique des courants, ce qui assurerait dans tous les cas des trajets à l'épreuve de la dérive. (*PP*, 94)

Le but de ce projet de réaménagement de la rivière, attribué à une société commerciale néobrunswickoise de renom international, consiste à faire revivre l'histoire des premiers colons. Les

---

16. Morency, *op. cit.*, p. 197.

excursions touristiques sur la rivière Petitcodiac à bord le bateau nommé *Beausoleil-Broussard* permettent non seulement aux employés de renouer ainsi avec leur propre histoire, mais ce travail de divulgation fait également d'eux les transmetteurs à un public étranger des éléments oubliés ou méconnus de l'histoire acadienne. C'est dans le contexte du Sommet de la Francophonie tenu à Moncton en 1999, à la même époque, que les visites guidées des dignitaires français (*PP*, 156) illustrent de façon très explicite cette rencontre des cultures[17]. Élément mobile du paysage acadien, la rivière se transforme grâce à l'imaginaire de la narratrice qui en fait un noyau culturel dès lors contrôlé par le peuple acadien qui se l'approprie. Cette reconfiguration de l'espace implique un mouvement dans la dimension temporelle, puisque les visiteurs remontent le courant de la rivière, tout en reculant de plusieurs années dans l'histoire acadienne. D'où par exemple le passage important de la visite du site d'un aboiteau géant (*PP*, 177). L'espace, par sa connotation historique, a fortement inspiré la narratrice. Il est à noter à cet égard que les séquences du roman consacrées à la navigation sur la rivière Petitcodiac font apparaître le personnage de Terry Thibodeau, qui incarne un reflet de la narratrice, dans la mesure où lui aussi vit des épreuves existentielles touchant à ses choix de vie et à son avenir, notamment ses efforts pour surmonter sa « panne d'inspiration » (*PP*, 87).

La narratrice crée ainsi un être fictif dont l'emploi sous-entend une soumission aux caprices de la nature, ce qui par osmose lui permet de désamorcer sa propre peur en se la réappropriant à travers l'imaginaire. Faisant écho à la thèse de Westphal, la littérature aura de cette manière une influence importante sur le lieu physique, puisqu'elle l'enrichit d'une nouvelle signification symbolique. Par l'entremise de sa perception d'artiste, l'espace-temps devient pluriel : passé et futur se rencontrent en un même lieu, tout comme s'imbriquent ensemble culture locale et cultures étrangères. La rivière devient dès lors un lieu propice de la rencontre de savoirs, notamment le savoir historique et le savoir technologique, qui se trouvent reliés au moyen de l'implantation du système de navigation, tel que fabriqué par la compagnie Irving.

---

17. *Ibid.*, p. 200.

La représentation de la rivière témoigne d'un certain désir de réappropriation de cet espace que la narratrice elle-même n'oserait, selon ses dires, jamais visiter. « Ça qu'est tannant, c'est qu'une crise peut quasiment m'arriver n'importe quand, chaque fois qu'y a comme une distance à traverser » (*PP*, 73). Une telle peur pourrait s'expliquer par le fait que sur la rivière, l'horizon devient mobile, et les repères habituels s'y perdent. Il y a donc reconnaissance des limites que l'agoraphobie impose, mais également contournement de cette phobie, grâce à la création. La rivière Petitcodiac a d'ailleurs un rôle particulier dans le récit, puisque par le biais de la visite des délégués francophones, elle agit comme agent de réunification de l'Acadie et de la France, deux cultures également divisées par une grande étendue d'eau.

Adoptant une perspective innovante et plurielle, la narratrice parvient à découvrir des traces et des concepts auxquels rattacher son identité ainsi que celle des Acadiens. Forte de sa sensibilité d'écrivaine, elle devient médiatrice par excellence des cultures acadiennes et étrangères. Agoraphobe, la narratrice incarne les angoisses territoriales qui caractérisent traditionnellement la société acadienne qui l'a vue naître. Si la phobie se manifeste chez elle en raison d'une peur physique face aux grands espaces, chez le peuple acadien, il est plutôt question d'une crainte de perdre la spécificité de sa culture identitaire au profit d'autres cultures dominantes ; il s'agirait, comme Marie-Linda Lord le suggère, d'une « peur de disparaître[18] ». Du point de vue de l'intrigue, le succès du roman autofictif du personnage de France Daigle, ce qui l'amène à en faire la promotion en France, représente ainsi un élément thérapeutique majeur. Le déplacement physique de la narratrice en Europe s'ajoutant aux autres mouvements temporels, présupposés par divers épisodes de l'intrigue (l'emploi de Terry, les projets de voyage de Terry et Carmen) concourent à aider la narratrice à combattre l'agoraphobie, et à consolider l'ouverture de l'Acadie vers d'autres cultures.

---

18. Marie-Linda Lord, « Identité et urbanité dans la littérature acadienne », Madeleine Frédéric et Serge Jaumain (dir.), *Regards croisés sur l'histoire et la littérature acadiennes*, Bruxelles, Peter Lang, 2006, p. 68.

Cette ouverture ne pourra toutefois s'effectuer qu'au terme d'un long processus de travail sur soi et sur le « soi » acadien qui présuppose une remontée dans le passé. Ce mouvement dans le temps permettra à la narratrice de connaître et de situer son paysage quotidien dans une dimension culturelle élargie. Cela se produit textuellement grâce aux allusions à Bruegel, à Anne Frank, au débarquement militaire en Normandie et aux douze maisons de l'astrologie, dont la description parsème les premières parties du roman. Ayant ainsi situé une partie de l'identité dieppoise dans le temps, ce qui a pour effet de réduire la dilatation identitaire vers l'infini, la narratrice peut ensuite passer à une autre étape, ce qui demande un investissement personnel plus important encore. La guérison chez la narratrice sous-entend qu'elle est à même de revenir sur des éléments précis du paysage acadien, de manière à éliminer tout inconfort que ces lieux peuvent susciter, pour enfin se les réapproprier. Ce faisant, elle investit Moncton d'une dynamique géopolitique réinventée : elle réclamera une partie francophone de la ville de Moncton qui s'anglicise et elle dotera la rivière Petitcodiac, décrite comme ennuyeuse et sans intérêt, d'une fonction nouvelle. Revenant sur la source des diverses sensations propres à l'inconfort ressenti dans son état pathologique, la narratrice effectue un travail de reconfiguration en guise de réponse face à l'avenir. Le geste créateur lui permet de la sorte de récupérer ces lieux, de se les approprier et d'ainsi travailler à réduire la « distance psychologique » ressentie, souvent responsable du déclenchement d'une crise d'agoraphobie.

L'identité étant en évolution perpétuelle, il importe à la narratrice de briser le cycle centripète qui semble s'être établi dans le Dieppe de ses souvenirs et qui sclérose lentement l'identité acadienne. Le paradigme espace-littérature-espace propre à la géocritique se manifeste dans *Pas pire* sous la forme d'une dynamique de guérison. Le malaise chez la narratrice, lié à l'espace, l'amène à réfléchir à son espace communautaire et à son appartenance à un conglomérat urbain plus élargi, où certains lieux historiques sont reconfigurés en espaces pluriels. Le succès de la romancière autofictive en France contribuera en retour au rayonnement international de l'Acadie ainsi qu'à celui de sa culture. Le roman lui-même devient donc un espace pluriel où se côtoient réalité et fiction, dans la mesure où il conjugue les affres et les remèdes vécus au plan personnel à ceux d'une collectivité. Il s'érige d'ailleurs en noyau culturel et mémorial acadien, où sont condensés plusieurs éléments de l'histoire de ce peuple : noms de rues, noms de pionniers, histoire, langue. S'inspirant de l'agoraphobie comme métaphore permettant d'articuler des sentiments d'inquiétude éprouvés par des membres de la communauté acadienne face à une possible assimilation de leur héritage culturel par une culture francophone mondiale, la narratrice parvient à montrer qu'il est possible de vaincre cette peur afin d'en ressortir avec un sentiment d'identité affermi.

Aussi le roman montre-t-il que la culture acadienne a tout à gagner à s'imposer à l'intérieur de la mondialisation et révèle surtout aux Acadiens qu'il leur est possible de dépasser certaines limitations dictées par des mentalités passéistes. La narratrice déconstruit ainsi des stéréotypes défaitistes de certains personnages acadiens chez qui « des fois ça vole pas haut […] ; [m]ême que ça écrase » (*PP*, 192). Enfin, le personnage de Terry finit par être un modèle à suivre. Il s'épanouit sur le plan personnel en vertu de ses efforts pour vaincre sa morosité. Accompagné de Carmen, il partira pour la France avec le dessein de découvrir une culture francophone élargie, mais aussi pour y diffuser un peu la sienne. La narratrice s'inscrit ainsi dans le projet de nombreux écrivains et créateurs contemporains afin d'attester qu'il est indéniablement possible de *naître à quelque chose* tout en étant Acadien et ce, même pour ceux qui ne se croient pas être de la trempe d'une Antonine Maillet ou d'un Herménégilde Chiasson.

BIBLIOGRAPHIE

Daigle, France, *Pas pire*, Montréal, Boréal, coll. «Boréal Compact», 2002 [1998], 203 p.

Den Toonder, Jeanette, «Dépassement des frontières et ouverture dans *Pas pire*», *Voix et Images*, vol. 29, n° 3, 2004, p. 57-68.

Doyon-Gosselin, Benoit et Jean Morency, «Le monde de Moncton, Moncton ville du monde : l'inscription de la ville dans les romans récents de France Daigle», *Voix et images*, vol. 29, n° 3, p. 69-83.

Francis, Cécilia W., «L'autofiction de France Daigle. Identité, perception visuelle et réinvention de soi», *Voix et images*, vol. 28, n° 3, 2003, p. 114-138.

Giroux, François, «Sémiologie du personnage autofictif dans *Pas pire* de France Daigle», *Francophonies d'Amérique*, n° 17, 2004, p. 45-54.

Lavoie, Carlo, «*Just Fine* : The Bridge to the Non-Space from the Petitcodiac to the Deltas», Sandra Badescu (dir.), *From One Shore to Another: Reflections on the Symbolism of the Bridge*, Newcastle, Cambridge Scholars Publishing, 2007, p. 127-139.

Lord, Marie-Linda, «Identité et urbanité dans la littérature acadienne», Madeleine Frédéric et Serge Jaumain (dir.), *Regards croisés sur l'histoire et la littérature acadiennes*, Bruxelles, Peter Lang, 2006, p. 67-86.

Morency, Jean, «La géographie des romans récents de France Daigle : un nouveau rapport à l'identité et à l'altérité», *Études canadiennes/Canadian Studies*, 2005, n° 58, p. 195-203.

Paré, François, «France Daigle : intermittences du récit», *Voix et images*, vol. 29, n° 3, p. 47-55.

Westphal, Bertrand, «Pour une approche géocritique des textes - Esquisse», *SFLGC (Vox Poetica)*, 30 septembre 2005, [en ligne], http://www.vox-poetica.com/sflgc/biblio/gcr.html (page consultée le 18 septembre 2013).

PAS PIRE DE FRANCE DAIGLE OU LE MONDE DE LA RÉSONANCE ET DE L'AMBIGUÏTÉ

Maurice Raymond
Université de Moncton

UN CONTEXTE DE LECTURE

Précisons d'abord que, matériellement parlant, nous nous servirons pour cet article de la publication originelle du roman de France Daigle[1], que nous aborderons dans le contexte de sa réception journalistique immédiate, d'où : 1) certain commentaire — qui pourra peut-être paraître surprenant (superfétatoire ?) — au sujet de la couverture de l'œuvre (celle, toujours, de l'édition première) ; 2) les références quasi exclusives, en ce qui concerne la « critique », aux articles de *La Presse* et du *Devoir* du début mai 1998. C'est une tentative (peut-être puérile...) de retrouver — en deçà de l'accumulation des commentaires — l'exubérance du moment, puisqu'il s'agit évidemment d'une œuvre charnière qui annonce la « deuxième manière » ou la deuxième période de l'aventure daiglienne, et qu'il était plutôt stimulant de découvrir, pour une première fois, en 1998. L'approche adoptée s'est également-ment imposée par la nature de l'article que nous proposons, qui se veut, entre autres, un commentaire sur le *mode de lecture* de pareille œuvre (qui, à bien des égards, est assez unique dans notre

---

1. France Daigle, *Pas pire*, Moncton, Éditions d'Acadie, 1998, 169 p. Désormais les références à cet ouvrage seront indiquées par le sigle *PP*, suivi du folio, et placées entre parenthèses dans le texte. Les Éditions du Boréal ont réédité le roman en 2002.

jeune littérature). En ce sens, la dimension *ludique* de notre propos est tout naturellement appelée par la nature de l'œuvre que nous commentons.

Nous devons rappeler ensuite une réalité qui semble être une évidence mais que d'aucuns oublient allègrement : ce roman est une œuvre postmoderne, une autofiction, qui présente davantage, pour reprendre la célèbre formule de Ricardou, *l'aventure d'une écriture* que la simple écriture d'une aventure ou d'une histoire. Autoréflexive, anti-représentationnelle, cette aventure présente les principaux traits du postmodernisme, soit « l'hybridité (générique et autre), une intertextualité très poussée, la parodie, [...] un accent sur la multiplicité de petits récits et la déconstruction des oppositions binaires rigides [dont l'opposition fond / forme][2] ». Elle participe, comme toute œuvre postmoderne, d'une véritable « crise de la représentation, [d']un manque de foi en la capacité de représenter le réel[3] ». Dans ces univers particuliers, « les grands récits sous-tendant la civilisation occidentale sont remplacés par une pluralité de petits récits locaux et par des jeux de langage ou des valeurs sont sans cesse recréées discursivement, faute d'un consensus universel[4] ».

Libre à chacun de penser, bien sûr, que ces traits ou ces codes sont en fait des « poncifs de la modernité[5] », mais nul n'a le droit, à notre avis, de réduire le sens (les sens...) de l'œuvre et sa portée en l'insérant de force dans le carcan linéaire de la lecture traditionnelle. C'est ce que fait Jean-François Chassay, par exemple, dans un compte rendu publié en 1999 dans *Francophonies d'Amérique* lorsqu'il précise que « [c]ette histoire aurait mérité un cadre plus simple [!] pour se déployer[6] », allant jusqu'à qualifier les passages que l'auteure consacre à l'astrologie de « longues digressions [...] qui viennent servir de leitmotivs (inutiles)[7]... ». Lire le roman en ce sens équivaut bien sûr à ne pas le lire... C'est pourquoi, pour en revenir à notre propos de

2. Barbara Havercroft, « Modernités », *Le dictionnaire du littéraire*, Paul Aron, Denis Saint-Jacques et Alain Viala (dir.), Paris, Presses universitaires de France, 2002, p. 378-379.
3. *Ibid.*, p. 378-379.
4. *Ibid.,* p. 378-379.
5. Jean-François Chassay, « *Pas pire : roman* de France Daigle », *Francophonies d'Amérique*, n° 9, 1999, p. 52.
6. *Ibid.*, p. 52.
7. *Ibid.*, p. 53.

départ, nous privilégierons ici une approche plus « moderne », qui consiste essentiellement en quelque sorte à *jouer le jeu* du roman en question, à adopter son esprit ludique (et sa *vanité* ou sa *superficialité*, car il n'y a pas que des aspects positifs dans cette *posture*...) – d'où l'enjeu réel de notre article : proposer (humblement) une sorte de *mode de lecture* pour ce genre d'œuvre (*comment lire en s'amusant*...).

LE ROMAN COMME TEL

Il faut d'abord présenter ce roman, résumer sa substance autant que faire se peut, et ceci sans trahir l'hybridité fondamentale de sa nature. Il s'agit, comme toujours chez France Daigle, d'un roman réflexif, présentant une structure délibérément ouverte ; d'un texte éclaté, profondément ludique, jouant sans cesse de l'ambiguïté et du paradoxe. L'intertextualité est ici reine : hydrographie, astrologie, symbolique des nombres, mythologie, histoire de l'art, psychologie, psychanalyse, discours critique et métafiction, autant de discours qui s'interpénètrent, se nourrissent l'un de l'autre, et alimentent la tessiture quasi ésotérique de ce que nous nommerons la *triade diégétique*. Effectivement, trois récits ici s'entrecroisent : celui d'abord d'une écrivaine agoraphobe nommée France Daigle qui fait des pieds et des mains pour se « soigner » dans le but épique de participer à la célèbre émission de Bernard Pivot ; celui ensuite des amours naïfs et un tant soit peu bucoliques d'un couple acadien, Terry Thibodeau et Carmen Després ; celui finalement des amours « intellectuels » et quasi mystiques d'Hans et d'Élizabeth.

À propos de *Pas pire*, le journaliste Réginald Martel parle, dès sa publication, de « faux capharnaüm », de « sac à malices », et précise que « les rapprochements entre les différentes pièces du puzzle, pour singuliers qu'ils soient, sont toujours fonctionnels[8] ». Il est intéressant de noter que Baudelaire, quelque 140 ans plus tôt, dans un article consacré à Bruegel l'Ancien[9], emploie sensiblement

8. Réginald Martel, « Cohérence et densité sans faille », *La Presse*, 3 mai 1998, p. B2.
9. Pieter Bruegel dit Bruegel l'Ancien. Autrefois francisé en « Brueghel » (cf. citation immédiate de Baudelaire) ou orthographié parfois « Breughel » (cf. ci-dessous, note 11, le titre du livre de Marcel Fryns).

le même vocabulaire : « [...] je défie qu'on explique le *capharnaüm diabolique et drolatique* de Brueghel le Drôle autrement que par une espèce de grâce spéciale [...]. La collection de toutes ces pièces répand une contagion ; les cocasseries de Brueghel [...] donnent le vertige[10] ». Marcel Fryns précise : « L'on se tromperait en interprétant les plaisants désordres breugheliens comme une absence de composition raisonnée. Il n'est pas un peintre au XVIe siècle qui ait aussi considérablement enrichi les critères de composition[11]. » Robert L. Delevoy, pour sa part, nomme deux chapitres de l'œuvre qu'il publie sur Bruegel, « Mesure du monde » et « Le désordre éclairé[12] ». Ces titres décrivent parfaitement les deux principaux aspects (thématique et structurel) du roman de France Daigle : d'un côté, une sorte de *mesure du monde* et des possibilités de vérité et de bonheur qu'il contient ; de l'autre, une espèce de *désordre* vertigineux et essentiellement ludique se servant de tous les tours de l'arsenal réflexif et abyssal.

Blandine Campion, dans un article du *Devoir*, parle, à la même époque, d'un « dispositif très fin de résonance, de mise en écho », dispositif qui conduit le lecteur à « relier entre eux les indices semés çà et là », à « reconstruire son propre cheminement dans un espace fictionnel volontairement fragmenté[13] ». Elle ne manque pas d'ajouter : « [...] l'émotion n'est en rien oubliée dans cette fiction où les destins croisés de personnages divers dessinent en filigrane le motif d'une quête intérieure, d'une recherche de paix et de beauté aux formes mouvantes, aux accents individualisés[14] ».

LE PÉRITEXTE

Somme toute, ce roman est assez semblable à sa couverture : sorte de *faux collage* réunissant les éléments les plus hétéroclites — paysage monctonien, tour Eiffel, palmier, légumes, escargot et

10. Charles Baudelaire, *Œuvres*, Paris, N.R.F., coll. « Bibliothèque de la Pléiade », 1961, p. 1023-1024. Nous soulignons.
11. Marcel Fryns, *Pierre Breughel l'Ancien*, Bruxelles, Les Ateliers d'Art Graphique Meddens, 1969, p. 11.
12. Robert L. Delevoy, *Bruegel*, Genève, Les Éditions d'Art Albert Skira, 1959, p. 27 et 69.
13. Blandine Campion, « Espace et écriture », *Le Devoir*, 2-3 mai 1998, p. D4.
14. *Loc. cit.*

boule de billard ! — mais offrant de nombreuses correspondances secrètes. La plus signifiante de ces correspondances, pour ce qui est de la couverture, est sans nul doute celle du panneau indicateur avec les divers éléments du « collage ». Ainsi, l'aéroport annoncé par ce panneau et le petit avion qui y est représenté renvoient, d'une manière à la fois précise et ironique, à cet autre avion en haut à droite, qui, lui, semble tirer, dans la grisaille du ciel monctonien, une banderole publicitaire où est inscrit en lettres de feu le nom de la narratrice / romancière : « France Daigle » ! La présence de cet avion, alliée à la proximité du mot « France » et de la tour Eiffel, rappelle bien sûr le voyage à Paris du personnage France Daigle.

Plus fondamental est le rapport entre les nombres inscrits sur ce panneau (« 132 » et « 11 ») et celui apparaissant (encore ici d'une façon malicieuse ?) sur la boule de billard partiellement représentée dans le coin inférieur droit (« 12 »). Le premier nombre, 132, est bien sûr un multiple de 12 : 132 divisé par 12 = 11 ! De plus, l'addition de « 132 » et de « 12 » donne le nombre magique correspondant à la structure immédiate du roman, soit « 144 ». Comme l'écrit France Daigle : « Nombre d'action, le chiffre douze représente [...] l'accomplissement et le cycle achevé » (*PP*, 82). Aussi, le roman répondra-t-il d'abord à une construction mathématique : composé de quatre grandes parties, chacune d'elle divisée en six chapitres, et chacun de ces chapitres lui-même subdivisé en six sections, il présentera, du moins en apparence, cette figure parfaite du « cycle achevé ».

Le palmier de la couverture — outre sa présence ironique dans le paysage monctonien — renvoie directement au restaurant de l'enfance de la narratrice, le « Palm Lunch ». Il fait surtout référence, d'une manière indirecte, à la présence de l'eau et au puissant symbole du « delta », symbole « terrestre » participant de la genèse et de la famille — et s'opposant en quelque sorte au symbole « céleste » du « diamant » qui, lui, correspond à la légèreté, au détachement et à ce que France Daigle narratrice nomme « le plaisir de l'inconnaissance » (*PP*, 122).

Finalement, un dernier élément important du roman est rappelé par cette photo collage de la couverture : il s'agit de la présence réflexive du peintre Bruegel, et de ce que la narratrice nomme le « Dieppe de Bruegel l'Ancien » (*PP*, 25). Car la présence irréelle de ce palmier et de cette tour Eiffel dans le paysage de Moncton (ou de Dieppe) n'est pas sans rappeler cette autre, tout aussi irréelle, de Marie et de Joseph dans le décor flamand de la fin du 16ᵉ siècle, tels qu'ils sont présentés par Bruegel dans son *Dénombrement de Bethléem...*

Le titre du roman est tout aussi révélateur. Raoul Boudreau écrivait, dès la parution du premier roman de France Daigle, *Sans jamais parler du vent*:

> Toute la pratique textuelle de ce roman, à commencer par son titre, vise à une atténuation du discours, au laconisme, à la litote. N'est-ce pas là rejoindre une des marques les plus profondes de l'*homo acadianus*, conditionné par des années de résistance passive à dire: « ça va pas pire » pour « ça va bien » ou « j'faisais pas zir » pour « j'étais très belle »? [...] il me semble que France Daigle a trouvé une première solution au problème de la transposition littéraire d'une « syntaxe acadienne[15] ».

En fait, ce titre, imprimé sur la couverture en lettres rouges et pleines, à la manière d'une enseigne lumineuse au néon, est un rappel de la double identité de l'auteure — acadienne et écrivaine — en plus d'être une critique anticipée et amusée du contenu du roman: *c'est pas si pire...* Faut-il rappeler que, géographiquement parlant, pas loin de la France (représentée ici par la tour Eiffel), il y a l'Allemagne, et que « papier » Outre-Rhin se dit « pa'pi:r »?... Et que « pa'pi:r » renvoie tout autant au support de l'écriture qu'à la « preuve » identitaire (dans le sens de « papier d'identité »)...

« MISE EN ÉCHO » ET MISES EN ABYME

L'écriture de *Pas pire* pourrait être qualifiée de fondamentalement et de volontairement ambiguë. Le « dispositif de résonance » ou de « mise en écho » dont parle Campion est pour l'essentiel un dispositif structurant qui amène par couches successives une sorte de limon sémantique et thématique. Essentiellement, ces échos tournent autour des notions de jeu et de brouillage ou d'ambiguïté, les fréquentes mises en abyme venant projeter ces motifs récurrents

---

15. Raoul Boudreau, « *Sans jamais parler du vent* ou la parole retenue », *Le Papier*, journal de l'ABPUM, vol. 1, nº 1, mars 1984, p. 16.

de la diégèse sur le discours du roman tout entier. Dès le premier paragraphe, la narratrice déclare : « Été venteux à Dieppe. […] Ce vent avec bourrasques qui souffle sans accalmies depuis des jours brouille tout, et les cartes et les règles du jeu, jusqu'à nous faire oublier que nous sommes encore en été, à Dieppe » (*PP*, 9).

Dès l'ouverture du roman, la présence menaçante du vent participe de la logique d'une œuvre qui se veut *autobiographique*, même s'il s'agit ici d'une volonté probablement malicieuse... Le vent est en quelque sorte consubstantiel à la condition d'agoraphobe et à son réseau de peurs inconscientes. Mais ce qui importe pour les besoins de notre démonstration, c'est la présence, dès l'abord, du substantif « jeu » et du verbe « brouiller ». Ce qui importe encore, c'est le paradoxe absolu de cette description initiale : décrivant l'été, le « plein cœur de juillet... », on semble décrire l'hiver... Il y a d'abord ce vent « avec bourrasques qui souffle sans accalmies », et puis surtout, dès l'ouverture du roman, cette phrase : « Le ciel est d'un blanc uniforme, de cette blancheur opaque qui, l'hiver, annonce une chute de neige » (*PP*, 9). Ce processus qui consiste à brouiller « et les cartes et les règles du jeu », à confondre et l'été et l'hiver, est le processus d'écriture le plus important du roman, celui qui lui donne sa substance à la fois unique et hétérogène. *Pas pire* est le lieu même du paradoxe, en ceci qu'il pratique systématiquement le droit à l'existence des contraires.

C'est ainsi que l'auteure pourra écrire, dans le fragment suivant, construisant du même coup une des plus importantes mises en abyme de ce début de roman :

> Les deltas aiment aussi jouer : ils raffolent du sable et des glissements et barbotent inlassablement dans les étangs et les cuvettes. Ils courent entre les berges en semant roseaux et palétuviers, sculptent des flèches, exposent des tourbières. Souvent plus étendus que profonds, leurs méandres, marais et marécages sinueux inondent et se déversent pourtant. Certains débordements ouvrent en riant de nouveaux lits chaque printemps, mettant ici et là des processus en jeu, bafouant les modes d'échanges traditionnels entre cours d'eau douce et d'eau salée, se moquant éperdument de l'interpénétration inextricable de la terre et des eaux, allant jusqu'à s'amuser à répandre sur le monde une nouvelle couche d'ambiguïté. (*PP*, 10-11)

La construction de cette mise en abyme essentielle est ici progressive et absolue : au début de ce deuxième fragment, l'auteure commence par préciser les « aspects profondément humains » des deltas, leurs *bouches*, leurs *bourrelets*, leurs *lobes*, *front*, *bras*, *main* et *doigts* ; ensuite, criblant son texte de mots pouvant se référer à l'écriture ou, plus généralement, à l'acte créateur — *glissements*, *courent*, *semant*, *sculptent*, *exposent*, *méandres*, etc. —, elle installe chez le lecteur ce que nous nommerons un *état de disponibilité réflexive* ; finalement, elle confond volontairement deltas et écrivains : « Certains débordements ouvrent en riant de nouveaux lits chaque printemps […] ». Il est assez évident, selon nous, que ces « débordements » particuliers s'amusant à bafouer « les modes d'échanges traditionnels », et à « répandre sur le monde une nouvelle couche d'ambiguïté » correspondent assez précisément à l'activité spécifique de l'*écrivain postmoderne* (notamment, ici, France Daigle) se riant de l'écriture traditionnelle et se moquant éperdument de l'effort des critiques confrontés à « l'interpénétration inextricable » de ses mille et un motifs contradictoires.

Placé dès le départ dans un état ambivalent de disponibilité et de méfiance, le lecteur se surprend à pratiquer une lecture transitoire ou intermédiaire, lisant le récit et tentant, dans la mesure du possible, de participer à son émotion, mais déchiffrant malgré lui, comme en surimpression, le texte récurrent de sa mise au monde. Tout fragment, tout passage du récit, devient en quelque sorte « suspect » ou *double*. Comment, par exemple, interpréter ce fragment de l'avant-dernière section du premier « chapitre » ?

> En visite, enfants, chez nos amis, nous embarquions dans le train-train de la maisonnée comme dans un tour de manège, nous fiant à la mécanique en place. Il se passait chez eux des choses impensables chez nous, parfois pour le meilleur, parfois pour le pire. Cela alimentait notre regard. Nous pigions ainsi un peu partout et nous composions une vie à partir de cela. Notre vie était faite de cela. De choses utilisables et de choses non utilisables. De choses qui avaient une valeur sûre et d'autres qui n'avaient pas de valeur évidente. De choses dont la valeur restait à découvrir. (*PP*, 12-13)

Les substantifs *manège*, *mécanique* ainsi que le verbe *piger* renvoient directement au monde du jeu, tandis que les oppositions évidentes entre *meilleur* et *pire*, entre *choses utilisables* et *choses non utilisables* correspondent approximativement à ce monde du paradoxe et de l'hésitation dont nous parlions un peu plus avant. Ce paradoxe est nourri par la généralité du discours qui permet tout naturellement les interprétations les plus diverses. Et nous ne savons pas encore, au moment où nous lisons ce passage, que la dernière phrase est profondément réflexive : « [Notre vie était faite d]e choses dont la valeur resterait à découvrir ». En effet, il existe encore des choses dont la valeur reste à découvrir, à commencer par le portrait d'ensemble du livre que nous tenons entre les mains, la symbolique profonde qui l'habite, et jusqu'à la nature même du personnage qui y circule. À la fin de la première partie du roman, l'auteur écrira, dans un métatexte conclusif :

> Le portrait d'ensemble mettra donc du temps à émerger. D'où la symbolique de l'escargot, qui avance lentement, en portant sa maison sur son dos, symbole du mouvement dans la permanence, symbole aussi du voyage du pèlerin en direction d'un centre intérieur. Il faut aussi s'attendre à ce que surgissent nombre de digressions, de pistes plus ou moins claires, plus ou moins significatives. L'auteur de fiction n'est pas le maître absolu de son œuvre. Par exemple, au moment où j'écris ces lignes, le Personnage, s'il existe, demeure une énigme. Peut-être cette énigme se résoudra-t-elle en cours de route, mais il ne faudrait pas trop y compter. (*PP*, 45)

ASTROLOGIE, SYMBOLIQUE DES NOMBRES ET JEU DE LA TRANSCENDANCE

France Daigle déploie un dispositif complexe de mise en écho, traitant tous les éléments du texte, du plus important au plus dérisoire, comme matériau de construction, et les distribuant avec précision dans la trame de son récit. Par exemple, *les poules qui picorent* dans le tableau de Bruegel ressurgissent soudainement au début de la troisième partie du roman, dans une conversation matinale pour le moins éclectique entre Hans et Élizabeth. Ce couple apparaît pour la première fois ici ; il présente un mélange de légèreté spirituelle et de lourdeur intellectuelle, un peu à la manière des personnages déconcertants du cinéaste Wim Wenders. Comme ces personnages, ils sont également habités du désir. « Aimez-vous les poules ? » demandera soudainement Hans à Élizabeth. « J'aime qu'elles picorent et qu'elles pondent des œufs » (*PP*, 93), répondra nonchalamment celle-ci. Auparavant, ils avaient discuté, tout aussi nonchalamment, des labyrinthes et des raisons qu'on pouvait avoir de les aimer, ou de ne pas les aimer. Par après, ils discuteront, toujours dans la même optique, des deltas et des diamants.

Les rapports avec le reste du texte sont ici multiples, malgré l'apparente nonchalance de la présentation et de l'entretien. Les deltas et le symbole géométrique qui s'y rattache, celui du triangle, renvoient surtout au monde brut de la genèse et de la conception, au monde de la vie inconsciente et quotidienne; ils sont souvent présents dans le récit des amours plus naïfs de Terry et de Carmen. Les diamants pour leur part, de nature plus ésotérique, renvoient au monde de la légèreté et de l'isolement mystique :

> Par leur simple présence, les petites pierres bannissaient le sérieux de toute situation. Mieux encore, la présence des petits diamants faisait tout chavirer dans le plaisir de l'inconnaissance. Quelque chose de merveilleux faisait qu'Élizabeth ne voulait pas savoir. Elle aimait flotter dans cette absence de genèse. (*PP*, 122)

Ils correspondent, ces diamants, au monde de l'amour désintéressé et éphémère, au monde de la magie de vivre.

La phrase un peu curieuse d'Élizabeth : « J'aime qu'elles picorent et qu'elles pondent des œufs », pourrait être perçue comme un commentaire généreux de la vie du couple Terry/ Carmen, tout entier occupé à se nourrir et à assurer la persistance de l'arbre généalogique. Les labyrinthes, « univers complexes », selon le mot de Hans, correspondent, pour leur part, au casse-tête du *Dénombrement de Bethléem* (*PP*, 93), acheté par lui à la fin du roman. Ils correspondent surtout à la complexité de l'univers daiglien.

Les motifs les plus récurrents sont mis en abyme. Ainsi en est-il de la symbolique du nombre 12 et de la présence génétique des deltas : Terry, au moment de sa rencontre avec Carmen, est en train de lire un livre traitant du nombre 12 « et de toutes les façons que ce nombre-là existe » (*PP*, 86); Carmen, elle, possède « un magnifique album illustré, intitulé *Les grands deltas*» (*PP*, 80), dont elle a nourri son imagination infantile.

Mais la réalité abyssale la plus importante et la plus complexe traverse l'ensemble du roman[16]. Il s'agit essentiellement d'une structure «qui transcende […] le texte à l'intérieur de lui-même», qui réfléchit «ce qui tout à la fois l'origine, le finalise, le fonde, l'unifie et en fixe les conditions «à priori» de possibilité[17]». Plusieurs aspects y participent: les nombreux éléments cosmiques qui traversent le texte de part en part, et qui tous se rattachent d'une façon ou d'une autre à la symbolique des nombres, et plus généralement, à l'astrologie scientifique; la présence ésotérique des deltas et leur lien manifeste avec la cosmogonie et les structures cachées de l'univers; la présence d'Hercule et de la mythologie; celle de Bruegel et de l'histoire de l'art; autant de motifs trans-cendants et unificateurs qui, par leur répétition constante, entre-tiennent avec le texte des rapports organiques. «Au centre du tableau», écrit la narratrice à la toute fin de sa description du *Dénombrement de Bethléem,* «une roue esseulée est figée debout, enlisée dans la neige et la glace. Elle compte douze rayons» (*PP*, 27). Cette description sera reprise à la fin du roman, juste avant le départ de Hans vers «le centre de la ville» avec au cou la pochette contenant les petits diamants restants, au nombre, cette fois, de neuf. Le roman participe, la plupart du temps, du ternaire et de sa nature dynamique. Nous pouvons donc affirmer, sans grand risque d'erreur, que, dans ce capharnaüm de *Pas pire*, l'astrologie ainsi que la symbolique des nombres qui s'y rattache occupent une place privilégiée et structurante.

À ce point de notre réflexion, pourquoi cette impression d'incomplétude et de mise au jour fragmentaire? C'est que ce roman est d'une telle densité et d'une telle variété qu'il semble inépuisable. Parler, comme nous avons tenté de le faire, de certains éléments de sa structure profonde et réflexive, voilà qui peut

---

16. Soulignons toutefois qu'une des mises en abyme les plus convaincantes est définitivement celle qui occupe la fin du roman: France Daigle, le personnage, participe à l'émission «Bouillon de culture» et discute avec Bernard Pivot de son dernier roman, *Pas pire*! Il s'agit ici, autant par l'humour qui s'y manifeste que par la réussite technique, d'une véritable pièce d'anthologie, Bernard Pivot y apparaissant sous une lumière on ne peut plus réelle.

17. Lucien Dällenbach, *Le récit spéculaire*, Paris, Seuil, 1977, p. 131.

sûrement avoir son intérêt, mais nous laissons dans l'ombre tant et tant d'éléments essentiels de sa personnalité. Ainsi, il faudrait, pour faire contrepoids, parler encore de sa légèreté et de son émotion, de l'humour constant qui le traverse, de son ironie complice.

Un chapitre du roman mérite tout de même qu'on s'y arrête un instant : il s'agit de celui présentant le projet de création par la multinationale Irving d'un « centre d'écotourisme ». Un « bateau de tourisme » fera la navette, sur la Petitcodiac, entre Beaumont et Moncton ! Terry Thibodeau deviendra l'« opérateur » de ce navire épique, prédisposé à cette tâche par son admiration pour saint Christophe, le saint qui avait eu la bonne idée « d'aider les gens, et particulièrement les enfants, à traverser les rivières » (*PP*, 71) ! Dans le cadre des passages consacrés à ce projet humanitaire, l'ironie est dévastatrice :

> Baronne du pétrole et du papier, et de presque toutes leurs industries intermédiaires, du transport maritime au camionnage et du papier journal au papier de toilette, sans négliger les légumes surgelés, eux aussi riches en fibre et vendus à des milliers de prolétaires, la multinationale Irving, après avoir remis en état la longue et célèbre dune de Bouctouche, continua de chercher à faire le bien autour d'elle. Comme Dieu créant le monde, elle vit que cela était bon. (*PP*, 74-75)

Réginald Martel termine son article sur *Pas pire* en déclarant : « Pour une œuvre aussi remarquable, France Daigle mériterait bien, s'il y a quelque rapport entre qualité et récompenses, le Prix du Gouverneur général[18] ». Nous ne pouvons que répondre, avec quatorze ans de retard : « *Pour sûr*, qu'elle l'aurait mérité... ![19] »

---

18. Martel, *op. cit.*, p. B2.
19. France Daigle est lauréate du Prix du Gouverneur général en 2012 pour la publication de son roman intitulé *Pour sûr*, Montréal, Les Éditions du Boréal, 2011.

BIBLIOGRAPHIE

Baudelaire, Charles, *Œuvres*, Paris, N.R.F., coll. « Bibliothèque de la Pléiade », 1961, 1873 p.

Boudreau, Raoul, « *Sans jamais parler du vent* ou la parole retenue », *Le Papier*, journal de l'ABPUM, vol. 1, nº 1, mars 1984, p. 16.

-----, « Le rapport à la langue dans les romans de France Daigle : du refoulement à l'ironie », *Voix et images*, nº 87, printemps 2004, p. 31-45.

-----, « L'humour en mode mineur dans les romans de France Daigle », *L'humour et le rire dans les littératures francophones des Amériques,* Revue *Itinéraires et contacts de cultures*, vol. 36, Paris, L'Harmattan, 2006, p. 125142.

-----, « Le roman acadien depuis 1990 », *Nuit blanche*, nº 115, été 2009, p. 2630.

Campion, Blandine, « Espace et écriture », *Le Devoir*, 2-3 mai 1998, p. D4.

Chassey, Jean-François, « *Pas pire : roman* de France Daigle » [recension], *Francophonies d'Amérique*, nº 9, 1999, p. 51-53.

Daigle, France, *Pas pire*, Moncton, Éditions d'Acadie, 1998, 169 p.

-----, *Pour sûr*, Montréal, Les Éditions du Boréal, 2011, 747 p.

Dällenbach, Lucien, *Le récit spéculaire*, Paris, Seuil, 1977, 247 p.

Delevoy, Robert L., *Bruegel*, Genève, Les Éditions d'Art Albert Skira, 1959, 152 p.

Den Toonder, Jeanette, « Dépassement des frontières et ouverture dans *Pas pire* », *Voix et Images*, vol. 29, n° 3, 2004, p. 57-68.

Fryns, Marcel, *Pierre Breughel l'Ancien*, Bruxelles, Les Ateliers d'Art Graphique Meddens, 1969, 78 p.

Giroux, François, « Pas pire », dans le *Dictionnaire des œuvres littéraires de l'Acadie des Maritimes – XXe siècle,* Janine Gallant et Maurice Raymond (dir.), Sudbury (Ontario), Prise de parole, 2012, p. 253-255.

Havercroft, Barbara, « Modernités », *Le dictionnaire du littéraire*, Paul Aron, Denis Saint-Jacques et Alain Viala (dir.), Paris, Presses universitaires de France, 2002, p. 378-379.

Martel, Réginald, « Cohérence et densité sans faille », *La Presse*, 3 mai 1998, p. B2.

Morency, Jean, « *Pas pire* » [recension], *Éloizes*, nº 26, 1998, p. 155-157.

REGARDS CROISÉS FRANCE-ACADIE DANS L'ŒUVRE DE FRANCE DAIGLE. NORME, VARIATIONS ET EXPÉRIMENTATIONS

JOËLLE PAPILLON
Université McMaster

Le travail de théoriciens tels François Paré[1] et Lise Gauvin[2] a attiré l'attention sur l'importance accordée à la question de la langue dans les « petites » littératures et les littératures émergentes. Ce serait là la conséquence d'une « surconscience linguistique » pour utiliser l'expression de Gauvin ; selon elle, les littératures francophones qui se développent à l'extérieur de la France proposent « une réflexion sur la langue et sur la manière dont s'articulent les rapports langues/littérature[3] ». Cette conscience exacerbée des enjeux linguistiques découlerait de relations « conflictuelles — ou tout au moins concurrentielles — qu'entretiennent entre elles deux ou plusieurs langues[4] », le français et l'anglais dans le contexte de la francophonie canadienne. Gauvin remarque que les situations de diglossie poussent fréquemment les écrivains à développer des stratégies permettant de normaliser des façons de parler vernaculaires ou régionales[5], un phénomène

---

1. François Paré, *Les littératures de l'exiguïté*, Hearst, Nordir, 1992, 175 p.
2. Lise Gauvin (dir.), *Langues du roman : Du plurilinguisme comme stratégie textuelle*, Montréal, Les Presses de l'Université de Montréal, 1999, 177 p. ; Lise Gauvin, *Langagement. L'écrivain et la langue au Québec*, Montréal, Boréal, 2000, 254 p. ; Lise Gauvin, *La fabrique de la langue : de François Rabelais à Réjean Ducharme*, Paris, Seuil, coll. « Points », 2004, 342 p.
3. Gauvin, *Langagement*, *op. cit.*, p. 8.
4. *Ibid.*, p. 8.
5. Lise Gauvin, « Introduction. Langues du roman : Du plurilinguisme comme stratégie textuelle », Gauvin, *Langues du roman, op. cit.*, p. 10.

que l'on observe dans les romans récents de l'écrivaine acadienne France Daigle, notamment dans *Pas pire* et *Pour sûr*[6].

Raoul Boudreau décrit le rapport que les Acadiens ont développé avec leur langue comme « tortueux » en raison du sentiment aigu de la « fragilité » de leur situation linguistique, voire de l'« illégitimité[7] » de leur façon de parler. Pour diverses raisons historiques et géographiques, le français acadien s'est développé d'une part en préservant des termes et des usages communs au siècle classique, mais aujourd'hui disparus du français hexagonal, et d'autre part en empruntant certaines structures anglaises[8]. La forme la plus poussée de cette pollinisation des langues française et anglaise est sans aucun doute le chiac, présent dans la région de Moncton, que Boudreau décrit de la façon suivante : « un véritable métissage ou *code-mixing* caractérisé par l'intégration et la transformation, dans une matrice française, de formes lexicales, syntaxiques, morphologiques et phoniques de l'anglais pour former un système linguistique autonome[9] ». Alors que Daigle a peu ou pas inscrit ses premières œuvres dans un rapport patent avec l'Acadie[10], elle le fait progressivement dans ses romans des années 1990, notamment dans *1953. Chronique d'une naissance annoncée*[11]

---

6. France Daigle, *Pas pire*, Montréal, Boréal, coll. « Compact », [1998] 2002, 203 p. ; *Pour sûr*, Montréal, Boréal, 2011, 729 p. Désormais, les références à ces œuvres seront indiquées par les sigles *PP* et *PS*, suivi du folio, et placées entre parenthèses dans le texte.

7. Les trois termes entre guillemets sont empruntés à Raoul Boudreau, « L'hyperbole, la litote, la folie : trois rapports à la langue dans le roman acadien », Gauvin, *Langues du roman, op. cit.*, p. 73.

8. Voir à ce sujet Raoul Boudreau, « Choc des idiomes et déconstruction textuelle chez quelques auteurs acadiens », Robert Dion, Hans-Jürgen Lüsebrink et János Riesz (dir.), *Écrire en langue étrangère : interférences de langues et de cultures dans le monde francophone*, Québec, Nota bene, 2002, p. 289-290.

9. *Ibid.*, p. 290.

10. François Paré consacre une belle étude à trois écrivaines de cette période : « La chatte et la toupie : écriture féminine et communauté en Acadie », *Francophonies d'Amérique*, n° 7, 1997, p. 115-126. Il y montre que les œuvres de Daigle, Dyane Léger et Hélène Harbec se positionnent autrement que la majorité des écrivains de l'époque par rapport à la question nationale et aux rapports avec la communauté, mettant de l'avant les dimensions intimes de l'expérience acadienne plutôt qu'un discours politique.

11. France Daigle, *1953. Chronique d'une naissance annoncée*, Moncton, Éditions d'Acadie, 1995, 166 p.

où elle s'appuie sur les archives du journal *L'Évangéline* pour reconstruire l'atmosphère de l'Acadie des années 1950 ; toutefois, la langue utilisée par Daigle demeure assez peu marquée par les tournures acadiennes jusqu'à la publication de *Pas pire* en 1998. Dans ses œuvres récentes, Daigle met en scène une acadianité[12] contemporaine en pleine redéfinition grâce aux rencontres interculturelles (surtout entre Français et Acadiens) qui incitent à interroger les divers rapports à la langue, ou plutôt *aux* langue*s* : le français dit standard (c'est-à-dire hexagonal), le vernaculaire acadien, le chiac et l'anglais.

Dans *Pour sûr*, la présence du chiac, jusque là assez discrète chez Daigle, devient marquée, et est accompagnée d'une abondance de passages métatextuels soulevant divers enjeux langagiers. Catherine Leclerc avait déjà remarqué qu'avec *Pas pire* s'amorçait une « réflexion soutenue sur le rôle des langues et sur les conséquences des choix linguistiques opérés[13] », et l'on ne peut que constater que la place octroyée à ces observations se trouve amplifiée dans *Pour sûr*, où plusieurs sections y sont consacrées en marge du récit fictionnel, dont les rubriques récurrentes « Langue », « Grammaire », « Chiac » et « Détails utiles ». Comme le notait Gauvin, l'étude d'épisodes de « mises en scène de la langue[14] » permet de déterminer la façon dont les écrivains se la représentent. Dans le cas qui nous occupe, Daigle met en scène d'une part des rencontres interculturelles entre Français et Acadiens lors desquelles l'écart entre la langue parlée par les uns et les autres joue un rôle majeur et, d'autre part, le dilemme linguistique auquel sont confrontés un grand nombre de personnages : devrait-on réprimer le chiac jusqu'à l'éliminer, ou au contraire lui reconnaître un rôle dans l'expression d'une identité acadienne contemporaine ?

---

12. En entretien, Daigle signale qu'elle ne peut dissocier son entreprise romanesque de son identité acadienne : « Mon acadianité, elle, fait partie de la matière avec laquelle je travaille (la langue, la culture, un contexte géographique et social, des connaissances, des affinités et aspirations particulières). » France Daigle citée par Monika Boehringer, « Le hasard fait bien les choses : entretien avec France Daigle », *Voix et Images*, vol. 29, n° 3, 2004, p. 22.

13. Catherine Leclerc, « L'Acadie rayonne : lire France Daigle à travers sa traduction », *Voix et Images*, vol. 29, n° 3, 2004, p. 86.

14. Gauvin, *La fabrique de la langue, op. cit.*, p. 8.

L'AUTRE ET LE SOI :
LES RELATIONS FRANCE-ACADIE DANS *PAS PIRE*

La négociation des rapports complexes entre l'Acadie et la France est l'un des axes narratifs les plus importants de *Pas pire* : on la retrouve au cœur de l'histoire de « France Daigle[15] » qui se rend à Paris pour une entrevue, comme dans celle de Terry qui accueille tant bien que mal des visiteurs français sur la rivière Petitcodiac. Ces deux récits entrecroisés soulèvent la question épineuse de la reconnaissance de la culture acadienne à l'étranger et *par des étrangers* : une véritable communication interculturelle est-elle possible ? Nous analyserons ces deux épisodes afin de déterminer, d'une part, ce que ces personnages acadiens gagnent au contact de représentants d'institutions culturelles hexagonales et, d'autre part, comment Daigle dénie à la culture majoritaire l'autorité de définir l'autre minoritaire[16].

Lorsque « Daigle » est invitée à aller en France pour participer à l'émission *Bouillon de culture*, cela lui semble une expédition quasi impossible en raison de son agoraphobie qui rend tout déplacement profondément angoissant. Cependant, son admiration pour l'animateur Bernard Pivot ainsi que la conscience d'une responsabilité envers sa communauté la poussent à faire le voyage en compagnie d'un nouvel ami, Camil. « Daigle » envisage son passage à la télévision française comme une occasion de soulever la question de la légitimité, qu'elle présente comme un des facteurs à l'origine de son écriture :

> Légitimité de ce que nous sommes aux yeux du monde et à nos propres yeux. [...] Remonter le cours de l'histoire, descendre dans l'inconscient à la recherche de fondements, d'explications, de justifications, d'interprétations de sa propre existence dans des lieux où il n'y a parfois aucune autre manière d'être, d'exister, de

---

15. Nous mettrons « France Daigle » entre guillemets lorsqu'il sera question du personnage d'écrivaine dans *Pas pire*, afin de ne pas confondre avec l'auteure extratextuelle.

16. Nous reprenons ici la terminologie utilisée par François Paré dans *Les littératures de l'exiguïté*. Dans cet ouvrage qui a fait date, Paré étudie les rapports de pouvoir établis entre les espaces majoritaires et minoritaires, par exemple entre la France (majoritaire) et l'Acadie (minoritaire), unies par la langue et l'histoire.

voir et d'être vu, reconnu. Et enfin, peut-être que oui, pour toutes ces raisons, écrire. (*PP*, 132)

« Daigle » est consciente que ce besoin de légitimité la dépasse, et s'étend à travers elle à la communauté qu'elle représente ; prendre la parole à la télévision française, c'est porter une voix acadienne aux quatre coins de la francophonie. La « Thérapie d'exposition » (*PP*, 57) qui donne son titre à la deuxième partie du roman est non seulement celle de l'agoraphobe qui doit cesser de se réfugier dans l'évitement et faire face à sa phobie, mais aussi celle de « [s]on peuple » (*PP*, 60) dont elle se sent responsable dans la mesure où sa vie lui apparaît inséparable de celle de sa communauté. Quand elle imagine ce qu'elle racontera à Pivot, « Daigle » évoque des souvenirs qui semblent être partagés par un groupe :

> Dieppe, la Marsh Canteen de Hard Time Gallant et les lêches qu'on déterrait pour se faire quelques sous, la petite école grise en bois et le Palm Lunch de Moody Shaban, le marais en feu et les touffes d'herbe figées dans la glace du marais gelé, les petites fraises des champs, les trois ruisseaux et les pétroliers Irving sur la Petitcodiac (*PP*, 60).

Ici, les souvenirs d'enfance s'expriment au *on*, signe d'un vécu commun ; par conséquent, témoigner de cette expérience sur les plateaux de *Bouillon de culture* signifie s'exprimer en tant qu'individu *et* au nom d'un groupe.

L'impact de son passage à la télévision française au sein de la communauté acadienne de Dieppe et de Moncton est rendu visible par les réactions de divers personnages secondaires. Avant de prendre l'avion, « Daigle » passe chez la coiffeuse ; celle-ci s'étonne de découvrir l'existence même d'écrivains acadiens : « —T'écris des livres ? Vraiment ? Geeeee... je savais pas même qu'y'avait du monde qui faisait ça par icitte » (*PP*, 192). Cet incident est des plus démoralisants pour « Daigle », et vient relativiser l'importance de la reconnaissance qu'elle s'apprête à trouver en France : si elle n'est pas lue chez elle, pourquoi s'efforcer d'être lue à l'étranger ? Cependant, un autre événement vient tempérer cette déception. Après la diffusion en Acadie de l'épisode de *Bouillon de culture* auquel elle a participé, « Daigle » reçoit un appel de Chuck Bernard, le motard local dont elle avait parlé dans son roman :

— France, peux-tu croire qu'en zappant, l'autre soir, j'ai tombé sus toi. Je crois que ça venait de la France. Tu parlais de ton livre. J'ai juste attrapé la fin vraiment. Pis tout d'un coup, y'a-ti pas ct'homme-icitte qui nomme mon nom... Chuque, Chuque Bernard, tout' ben prononcé à la française. [...] Well! C'est great! Je crois ben qu'y va faulloir que je le lise asteure. Ça m'a mis comme curieux. Où c'est qu'on peut acheter ça? (*PP*, 198)

Dans ce cas-ci, le détour par la France et la reconnaissance accordée par ses institutions culturelles permettent de solidifier les liens entre le livre et un lectorat local, voire d'en créer de nouveaux. Entendre son nom à la télévision française incite Chuck à s'intéresser à la façon dont sa communauté et lui-même sont représentés. Il éprouve de la fierté non seulement à l'idée d'être immortalisé dans un livre, mais aussi du succès de « Daigle », qui rejaillit d'autant plus sur sa communauté que l'écrivaine avait choisi de mettre en scène *son* Dieppe : « — [...] je suis manière de proud de toi. [...] Awh, pis tant qu'à ça, pourrais-tu m'en amener une copie d'extra [du roman]. [...] Tu sais comment c'que je suis show-off » (*PP*, 199).

Bien que le passage à *Bouillon de culture* représente un triomphe pour « Daigle » et que le voyage en France avec Camil se révèle fort plaisant, les deux Acadiens n'échappent pas aux rencontres moins lumineuses avec des Parisiens. Trop souvent, ces derniers persistent à leur répondre en anglais, une façon blessante de ne pas reconnaître le français acadien en tant que *français* : « — C'est étrange. C'est comme si y nous entendaient pas. [...] Peut-être qu'y'entendent personne vraiment[17] » (*PP*, 176). Ici, le

---

17. Notons que le personnage de « France Daigle » manie plusieurs registres et adapte sa façon de parler à ses interlocuteurs, tel que le remarque Raoul Boudreau, « Les français dans *Pas pire* de France Daigle », Robert Viau (dir.), *La création littéraire dans le contexte de l'exiguïté*, Beauport, MNH, coll. « Écrits de la francité », 2000, p. 53. En entrevue, elle privilégie un français standard, avec un registre élevé (par exemple : « Il s'est assagi quelque peu, et porte maintenant des lunettes qui ressemblent en tous points aux vôtres » [*PP*, 196]), alors qu'auprès de ses amis Camil et Marie, elle s'exprime de façon plus familière, avec des tournures acadiennes (par exemple : « Ben, pour dire le vrai, des fois ça serait plus simple si j'étais juste normale » [*PP*, 190]). Cette grande flexibilité dont fait preuve « France Daigle » rend d'autant plus troublante la méprise de certains Français qui prennent les deux amis pour des touristes américains (*PP*, 176).

fait de reléguer le français acadien parmi les langues étrangères est dénoncé comme une sorte de négligence hautaine permise par le statut dominant du français hexagonal. Daigle refuse d'adopter une position dominée et souligne que les Français ont eux aussi un accent – c'est avec humour qu'elle note que Bernard Pivot prononce «Chuque» au lieu de «Chuck» (*PP*, 196). Le roman illustre également la méconnaissance de plusieurs Européens à l'égard des Acadiens, par exemple quand l'un deux, Hans, est surpris d'apprendre qu'il y a des «Arcadiens» (*PP*, 142) en Amérique. Pivot, lui, se demande s'il y a un ministre de la culture en charge des arts en Acadie, et s'étonne de ce que son invitée présente comme un fonctionnement décentralisé (*PP*, 185-6); «Daigle» lui lance une boutade: «Vous devriez venir voir. Vous pourriez juger par vous-même» (*PP*, 186). Ni Hans ni Pivot ne se montrent méprisants à l'égard des Acadiens, mais leur éloignement géographique se traduit par une ignorance ou une connaissance très limitée de la culture acadienne. Surpris par une réponse de «Daigle», Pivot s'exclame: «Dites donc. Vous ne lisez pas qu'Antonine Maillet, en Acadie!» (*PP*, 179). Les relations interculturelles feraient donc partie du «domaine du perfectible» (*PP*, 151), titre de la quatrième et dernière partie du roman.

Le personnage de Terry, qui apparaît pour la première fois dans *Pas pire*, est opérateur d'un bateau à vocation touristique sur la rivière Petitcodiac. Ne se sentant pas à la hauteur, il est nerveux à l'idée de rencontrer des dignitaires étrangers qui viennent faire du repérage pour le Sommet de la Francophonie; il se montre même intimidé à l'idée de lire des albums d'*Astérix* prêtés par Carmen pour l'habituer au français standard, craignant de ne pas être en mesure de les comprendre (*PP*, 161). Pour Terry, c'est le français standard qui est une langue étrangère: ce vocabulaire lui est inconnu et ces expressions idiomatiques demeurent opaques à ses yeux. À ce titre, sa rencontre avec un écrivain français faisant partie de la délégation est particulièrement intéressante. Dans un passage plein d'humour, Daigle met en scène la difficulté d'interprétation résultant d'une différence de codes; découragé, l'écrivain se confie à Terry:

> — J'ai pas de veine.
> Un peu figé, Terry ne s'aventura pas à lui répondre, mais il jeta un coup d'œil furtif aux poignets de l'homme, à tout hasard.

— Ça ne vous ennuie pas, vous ?
Terry hésita.
— Si je m'ennuie ?
Le Français crut simplement que Terry n'avait pas bien entendu sa question. [...]
— Moi je déteste. Ça me donne les boules.
Terry essaya de s'imaginer ce que ça pouvait vouloir dire d'avoir des boules. Il ne savait pas non plus quelle grosseur de boules imaginer. Il pensa simultanément à des boules à mites et à des boules de billard. (*PP*, 182-3)

En focalisant l'épisode sur les réactions de Terry qui prend tout au pied de la lettre, Daigle place de façon habile les expressions franco-françaises à la fois comme étrangères et étranges ; ce faisant, la norme est positionnée du côté acadien[18]. Terry et l'écrivain finissent cependant par surmonter leur incompréhension mutuelle due à la différence des expressions idiomatiques employées en France et en Acadie, et Terry est fier que l'écrivain lui ait donné sa carte de visite[19]. Pendant les jours qui suivent, il revient sans cesse sur cette rencontre qui l'a marqué. Faisant un parcours similaire à celui de Chuck, Terry bénéficie du regard étranger porté sur lui ; cet autre regard lui apprend à considérer ce qu'il connaît sous un nouveau jour, et à en apprécier la beauté singulière : « Terry réalisa que le fait de voir ce paysage si familier à travers les yeux des délégués étrangers venait ajouter à sa compréhension » (*PP*, 177). L'intérêt des rives de la Petitcodiac qu'il a arpentées tout l'été de façon indifférente lui apparaît soudain ; il fallait que d'autres le soulignent afin qu'il puisse le voir[20]. Suite à la question posée

---

18. Ici, le terme « norme » fait référence à un usage commun d'une façon de parler. Dans le cas de Terry, la norme est la langue qu'il entend et utilise au quotidien (le français vernaculaire acadien) ; dans sa perspective, le français standard représente un écart par rapport à la norme, écart qui le déstabilise. Pour une discussion de la norme et de l'écart d'un point de vue stylistique, voir Dominique Combe, *La pensée et le style*, Paris, Éditions Universitaires, coll. « Langage », 1991, p. 68-73.
19. S'attardant elle aussi sur la rencontre entre Terry et l'écrivain français, Jeanette den Toonder souligne que « la peur du monde extérieur [...] se transforme en un sentiment de surprise » qui suscite une curiosité envers l'autre. Jeanette den Toonder « Dépassement des frontières et ouverture dans *Pas pire* », *Voix et Images*, vol. 29, n° 3, 2004, p. 65.
20. Ceci n'est pas sans rappeler le principe du désir mimétique tel qu'analysé

par l'écrivain sur l'aspect du paysage durant l'hiver, Terry a une révélation, qu'il partage avec Carmen :

> — Ben, faullait que j'y pense. J'avais jamais essayé de dire ça de ma vie. T'as jamais besoin de le dire quand tout le monde le voit. [...] J'ai dit que l'eau gelait pas, ben que ça s'emplissait de neige pis de glace tout autour, pis qu'y'avait comme un grand mur de terre pis de glace qui montait de chaque bord. Pis c'est en y'expliquant ça que j'ai vu que c'est dans ce temps-là que c'est le plusse beau vraiment. (*PP*, 189)

De façon quelque peu paradoxale, le regard étranger vient rétablir un rapport affectif brisé entre l'Acadie et certains personnages acadiens ; d'abord honteux et humilié, Terry rayonne désormais, fier du lien qui le rattache à ce paysage.

NORME, VARIATIONS ET EXPÉRIMENTATIONS DANS *POUR SÛR*

Roman fort complexe avec ses 1 728 fragments construits autour de thèmes récurrents qui font la part belle aux questions de langue et d'identité, *Pour sûr* met en scène de nouvelles confrontations entre la France et l'Acadie[21]. Cette fois-ci, il y est moins question de voyages à l'étranger, et ce sont les façons de s'exprimer et les mots eux-mêmes qui se trouvent au cœur des préoccupations des personnages. Nous nous intéresserons ici principalement au

---

par René Girard dans *Mensonge romantique et vérité romanesque*. Selon lui, l'individu se met à désirer un objet lorsqu'il est témoin du désir de quelqu'un qu'il estime pour ce même objet. C'est pour cette raison que Girard parle de « désir mimétique » : le sujet cherche à imiter le médiateur (la personne qui rend possible le désir pour l'objet). Dans le cas de Terry, le paysage de la région de Moncton lui avait toujours paru banal (ni beau ni laid), jusqu'à ce qu'il se mette à la place de quelqu'un qui le voit pour la première fois ; dès lors, le paysage perd sa banalité supposée et acquiert une particularité qu'il devient possible d'apprécier.

21. Entre *Pas pire* et *Pour sûr*, Daigle a publié deux autres romans, dans lesquels l'on peut suivre les aventures de Terry et Carmen : *Un fin passage* (Montréal, Boréal, 2001, 132 p.) et *Petites difficultés d'existence* (Montréal, Boréal, 2002, 189 p.). Voir à ce sujet, Cécilia W. Francis, « France Daigle. À propos des jeux de l'art et du hasard », *Canadian Literature/Littérature canadienne*, été 2006, n° 189, p. 183-192.

désir éprouvé pour la langue standard — un désir du mot juste, un désir du beau mot —, ainsi qu'aux stratégies employées par la narratrice et certains personnages pour se réconcilier avec le chiac et le français acadien, afin de sortir de l'inquiétude linguistique et parvenir à apprécier leur hybridité et leur adaptabilité.

Plusieurs aspects de *Pour sûr* mettent en valeur un rapport presque érotique à la langue française, puisque divers personnages prennent un plaisir évident à découvrir et à utiliser des mots rares ou inhabituels, qui en paraissent d'autant plus précieux. Le peintre Étienne Zablonski initie son filleul, le petit Étienne, à la diversité des couleurs en lui montrant un nuancier qui associe 500 couleurs à leur nom. Plus tard, lorsque Carmen demande à son fils en quelle couleur il aimerait repeindre leur nouvelle voiture, il répond «Alizarine» (*PS*, 178); décontenancée, Carmen croit, à tort, qu'Étienne invente des couleurs. Zablonski ouvre Étienne à un univers magique où il n'y a plus que sept couleurs ordinaires, mais bien une infinité de nuances, qui répondent à des noms poétiques tels «marjolaine, ondine, mélancolie, [et] picador» (*PS*, 65). De la sorte, le contact avec Zablonski permet un apprentissage non pas tant des techniques du dessin, mais surtout du riche vocabulaire de la couleur. De plus, l'artiste a soin d'encourager la curiosité et la créativité chez Étienne en soulignant que l'attribution de noms aux couleurs est loin d'être un acte fini: «on peut très bien désigner un vert laine, ou un vert veine, même un orange à mère si on en a envie. Rien ne nous en empêche. Rien du tout» (*PS*, 65-6). La langue n'a donc pas à être la marâtre qui punit l'erreur; elle peut tout aussi bien être plaisir et liberté.

De nombreux personnages acadiens, notamment Terry et Carmen, mais aussi les voix anonymes qui forment les sections «Monologues» et «Dialogues», éprouvent du désir pour la langue française:

> — Y a dequoi ãbout youser un mot pour la premiére fois. Surtout un mot français.
> — Que c'est un petit brin trĭcky, tu veux dire? Comme, on se demande si qu'on le youse comme y faut?
> — Non, plusse comme: «Heille, cte mot-là est beau! Hõw cõme que je le youserais pas?» (*PS*, 135)

La mère d'Étienne, Carmen, déplore les interférences de l'anglais et est particulièrement sensible à la langue employée par son conjoint et son fils ; on corrige l'enfant quand il parle chiac et le félicite lorsqu'il utilise un mot français complexe : « des fois t'en connais [des mots] qui sont vraiment, vraiment bons. Comme *animalerie*. Ça, c'est vraiment un beau mot » (*PS*, 495). Carmen aimerait relever le niveau de langue utilisé non seulement dans sa famille, mais à l'endroit où elle travaille, le Babar. Sans le faire exprès, elle suscite un intérêt renouvelé pour la langue chez ses collègues du bar en y introduisant des mots croisés. Les fragments qui composent ce passage du roman révèlent bien que le personnel n'est pas immédiatement convaincu de l'intérêt d'un tel passe-temps, mais chacun finit par se prendre au jeu, à mesure que leurs propositions de réponses pour la grille sont retenues et validées. Peu à peu, les grilles de mots croisés se multiplient, les mots fléchés s'y installent à leur tour et le bar se dote d'un dictionnaire et d'un atlas, jusqu'à ce que, finalement, une tablette spéciale soit installée pour soutenir l'équipement nécessaire au jeu collectif. Les employés se sentent valorisés par un talent qu'ils n'auraient jamais cru posséder :

> Chacun aimait voir combien de mots il pouvait inscrire avant d'appeler les autres à l'aide.
> — Ben ! Vas-tu le finir tout seul ou quoi ?
> — Peut-être. Y sont de plusse en plusse aisés, on dirait. (*PS*, 301)

Le français standard paraît de moins en moins hors de portée, et le recours à un outil tel le dictionnaire ne semble plus marquer une infériorité linguistique ; il est au contraire devenu parfaitement intégré au plaisir lui-même (*PS*, 306-7).

Pour sûr adopte parfois une dimension encyclopédique qui se manifeste, entre autres, au niveau méta-énonciatif du texte dans des parcelles éparpillées de discours à teneur historique ou scientifique qui servent souvent à expliquer des mots ou des expressions. Au début du texte, par exemple, plusieurs instances, à savoir, Terry copropriétaire de sa librairie Didot, la voix narrative et des personnages non identifiés, s'intéressent à la typographie : « — Le monde voit *Changer de casse*... sus l'écran bût y savont pas quoi faire avec ça. Y savont pas quoisse ça veut dire. Ça vient du temps des vieilles imprimeries [...]. La casse, c'était la grande boîte en bois avec tous les petits compartiments que tu mettais les lettres dedans » (*PS*, 35). Dans ce passage, l'on constate que le langage familier du personnage ne l'empêche pas de tenir un discours savant sur un objet (il s'agit ici d'une expression et d'un procédé) qui est loin d'être propre à l'Acadie[22]. Chez Daigle, l'expérience acadienne n'est pas posée comme uniquement régionale ; en réalité, il s'agit d'une expérience spécifique (parce que située dans une histoire et un espace précis) qui possède une portée universelle. Commentant l'usage du français acadien dans *Petites difficultés d'existence*, Boudreau explique que la « mise en scène de gens qui certes souffrent d'insécurité linguistique, mais qui n'en sont pas pour autant incultes ou ignorants, repliés sur eux-mêmes ou xénophobes[23] » permet de contrecarrer une représentation négative de l'Acadie en tant qu'espace étriqué. De même, les personnages acadiens de *Pour sûr* sont fermement ancrés dans leur région par leur langue, leur culture et leurs questionnements, mais cet attachement ne se double pas d'un repli sur soi : Terry, Carmen et leurs amis sont représentés comme ouverts, accueillants et curieux devant les étrangers.

Afin d'affirmer cette légitimité du regard acadien porté non seulement sur l'Acadie mais sur le monde, Daigle remet en cause la stabilité de ce qui est considéré normatif, c'est-à-dire de ce qui est posé comme un modèle à imiter. La narratrice note son agacement devant l'« utilisation à toutes les sauces de l'expression *la langue de Molière* » (*PS*, 306), d'abord parce que la langue appartient à tous ceux qui la parlent, ensuite parce que Molière lui-même n'a pas toujours été considéré comme l'emblème d'un français correct : « — C'est supposé qu'y en avait du temps de Molière qui trouviont que son français était trop populaire, pas assez raffiné » (*PS*, 32). Ce statut ambigu de Molière entre une langue admirée (si le français est *la langue de Molière*) ou critiquée (en raison de sa qualité populaire) est d'ailleurs indirectement rapproché de

---

22. De même, Boudreau voit dans les segments scientifiques de *Pas pire* le signe d'une « fascination pour les mots eux-mêmes, les termes de chacun de ces domaines étant récités pour eux-mêmes dans un plaisir évident ». Boudreau, « Les français dans *Pas pire* de France Daigle », *op. cit.*, p. 52. Dans un entretien (tenu à l'Université McMaster le 17 octobre 2013), l'auteure a parlé en ce sens des fragments sur le scrabble et la broderie dans *Pour sûr* : elle considère leurs mots particuliers — les caramels, le petit legendre, le beaufort, le point de croix, le point de cordonnet, etc. — des plus poétiques.

23. Raoul Boudreau, « Le rapport à la langue dans les romans de France Daigle : du refoulement à l'ironie », *Voix et Images*, vol. 29, n° 3, 2004, p. 44.

la situation des Acadiens dans la suite du passage[24]. À d'autres moments du texte, en comparant les entrées de divers dictionnaires ou ouvrages de référence, la narratrice insiste sur l'écart qui s'y trouve. Elle souligne par exemple que les mots français d'origine non hexagonale admis par *L'Officiel du jeu de Scrabble* et ceux inclus dans le *Bescherelle* ne se recoupent pas (*PS*, 282-3). La langue standard elle-même ne fait donc pas l'objet d'un consensus.

À l'occasion, Terry consulte Ludmilla, la co-propriétaire de la librairie, sur des questions de langue, entre autres parce qu'elle est européenne, et par là associée à la maîtrise du français standard. Ludmilla se montre très réceptive aux tournures acadiennes, affirmant souvent non seulement leur validité, mais aussi leur beauté singulière : «— Oui, les gens disent comme ça ici. Jusqu'à temps que... C'est joli, je trouve. En France, ils disent *jusqu'*à ce que... Au fond, les deux disent la même chose» (*PS*, 493). Dans une telle construction, Ludmilla évite de dénigrer ou d'exotiser le français acadien, le plaçant sur un pied d'égalité avec le français hexagonal[25]. Elle renchérit : « ce serait dommage de perdre le *jusqu'*à temps que. [...] C'est joli, *en allé*. Ça non plus il ne faudrait pas le perdre» (*PS*, 493-494). Ludmilla, parce qu'elle occupe encore un statut d'étrangère à Moncton[26], est bien placée pour *entendre* les particularismes du français acadien et les apprécier, tout comme Terry est plusieurs fois amené à mesurer sa propre étrangeté par rapport au français européen.

---

24. Le dialogue entre deux voix non identifiées se poursuit ainsi : «— Quoi d'autre que t'as appris? — Ben, que Molière vivait dans la période que l'Acadie a commencé à exister. Entre 1600 pis 1700, qui serait le XVIIe siècle. — Ça c'est wĕird. Je croyais qu'on descendait de Rabelais nous autres? — C'est vrai. J'avais pas pensé à ça» (*PS*, 32). Une simultanéité est établie entre les créations de Molière et la naissance de l'Acadie, ce qui, de façon oblique, semble proposer un parallèle entre une appréciation progressive de la langue de Molière et celle du français parlé en Acadie.

25. À d'autres moments, l'expérience de Ludmilla permet de minimiser l'exotisme que des personnages acadiens prêtent à leur propre façon de parler. En entendant la structure « quand c'est que», Terry annonce : « Ça, c'est rĩght acadien» (*PS*, 114), mais Ludmilla rétorque que les Belges utilisent la même structure.

26. Lors d'une sortie de groupe, Zed l'énonce clairement : les Acadiens «de souche» sont Terry, Carmen et Zed, tandis que les Acadiens d'adoption sont Élizabeth, Ludmilla et Zablonski (*PS*, 378).

À l'occasion, Terry en vient à constater une similitude inattendue entre le français qu'il parle et celui qu'il découvre dans des livres classiques. Alors qu'il lit les *Lettres de mon moulin* à son fils, Terry doit se rendre à l'évidence qu'Étienne ne comprend pas les mots d'Alphonse Daudet, et il se met à traduire l'écrivain français : « Les pêcheurs aviont toute la face trempe à force qu'y mouillait...» (*PS*, 81). La nécessité d'une adaptation pour rendre l'histoire accessible à Étienne souligne bien évidemment l'écart entre le français hexagonal et celui parlé à Moncton. Toutefois, cet épisode donne lieu à une toute autre réflexion ; Terry est surpris de trouver le mot *rouf* dans le texte de Daudet, et il le conserve dans le récit qu'il adapte pour Étienne : « Y avait juste un petit rouf pour se protéger de la pluie et du vent et des lames, un tout petit rouf avec deux lits de camp et une table » (*PS*, 81). Intrigué par la présence d'un mot qu'il considérait un anglicisme dans une œuvre classique de la littérature française, Terry consulte le dictionnaire. Il est abasourdi de constater que *rouf* est un « vrai » mot : « Les Acadiens croyont qu'y parlont mal quante qu'y disont *rouf*. Y croyont qu'y disont *rõof* à la française » (*PS*, 101). Aux yeux de Terry, d'anglicisme honteux, *rouf* est devenu du coup un mot rare et précieux.

Pour sûr met bien en évidence que la question à savoir si les mots sont *bons* ou non est liée à une position d'autorité sur la langue, posture que les Acadiens sont loin de posséder. Cette idée se trouve illustrée quand un personnage anonyme exprime sa « rage » devant la valorisation différente accordée à l'usage de l'anglais dans la langue parlée en France et celle parlée en Acadie :

> L'autre jour, j'ai charché le mot *snoro* dans les dictionnaires acadiens, ben y était pas là. Sõ là j'ai pensé de 'garder dans le *Robert*, ĩn cãse que ç'aurait été un vrai mot français. Sus la page 2099 du dictionnaire, yoùsque le mot *snoro* aurait dû être si ç'avait été un bon mot, y avait quarante z-autres mots. Pis gũess whãt ? La moitié de ces mots-là étiont anglais ! (*PS*, 656-7)

Cet exemple démontre que ce qui est considéré un « vrai mot français » est pour le moins arbitraire, puisque même la provenance étrangère (notamment l'emprunt à l'anglais) n'est pas déterminante : le mot anglais semble être problématique dans le contexte acadien, sans l'être dans le contexte hexagonal. L'un des fils narratifs du roman aborde alors cette question sous un autre angle : peut-être serait-il préférable de cesser de se battre contre l'anglais (une bataille perdue d'avance si l'on en croit la page du *Robert* qui préfère *smart, snack, snob* et *snowboard* à *snoro*). Plutôt que de se lamenter en pleurant l'abâtardissement de la langue, pourquoi ne pas suivre une «argothérapie»? Dans l'une des entrées de son «Fictionnaire» placées dans *Pour sûr*, Daigle propose une double définition de l'argothérapie: «Traitement de troubles mentaux par rééducation à la déviance linguistique» et «Intervention d'appoint pour les névroses et psychoses d'aliénation» (*PS*, 179). En présentant ses personnages qui ont un rapport angoissé à la langue comme «malades», Daigle suggère avec humour qu'une pratique délibérée de la déviance linguistique peut se révéler une force libératrice et parvenir à résoudre l'angoisse.

De ce point de vue, le chiac sera perçu comme une langue vorace, qui sait faire feu de tout bois: il ne s'incline pas devant l'anglais, il se l'approprie. Au fil des fragments, divers personnages réfléchissent au français acadien et au chiac, et s'entendent sur des règles visant à en standardiser l'usage:

> — Pis comme avant, le *cte* deviendrait *c-t*-apostrophe devant un mot commençant par une voyelle ou un *h* muet.
> — Sõ, on dirait-y *cte homard-icitte* ou *ct'homard-icitte*?
> — Cte homard-icitte.
> — Ça sonne õkay à moi. (*PS*, 28)

Si ces personnages ne sont pas à proprement parler des spécialistes de la langue (des linguistes, des grammairiens, des professeurs), l'autorité de prendre ces décisions leur est reconnue au sein du roman, puisqu'il est posé que la langue appartient en premier lieu à ceux qui l'utilisent au quotidien. De langue foncièrement orale, le chiac trouve à s'écrire chez Daigle dans une pratique renouvelée de l'accentuation: «La tentation, voire la nécessité d'élargir le rôle des accents. Par exemple, l'accent aigu sur le *e* des verbes anglais se terminant en *er* [...] pour indiquer qu'il s'agit de mots anglais dont la terminaison se prononce en français. Prendre des décisions, établir de nouvelles règles, repenser l'erreur» (*PS*, 63). Une fois accentués, ces mots ne sont plus anglais (étrangers), mais réellement chiacs, donc acadiens. Comme toute langue, le chiac ne va pas de soi, ce que soulignent des personnages se moquant des étrangers qui essaient d'imiter le chiac sans y parvenir:

— C'est dequoi qu'y faut que tu grandisses avec, pas dequoi que tu peux apprendre dans les livres ou pĭckér ŭp juste de même.

— Faut que tu connaisses ton anglais pour pouère le bĕndér au français. (*PS*, 210)

Daigle prête à ses personnages acadiens une expertise : confrontés tous les jours à la présence de l'anglais, ils deviennent en quelque sorte des spécialistes de la francisation de l'anglais. Quand les Français s'y adonnent, le résultat semble moins convaincant, comme l'indique le commentaire suivant : « Les Français disent *talkie-walkie* au lieu de *walkie-talkie* » (*PS*, 133). Ici, l'intervention française (une simple inversion des mots) paraît inutile, voire erronée.

En dépit de l'aspect ludique et libérateur de l'argothérapie, le roman *Pour sûr* souligne qu'il s'agit là d'un jeu dangereux. Conscient de l'ampleur de la transgression, un personnage, s'inquiète à savoir si on a « le droit de frĭggér avec le français comme ça » (*PS*, 59), tandis que dans un autre passage narratif, on s'interroge sur les conséquences de la mise en pratique de l'accentuation acadienne : « Hérésie ? » (*PS*, 531). D'un côté, la remise en question du français standard et de la domination effectuée par l'espace majoritaire (la France) est vue comme un exercice risqué, mais vital. De l'autre, la résistance de Carmen envers le chiac et son désir d'épuration de la langue sont tantôt reconnus comme valables, tantôt tempérés, parce qu'ils risquent de mener à l'autocensure : « À force de se faire rappeler à l'ordre, Terry finissait malgré lui par insérer du français correct dans son parler, mais cela ne lui réussissait pas toujours. [...] De sorte qu'en certaines occasions, pour être tranquille, il valait mieux se taire » (*PS*, 63-64).

En somme, les romans de Daigle parviennent à élaborer un espace mesuré, se situant entre les pôles extrêmes du culte du chiac — voie directe vers la folklorisation de l'expérience acadienne — et son élimination radicale, qui risque quant à elle d'oblitérer toute une dimension de l'existence. Comme le proposent Benoit Doyon-Gosselin et Jean Morency au sujet de *Pas pire*, Daigle inscrit Moncton de deux façons complémentaires : d'une part, elle transforme « les notions de centre et de périphérie » en faisant de Moncton « sinon le centre du monde, du moins un des centres du monde, en vertu du principe qu'il existe une infinité de centres du monde»; de l'autre, elle met «en relation cette ville à la fois quelconque et unique avec le reste du monde[27]». De même, Daigle présente le français parlé en Acadie à la fois comme marginal (c'est-à-dire une variante régionale du français) et central: pour les gens qui le parlent, il s'agit d'une langue à part entière, de *leur* langue. En fait, le chiac est mis en rapport avec le français standard moins pour en marquer les différences que les similitudes: chacune des langues est montrée comme mutante, et ce sont leurs qualités adaptatives qui sont mises en valeur. Il ressort des romans récents de Daigle une sorte de plaidoyer pour assouplir la façon dont on contrôle l'usage de la langue française: pourquoi surveiller et punir les usages régionaux de la langue, si ces transformations permettent de rendre compte d'une expérience culturelle spécifique?

---

27. Benoit Doyon-Gosselin et Jean Morency, « Le monde de Moncton, Moncton ville du monde: l'inscription de la ville dans les romans récents de France Daigle», *Voix et Images*, vol. 29, n° 3, 2004, p. 76.

BIBLIOGRAPHIE

Boehringer, Monika, « Le hasard fait bien les choses : entretien avec France Daigle », *Voix et Images*, vol. 29, n° 3, 2004, p. 13-23.

Boudreau, Raoul, « Choc des idiomes et déconstruction textuelle chez quelques auteurs acadiens », Robert Dion, Hans-Jürgen Lüsebrink et János Riesz (dir.), *Écrire en langue étrangère : interférences de langues et de cultures dans le monde francophone*, Québec, Nota bene, 2002, p. 287-304.

-----, « Le rapport à la langue dans les romans de France Daigle : du refoulement à l'ironie », *Voix et Images*, vol. 29, n° 3, 2004, p. 31-45.

-----, « Les français dans *Pas pire* de France Daigle », Robert Viau (dir.), *La création littéraire dans le contexte de l'exiguïté*, Beauport, MNH, coll. « Écrits de la francité », 2000, p. 51-63.

-----, « L'hyperbole, la litote, la folie : trois rapports à la langue dans le roman acadien », Lise Gauvin (dir), *Langues du roman : Du plurilinguisme comme stratégie textuelle*, Montréal, Les Presses de l'Université de Montréal, 1999, p. 73-86.

Combe, Dominique, *La pensée et le style*, Paris, Éditions Universitaires, coll. « Langage », 1991, 188 p.

Daigle, France, *1953. Chronique d'une naissance annoncée*, Moncton, Éditions d'Acadie, 1995, 166 p.

-----, *Pas pire*, Montréal, Boréal, coll. « Compact », [1998] 2002, 203 p.

-----, *Petites difficultés d'existence*, Montréal, Boréal, 2002, 189 p.

-----, *Pour sûr*, Montréal, Boréal, 2011, 729 p.

-----, *Un fin passage*, Montréal, Boréal, 2001, 132 p.

Den Toonder, Jeanette, « Dépassement des frontières et ouverture dans *Pas pire* », *Voix et Images*, vol. 29, n° 3, 2004, p. 57-68.

Doyon-Gosselin, Benoit et Jean Morency, « Le monde de Moncton, Moncton ville du monde : l'inscription de la ville dans les romans récents de France Daigle », *Voix et Images*, vol. 29, n° 3, 2004, p. 69-83.

Francis, Cécilia W., « France Daigle. À propos des jeux de l'art et du hasard », *Canadian Literature/Littérature canadienne*, été 2006, n° 189, p. 183-192.

Gauvin, Lise, « Introduction. Langues du roman : Du plurilinguisme comme stratégie textuelle », Lise Gauvin (dir), *Langues* du roman: *Du plurilinguisme comme stratégie textuelle*, Montréal, Les Presses de l'Université de Montréal, 1999, p. 7-14.

-----, *La fabrique de la langue: de François Rabelais à Réjean Ducharme*, Paris, Seuil, coll. «Points», 2004, 342 p.

-----, *Langagement. L'écrivain et la langue au Québec*, Montréal, Boréal, 2000, 254 p.

----- (dir), *Langues du roman: Du plurilinguisme comme stratégie textuelle*, Montréal, Les Presses de l'Université de Montréal, 1999, 177 p.

Girard, René, *Mensonge romantique et vérité romanesque*, Paris, Grasset, 1961, 312 p.

Leclerc, Catherine, «L'Acadie rayonne: lire France Daigle à travers sa traduction», *Voix et Images*, vol. 29, n° 3, 2004, p. 85-100.

Paré, François, «La chatte et la toupie: écriture féminine et communauté en Acadie», *Francophonies d'Amérique*, n° 7, 1997, p. 115-126.

-----, *Les littératures de l'exiguïté*, Hearst, Nordir, 1992, 175 p.

LA FRAGMENTATION DANS *POUR SÛR* DE FRANCE DAIGLE UNE ÉCRITURE ENTRE CONTRAINTES ET OUVERTURES

DANIELLE DUMONTET
Johannes Gutenberg-Universität

> Des pages numérotées
> comme un roman
> que l'on croirait mystérieux.
> France Daigle, *Sans jamais parler du vent*

En 2012 paraissait un dictionnaire des œuvres littéraires de l'Acadie des Maritimes au 20ᵉ siècle, publié sous la direction de Janine Gallant et Maurice Raymond[1]. En 2012, l'Institut d'études acadiennes de l'Université de Moncton lançait une nouvelle collection, la « Bibliothèque acadienne » du Groupe de recherche en édition critique, chargée de réunir les textes fondamentaux de la littérature acadienne. La littérature acadienne se porte bien, pourrait-on dire. Elle se donne les instruments lui permettant d'une part de connaître une plus grande visibilité dans le champ des littératures francophones, et d'autre part de se démarquer de la littérature québécoise dont elle était le parent pauvre et de procéder à sa propre institutionnalisation. La littérature acadienne, une jeune littérature nationale émergente, se met en place dans le système littéraire des littératures francophones ; une littérature jeune puisque, dans l'avertissement du dictionnaire, il est signalé

---

1. Janine Gallant et Maurice Raymond (dir.), *Dictionnaire des œuvres littéraires de l'Acadie des Maritimes - XXe siècle*, Sudbury, Prise de Parole, 2012, 320 p.

que si les œuvres datent toutes du 20ᵉ siècle, la majorité d'entre elles ont été écrites après 1958 ; une littérature nationale, puisque la production littéraire est aussi une réflexion sur la spécificité de la communauté acadienne.

La « Bibliothèque acadienne » inaugure sa toute nouvelle collection de textes fondamentaux pour la littérature acadienne avec France Daigle[2], une auteure dont l'œuvre s'écrit depuis les années 1980 du siècle dernier. Le choix de consacrer le tout premier ouvrage de cette collection à cette écrivaine semble vouloir montrer que, dans le contexte actuel de la littérature acadienne, il y a la volonté manifeste de sortir des sentiers battus, dans lesquels certains critiques des littératures francophones aimeraient que la littérature acadienne se confine, ne voulant voir en celle-ci qu'une littérature régionaliste qui viendrait certes enrichir la francophonie littéraire, mais qu'il serait difficile de prendre vraiment au sérieux. Raoul Boudreau expliquait, dans un article[3] paru en 2007, pourquoi, d'après les catégories de Pierre Bourdieu, il est difficile de considérer la littérature acadienne, comme une littérature véritablement autonome, mais faisant un résumé des conditions contraignantes à l'intérieur desquelles se développe la littérature acadienne, il émettait le souhait suivant : « Il faut saisir l'occasion de faire de ces limites des "gênes exquises" au sens de Valéry et espérer qu'elles puissent générer une littérature originale qui mérite de plus en plus l'attention de la francophonie[4] ».

Dans un article paru en 2012, David Bélanger[5] revenait sur les débats critiques qui se déclenchent régulièrement sur ce que doit

---

2. France Daigle, *Sans jamais parler du vent : roman de crainte et d'espoir que la mort arrive à temps*, édition critique établie par Monika Boehringer, Moncton, Institut d'études acadiennes, 2012, 259 p. Désormais, les références à cet ouvrage seront indiquées par le sigle *SJ,* suivi du folio, et placées entre parenthèses dans le texte.
3. Raoul Boudreau, « L'institutionnalisation inachevée de la littérature acadienne », Janine Gallant, Hélène Destrempes et Jean Morency (dir.), *L'œuvre littéraire et ses inachèvements*, Longueuil (Qc), Groupéditions, 2007, p. 153-167.
4. *Ibid.* p.166.
5. David Bélanger, « La réception de la littérature en Acadie : sur quelques débats autour de la critique dans *L'Évangéline* et *L'Acadie Nouvelle* », *Voix Plurielles*, n° 9, vol. 2, 2012, p. 149-163.

être la littérature acadienne et sur les contenus qu'elle se devrait de véhiculer selon les différents réseaux qui défendent, pour l'un, une littérature à valeur identitaire, pour l'autre, une littérature à valeur universelle. Pour lui, le dernier roman de France Daigle est peut-être celui qui va bouleverser les données et exiger que les catégories, toutes les catégories en cours, que ce soient les classifications centre/périphérie, ou bien encore celles de grandes et petites littératures soient réévaluées, réajustées à l'aune de ce roman, qu'il soit acadien ou québécois, ou tout simplement un grand roman :

> C'est ainsi peut-être qu'on peut recevoir le dernier roman de France Daigle, écrivaine acadienne vivant à Dieppe, mais publiant à Montréal. *Pour sûr*, œuvre immense, chante à sa manière l'Acadie, joue sa différenciation, sans se cloîtrer cependant : les assises universelles telles que la littérature mondiale, la psychanalyse et le jeu métatextuel se retrouvent au centre du projet. Si les « petites [littératures], celles que la grandeur des unes excluait, se sont exténuées dans le morcellement et la diversité », le propre des grandes littératures, nous dit Paré, est de « s'efforce[r] de créer les conditions, hautement sacralisées, de l'universalité ». Le statut de l'œuvre de Daigle semble ambivalent : l'action se déroule en Acadie, la problématique acadienne et linguistique y est importante ; le roman est publié au Québec, la portée formelle et universelle y prédomine. Le régional habite du coup le littéraire, en devient le modèle de différenciation même[6].

Il semble donc tout à fait naturel que le Groupe de recherche en édition critique de l'Université de Moncton donne, dans sa toute nouvelle collection, la priorité à la réédition critique du premier roman de France Daigle, *Sans jamais parler du vent. Roman de crainte et d'espoir que la mort arrive à temps*, roman publié en 1983 aux Éditions d'Acadie, disparues en 2000. L'œuvre de France Daigle, qui compte à ce jour douze romans, une série de poèmes parus dans la revue de création littéraire acadienne Éloizes (1980-2002), auxquels viennent s'ajouter de nombreux inédits, connaît donc d'une part la reconnaissance des institutions acadiennes, et d'autre part la reconnaissance au niveau canadien, puisque son *opus*

---

6. *Ibid.*, p. 161.

magnum, son œuvre majeure, *Pour sûr*[7], parue en 2011, a obtenu le Prix littéraire du Gouverneur Général du Canada en 2012. Ce roman énorme de 747 pages reprend le corset rigide des contraintes que l'écrivaine aime à s'imposer, tout en l'accentuant et semble être l'aboutissement de ce qui s'annonçait timidement avec *Sans jamais parler du vent*. Dans *Pour sûr*, le fragment 291.54.6 de la catégorie « Oubli/rappel » annonce : « L'œuvre entière d'un écrivain serait déjà là, tapie dans les interstices de son premier livre » et la note de bas de page (fragment 294.142.8) donne l'explication suivante : « France Daigle a écrit "nombreux comme dans fibreux l'amour" à plusieurs reprises dans son premier roman *Sans jamais parler du vent*. *Roman de crainte et d'espoir que la mort arrive à temps* (épuisé) » (*PS*, 126). Le personnage de France Daigle, que nous connaissons depuis *1953. Chronique d'une naissance annoncée* (1995) et *Pas pire* (1998), intervient à plusieurs reprises dans le dernier roman, *Pour sûr*, de l'écrivaine France Daigle, pour donner des explications, décrire les procédés d'écriture de cette dernière, parler des relations de celle-ci avec ses personnages, bref, le personnage de France Daigle réfléchit sur la création littéraire de manière générale et sur les difficultés en particulier de mener à bien une entreprise de cette envergure. Nous allons donc tenir compte de cette remarque et analyser en quoi dans ce premier roman sont déjà présentes les caractéristiques de l'écriture de l'écrivaine France Daigle.

DE LA GESTION DES ESPACES BLANCS

Le choix de l'auteure France Daigle est clair dès son entrée sur la scène littéraire : elle va privilégier la représentation fragmentaire à la représentation linéaire. L'utilisation du fragment en littérature a des conséquences immédiates ; d'une part, il est visible d'un point de vue de la typographie, puisqu'il privilégie le blanc et la brièveté ; d'autre part, il nécessite un aménagement du livre qui n'est plus un tout, mais une succession de séquences alternées sans continuité discursive. Rappelons que le premier roman de

---

7. France Daigle, *Pour sûr*, Montréal, Boréal, 2011, 747 p. Désormais, les références à cet ouvrage seront indiquées par le sigle *PS,* suivi du folio, et placées entre parenthèses dans le texte.

France Daigle a suscité des réactions de surprise. En effet, pour plus d'un lecteur habitué à lire l'écriture foisonnante et baroque de l'écrivaine acadienne par excellence de l'époque, Antonine Maillet, il ne pouvait être reçu comme un roman, puisqu'il ne proposait ni intrigue, ni lieu spatio-temporel, ni personnages, et des espaces blancs mangeaient les trois quarts de la page, au bas de laquelle se trouvaient de petits paragraphes alignant des phrases souvent courtes et sans jonction. La réaction d'alors a été souvent de considérer ce texte comme un recueil de prose poétique, même si l'indication générique était incluse dans le sous-titre, car pour l'auteure France Daigle, ce texte est bien un roman, comme elle le précise dans un entretien :

> Les pages n'étaient pas remplies ; le ton était poétique. Ce n'était pas comme s'il y avait une histoire très définie, bien qu'il y en avait [sic] une. Les gens ont pensé qu'il s'agissait d'un recueil de poésie. Je me suis dit : « Non, c'est un roman ! » Bon, les gens ne se sont pas obstinés. Ce n'était pas vraiment important, car moi je voyais une structure de roman là-dedans. Et, la principale structure que je voyais, c'était comme s'il y avait deux histoires... Il y avait l'histoire de ce qui se passait dans la maison sur le bord de la mer, puis l'histoire d'un membre de la famille qui voyageait sur un bateau. Ce dernier racontait le point de vue de quelqu'un sur la mer dans un bateau tandis que les autres étaient à la maison et l'attendaient. Donc, c'est un peu, pour moi, les deux parties qui se parlaient et qui se répondaient dans cette structure-là. Mon histoire était claire dans ma tête. Mais, vraiment ce n'était pas très évident pour les lecteurs[8].

Dès le premier roman de France Daigle, le lecteur doit procéder à un décryptage des relations possibles entre les espaces blancs et les paragraphes d'une part et de l'autre entre les paragraphes mêmes : le texte s'articule autour du vide de la page blanche, les lignes du texte sont renvoyées en bas de page, la phrase est tronquée, les

---

8. Doris Leblanc et Anne Brown, « Interview. France Daigle : chantre de la modernité acadienne », *Studies in Canadian Literature/Études en littérature canadienne,* vol. 28, n° 1, 2003, en ligne : http://journals.hil.unb. ca/index.php/SCL/article/view/12786/13764 (page consultée le 28 janvier 2014).

personnages et les lieux sont anonymes. David Décarie écrit à propos de ce premier roman de France Daigle :

> Le désordre est omniprésent dans cette œuvre régie par une esthétique du décousu, du fragmenté. L'omniprésence du blanc découpe le récit, mais la proximité même des lignes du texte ne garantit nullement que celles-ci se suivent. Le blanc cerne le texte de l'intérieur, des gouffres de sens sans cesse se creusent entre les phrases [...] [9].

Monika Boehringer fait une remarque amusante dans son introduction à l'édition critique de *Sans jamais parler du vent*, selon laquelle les critiques acadiens impatients de voir les romanciers acadiens accéder à la modernité, avaient salué l'aspect formel innovateur du texte : « Évidemment, ce n'était pas le grand public [...] qui souhaitait lire des textes fragmentés, inhabituels et sans intrigue, c'étaient les lecteurs institutionnels qui reconnaissaient que Daigle était en train de se tailler une place importante parmi les écrivains acadiens [10] ».

La critique institutionnelle célèbre avec ce roman l'entrée de la littérature acadienne dans la postmodernité. Monika Boehringer écrit que si le « terme de modernité doit être pris au sens large, il s'oppose dans ce cas-ci à la notion de roman traditionnel », « par ailleurs », continue-t-elle, « l'écriture de France Daigle se laisse facilement qualifier de postmoderne, surtout dans les romans qu'elle écrit à partir des années 1990 [11] ». Ce qui fait l'intérêt de la réédition, c'est le travail minutieux de Monika Bohringer qui démontre avec acribie que la genèse de l'écriture daiglienne se trouve dans l'avant-texte de *Sans jamais parler du vent*. En effet, c'est à partir de l'analyse des sept versions différentes du manuscrit, qu'elle fait la démonstration du travail d'épuration effectué par France Daigle sur ce qui, au départ, se présentait encore comme un roman de facture traditionnelle avec une intrigue et des personnages et qui deviendra un texte fragmenté, entrecoupé de blancs, avec une écriture dépouillée et des personnages anonymes.

---

9. David Décarie, « *Sans jamais parler du vent. Roman de crainte et d'espoir que la mort arrive à temps*, France Daigle, roman, 1983 », Gallant et Raymond, *op. cit.*, p. 246.

10. Boehringer, *op. cit.*, p. XXXII.

11. *Ibid.*, p. XXXI.

Dans ce premier roman, outre les thèmes abordés, tels l'amour, la maladie, la mort, la mer, le vent, la maison et le hasard, nous y trouvons une réflexion sur l'écriture, la première manifestation de ce qui deviendra par la suite un des éléments essentiels de l'écriture daiglienne, l'autoréflexivité. L'édition critique de *Sans jamais parler du vent* se termine sur un article de France Daigle[12] paru en 1986 dans *La Nouvelle Barre du jour*, dans lequel cette dernière revient sur le processus de création et d'écriture de son premier roman. France Daigle explique à partir d'un passage comment le processus d'épuration du texte a été généré par le désir de réduire celui-ci à l'essentiel, favorisant l'élimination d'expressions, de phrases entières jugées « trop répétitives, trop assommantes », pour se rapprocher sans cesse du texte. C'est en retravaillant la cinquième version du manuscrit que l'auteure décide de ne conserver qu'un paragraphe par page, pour faire ressortir de « façon graphique les principes de dualité et d'opposition partout présents dans le livre[13] ». La page se vide de plus en plus et le blanc occupera les trois quarts de la page, devenant pour l'auteure le miroir du paysage typiquement acadien : « [...] une ligne d'horizon, créée par "la mer du texte" en bas de page et, en haut de page, par l'infini, sinon le vide inquiétant d'une réalité ou d'une langue trop truquée[14] ».

France Daigle précise que cette forme qui va prédominer dans ses trois premiers romans permet « une espèce d'opposition, de dualité interne créant une oscillation constante, un va-et-vient permanent entre les différents éléments du récit[15] », ce qui, selon nous, crée une relation dialogique entre le texte et le blanc. L'écriture paratactique des fragments, – s'il s'agit de paragraphes, ceux-ci sont fragmentés et fragmentaires, présentant des phrases tronquées, des informations sans liens – nous propose une structure à la fois rigide et ouverte ; bref nous avons un roman de l'inachevé, hétérogène, qui déconstruit le réel pour mieux le cerner dans l'imaginaire. Le défi est déplacé vers le lecteur. Ce dernier doit puiser dans ses propres connaissances, afin de trouver un sens au texte, puisque tout n'est plus explicitement livré par l'auteure. De

---

12. France Daigle, « En me rapprochant sans cesse du texte », Boehringer, *op. cit.*, p. 232-245.
13. *Ibid.* p. 241.
14. *Ibid.* p. 242.
15. *Ibid.* p. 243.

cette manière, l'écriture fragmentaire, de par sa nature laconique, exige d'être interprétée à l'intérieur d'un pacte entre l'auteure et le lecteur. Le premier roman de France Daigle se méfie de la linéarité et de la cohérence, en même temps qu'il renonce à toute représentation univoque du monde.

L'écriture fragmentée et fragmentaire est donc déjà là dans ce premier roman; si le fragment est en concurrence avec les vides ou les espaces blancs, dans *Pour sûr*, il sera au cœur de l'esthétique convoquée par l'auteure.

DES CONTRAINTES

Dans l'article « Pour une poétique de la fragmentation[16] », dans lequel nous analysions le type de contraintes que l'auteure s'imposait dans plusieurs de ses romans, nous avions constaté que France Daigle se situait dans une relation dialogique avec Roland Barthes qui, très attaché à l'esthétique du fragment, y voyait la possibilité de résister à la composition, à l'achèvement ou encore à la cohérence ou la cohésion :

> Une écriture fragmentaire a quelque chose de non fini, de non achevé et donne l'opportunité au lecteur de toujours recommencer sa lecture, qui, elle aussi, tout comme le texte, reste à jamais non finie et non achevée. Il n'est donc pas étonnant que dans le roman *1953. Chronique d'une naissance annoncée*, paru en 1995, l'auteure France Daigle mette en relation la naissance à la vie de Bébé M., la naissance à l'écriture de la future écrivaine et les extraits du *Degré zéro de l'écriture* de Roland Barthes[17].

Dans les trois premiers romans de France Daigle, ceux qu'elle considère comme une trilogie, sur le plan de la forme et de certaines constantes thématiques, c'est la gestion de l'espace blanc qui est la contrainte et qui varie selon le roman. Si dans les romans que l'auteure écrira par la suite, les blancs sont abandonnés et les

---

16. Danielle Dumontet, « Pour une poétique de la fragmentation », Carlo Lavoie (dir.), *Lire du fragment : analyses et procédés littéraires*, Québec, Nota bene, 2008, p. 355-367.
17. *Ibid*, p. 356.

pages se remplissent, d'autres contraintes seront mises à l'œuvre. Il y a comme une méfiance de la part de l'auteure vis-à-vis de l'écrivain et de l'écriture de manière générale, cette écriture qui se doit d'éviter les clichés, les stéréotypes et les facilités : il y a aussi la volonté de démystifier le travail de l'écrivain, tout comme un désir de démystification de l'écriture, car celle-ci peut succomber facilement aux pièges de la facilité. Déjà dans *Sans jamais parler du vent*, il était question de la nécessité de se méfier des apparences, de « douter de la surface des mots des choses » (*SJ*, 82), de se méfier de ces mots qu'il faut appeler pour écrire, qu'il faut convier pour livrer la bataille de l'écriture d'un roman. L'auteure suggérait alors d'utiliser un autre procédé qui serait peut-être plus fiable que les mots : « Parfois la nécessité de tout reprendre à zéro. Les chiffres alors, les nombres » (*SJ*, 83). Pourrait-on avancer que c'est de la méfiance des mots qu'est venu le recours aux chiffres, aux nombres qui offrent une structure tangible à l'intérieur de laquelle l'auteure peut placer ses mots ? Ouvrons le *Dictionnaire des symboles*, ouvrage largement consulté dans les romans de France Daigle et regardons ce qui nous est proposé sous l'entrée « Chiffres » :

> Considérés non comme des signes, mais comme des signifiants qui renvoient à d'innombrables signifiés, les chiffres, plus qu'ils n'accumulent des connaissances, ouvrent l'esprit à la connaissance. Ils sont vecteurs de symboles, au niveau de l'homme comme à celui du cosmos, cachant l'infini derrière le fini de leur apparence[18].

Les chiffres et leur représentation par les différents nombres offrent en surface, avec leur apparence lisse et connue, une structure stable, et en profondeur une symbolique des plus variées selon l'approche métaphysique ou philosophique. C'est ainsi que les chiffres et les nombres entreront dans les romans de France Daigle et deviendront, dans des utilisations différentes, une constante dans les contraintes formelles choisies par l'auteure. On pourrait imaginer qu'une écriture basée sur le fragment est une écriture qui résiste à la composition et qu'elle ne peut que difficilement s'harmoniser avec

---

18. Jean Chevalier et Alain Gheerbrant (dir.), *Dictionnaire des symboles*, Paris, Robert Laffont / Jupiter, 1982, p. 245.

les chiffres et les nombres. Mais France Daigle va nous démontrer le contraire et prouver que c'est à l'intérieur de structures telles des carcans qu'elle peut déployer son écriture.

Ainsi, dans *La vraie vie* (1993), la structure du roman forme le corset métallique d'un texte agencé en séquences régies par le chiffre 10. Chaque paragraphe est numéroté ; ces paragraphes regroupés en unités de 10 (1x10) sur 2 parties (2x10) constituent alors un chapitre ; le roman compte 5 chapitres, donc 100 textes (5x2x10). Dans *1953. Chronique d'une naissance annoncée* (1995), la structure est plus complexe, nous retrouvons le chiffre 10, chiffre ayant le sens de la totalité, de l'achèvement, puisque le roman compte 10 chapitres. Ces 10 chapitres sont précédés d'un préambule et suivis d'une partie intitulée « épilogues » – notons le pluriel qu'arbore le terme « épilogues ». Chaque chapitre, ainsi que la dernière partie « épilogues » sont à nouveau divisés en 8 séquences, le chiffre huit étant universellement le nombre de l'équilibre cosmique. Le chiffre huit est également celui des trigrammes du Yi-King qui donnera sa structure à *Petites difficultés d'existence* (2002). L'agencement du roman *Pas pire* (1998) est conditionné par le chiffre 12 qui symbolise l'univers dans son déroulement cyclique spatio-temporel ainsi que dans sa complexité interne. Dans *Un fin passage* (2001), l'organisation du texte se fait autour des jours de la semaine, une semaine de sept jours, les six jours de la création et le dimanche, jour de repos. Le chiffre sept est symbole d'achèvement et de renouveau. Et enfin, dans *Pour sûr* (2011), le chiffre 12 est omniprésent, puisqu'il est le chiffre autour duquel se structure tout le roman. Dans le numéro de *Voix et Images* consacré à France Daigle, l'auteure nous livrait dans un inédit les éléments nécessaires pour comprendre la numérotation utilisée dans le roman en chantier :

> Je présente ici ce qui pourrait être le début du roman auquel je travaille présentement et qui s'intitulera peut-être *Jusqu'à la fin*. En principe, la numérotation qui débute par 1.1.1 devrait se terminer par 1728.144.12. Le premier chiffre de cette série identifie chacun des 1728 passages du livre ; le deuxième chiffre indique à laquelle des 144 trames du récit se rattache le passage ; le troisième chiffre donne l'ordre du passage parmi les 12 de chaque trame. Le roman comportera donc 1728 passages. Puisque plus de mille sont déjà écrits, j'ai bon espoir de me rendre « jusqu'à la fin[19] ».

Si le titre a changé et il a changé plusieurs fois, l'entreprise étonnante a été menée à bien, même s'il a fallu encore de nombreuses années de travail pour aller «jusqu'à la fin». Les peurs de l'auteure de ne pas pouvoir terminer cette œuvre gigantesque sont d'ailleurs formulées dans le texte à plusieurs endroits :

> — Moi, j'ai de plusse en plusse peur de mourir avant d'avoir fini mon livre.
> — C'est réellement une peur ou simplement une inquiétude ?
> — J'imagine surtout un AVC ou un anévrisme – je ne sais pas, c'est peut-être la même chose. Ãnyway, ça me tuerait. Pis, c'est sûr que je serais plus confortable dans mon cercueil si mon livre était fini. (*PS*, 331-332, fragment 752.137.12, catégorie «peurs»)

Mais regardons l'impressionnant carcan que s'est imposé l'auteure en prenant le chiffre 12 et ses multiples : le roman compte douze chapitres, contenant chacun 144 fragments (12x12), ce qui fait en tout 1 728 fragments (144x12 = 12x12x12), de plus chacun des fragments est répertorié dans une des 144 catégories recensées dans un index à la fin du livre. Douze, comme nous l'avons déjà mentionné, est le nombre d'un accomplissement, d'un cycle achevé. Devrait-on en conclure que l'écriture de France Daigle, telle qu'elle l'a mise en place depuis son premier roman avec le fragment et la contrainte formelle, connaît là son accomplissement et renaîtra sous d'autres formes ? Le dictionnaire des symboles peut nous donner des informations utiles, puisque l'entrée du nombre «douze» se termine comme suit : «Ainsi dans le Tarot, la lame du Pendu (XII) marque-t-elle la fin d'un cycle involutif, suivi par celle de la mort (XIII) qu'il faut prendre dans le sens de renaissance[20]». La virtuosité avec laquelle l'entreprise a été réalisée est une manifestation de la maîtrise de l'auteure dans ce processus d'écriture entre ludisme et formalisme où un nouvel espace d'écriture et de lecture se déploie. Un roman écrit uniquement en fragments transforme la page manuscrite : Roland

---

19. France Daigle, « Inédit », *Voix et Images*, vol. 29, n° 3 (87), printemps 2004, p. 25.
20. Chevalier et Gheerbrant, *op. cit.*, p. 366.

Barthes avait procédé à une numérotation de ses figures répertoriées dans chacun des chapitres constituant ses *Fragments d'un discours amoureux*[21], mais France Daigle va plus loin en utilisant un système arithmétique plus complexe.

En effet, la page manuscrite dans *Pour sûr* est complètement transformée, les fragments étant imprimés en caractères typographiques différents, selon la catégorie à laquelle ils appartiennent. Ainsi, les tailles des caractères typographiques varient selon le contenu auquel renvoient les fragments : s'il s'agit de l'histoire des personnages fictifs, la taille des caractères est une taille standard ; par contre, si les fragments sont des citations d'œuvres littéraires ou des commentaires sur la langue et l'écriture, la taille des caractères est plus petite. La diégèse du roman est donc reconnaissable à la taille des caractères typographiques utilisés et les fragments, présentés sous forme de paragraphes aux caractères plus petits et placés en retrait, jouent le rôle de citations, de commentaires ou d'illustrations.

L'agencement de ces fragments obéissant à des exigences arithmétiques strictes, propose d'innombrables combinaisons qui, tels un puzzle ou un casse-tête, constituent un réseau de significations multiples. Un fragment (129.12.2) de la catégorie « structure » explique comment l'écriture « fragmentale » organisée autour du chiffre douze correspond à la volonté de déploiement, d'ouverture chez l'auteure :

> Le 12 à la troisième puissance (soit 12^3, ou 12x12x12) paraît correspondre davantage aux exigences d'une plénitude ample et durable que le 12 multiplié seulement une fois par lui-même (soit 12^2, ou 12x12). La perspective de 1 728 fragments, plutôt que de seulement 144, promet une envergure, un déploiement certain. (*PS*, 59)

Ce qui pourrait être considéré comme un carcan devient au contraire un espace de liberté, permettant l'abolition des frontières, de toutes les frontières, et un déploiement ouvert vers tous les possibles.

---

21. Roland Barthes, *Fragments d'un discours amoureux*, Paris, Seuil, 1977, 277 p.

DE L'ENTRECHOQUEMENT DES FRAGMENTS

La disposition « fragmentale » dans *Pour sûr* obéit à des règles qui ne se révèlent pas complètement à la première lecture ; en effet, si chacun des fragments est doté d'un titre placé sous le chiffre correspondant à la numérotation, ce titre se trouve à la fin du fragment, signifiant que c'est le titre qui dérive du fragment et non le fragment qui est une illustration ou démonstration du titre. L'ordre selon lequel les fragments sont agencés semble être aussi arbitraire que leur numérotation. Le fragment 211.12.9 de la catégorie « structure » précise qu'il ne faudrait pas croire à un ordre ou à une hiérarchisation des sujets : « Pour ce qui est de l'entrée en matière et de l'ordre d'arrivée des sujets, cela commence doucement puis cela se bouscule au portillon » (*PS*, 94). Il n'y a pas, semble-t-il, de progression dans l'agencement des fragments, mais plutôt un refus systémique de la notion de développement, et pour utiliser des termes « barthésiens », nous avons affaire à une esthétique de la pulvérisation, de la dissémination. Les titres des différents fragments renvoient certes au texte, mais le plus souvent par la bande ou par ricochet, et créent ainsi un effet de surprise ou une distanciation ironique, le titre étant toujours placé à la fin du fragment dans la marge du texte. Doit-on d'ailleurs parler de titres, ou d'intitulés ou de références ? Nous avons une illustration de cet effet de distanciation ironique dans le fragment 101.39.4 (*PS*, 46) : nous y trouvons une énumération de termes et d'expressions appartenant au vocabulaire de la psychanalyse, dont il est dit que toutes ces notions font désormais partie du « bagage mental moderne » ; le titre « Freud par la bande », placé à la fin du fragment dans la marge du texte, renvoie certes à Sigmund Freud, mais démontre en même temps les effets de banalisation à l'œuvre dans l'utilisation de ces mots.

Comme nous l'avons exprimé à plusieurs reprises, le fragment est le moteur de l'œuvre dans l'écriture romanesque de France Daigle et génère une lecture différente, comme le souligne la citation suivante :

> En principe, chaque fragment est censé faire référence assez clairement à d'autres fragments de séries distinctes, histoire de féconder l'aspect multidimensionnel de la structure. Donc, tous les fragments sont frappés et frappent à leur tour au moins

deux fois (quatre contacts au total), ce qui crée un nombre incalculable (pour moi) de permutations. À partir de là, il devient virtuellement possible de lire le livre dans tous les sens. Autrement dit, chacun peut le lire à sa façon. (*PS*, 457, fragment 1065.68.10, catégorie « projets »)

C'est de l'entrechoquement des fragments que naît le sens, les titres ou intitulés des différents fragments étant souvent en décalage par rapport au contenu, comme le démontre le fragment suivant, 925.73.6 de la catégorie « virages » : « Une certaine aisance dans l'ordonnancement des fragments confirme que le récit a pris son envol et se dirige de ses propres ailes, vers sa propre fin » (*PS*, 399). Ici en effet, le lecteur aurait plutôt imaginé trouver ce fragment dans la catégorie « structure ». Les unités textuelles sont coupées de leurs unités voisines, comme dans le cas cité, le fragment « virages » est situé entre un fragment de la catégorie « savoirs », dans lequel nous avons un dialogue sur le golf, et un autre fragment de la catégorie « consommateurs avertis », dans lequel Terry explique à son fils Étienne et à l'ami de ce dernier, Chico, pourquoi il mesure le papier de toilette. Nous nous trouvons face à un montage de références, de morceaux d'origines diverses, tels des listes de vocabulaire ou des extraits de grammaire ou de dictionnaires ou encore des listes de mots, de prénoms, des opérations de calcul ou autres. L'auteure France Daigle a poussé à l'extrême le procédé utilisé par Roland Barthes dans *Fragments d'un discours amoureux* : « pour composer ce sujet amoureux, on a "monté" des morceaux d'origine diverse. Il y a ce qui vient d'une lecture régulière [...]. Il y a ce qui vient de lectures insistantes [...]. Il y a ce qui vient de lectures occasionnelles. Il y a ce qui vient de conversations d'amis. Il y a enfin ce qui vient de ma propre vie[22] ».

L'auteur de tout livre brisé en mille morceaux se fait le juge de la pertinence de son choix de textes qui peut sembler hétéroclite. Il revient au lecteur le soin d'effectuer son propre déchiffrage, de créer ses propres liens, conscient du fait qu'il peut être aussi la victime de l'auteur qui parfois se joue de lui et de ses attentes. Prenons comme exemples les douze premiers fragments du chapitre 1. Nous avons les catégories « Chansons », « Scrabble », « Histoires

---

22. *Ibid.*, p. 12.

d'animaux», «Scrabble», «Couleurs», «Noms», «Histoires d'animaux», «Détails inutiles», «Le temps», «Chiac», «Le travail», «Scrabble» : dans ces exemples, les textes renvoient au titre par la bande, créant un effet de nucléarisation des unités textuelles ainsi que des effets de lecture rhizomatique. Par exemple, le fragment faisant partie des commentaires «détails inutiles» donne le renseignement suivant : «Dans son ouvrage *1953. Chronique d'une naissance annoncée*, la romancière acadienne France Daigle ne fait aucune mention de la vente, cette année-là, de 312 000 jeux de Scrabble, 6 000 par semaine en moyenne» (*PS*, 12, fragment 9.45.3). Un lien est ainsi créé entre un roman de France Daigle et l'intérêt qu'a l'auteure pour le Scrabble, pour ce qu'il représente et symbolise de manière générale, soit les mots et leur signification. En procédant par association d'idées ou en faisant se percuter d'autres fragments, le lecteur peut aussi penser au Scrabble et créer un lien avec les questions concernant la langue et l'écriture. Tout comme le jeu de billard, une boule en touche une autre qui en touche une autre qui en touche une autre... Toutefois, au fil des douze chapitres et des 144 fragments constituant chaque chapitre, nous pouvons constater que chacun des chapitres aborde des thèmes en relation dialogique avec l'exergue placé sous la mention chapitre 1, 2, 3, etc. – les chapitres ne possédant pas de titres – ou illustrant celui-ci.

Au centre du roman se trouvent les personnages que tout lecteur de France Daigle connaît : Terry et Carmen. Ils font une apparition timide dans *Pas Pire*, ils réapparaissent dans *Un fin passage*, et font définitivement partie des personnages daigliens dans *Petites difficultés d'existence* avec leurs deux enfants, Étienne et Marianne (Marianne étant née entre *Petites difficultés d'existence* et *Pour sûr*, puisque Carmen était enceinte à la fin de *Petites difficultés d'existence*). La famille habite dans un entrepôt qui a été réaménagé en lofts sur l'initiative de Zed, leur ami ayant eu la vision d'un mode de vie urbain alliant logement, vie culturelle et vie sociale. Ce qui avait encore des aspects utopiques dans *Petites difficultés d'existence*, est devenu réalité dans *Pour sûr*, puisque Terry s'occupe de la librairie Didot, avec Ludmilla, l'épouse de l'artiste Étienne Zablonski, celui-ci ayant décidé de quitter Baltimore et les États-Unis à la fin de *Petites difficultés d'existence*, pour s'installer définitivement à Moncton, nouvelle capitale artistique et culturelle. Carmen, quant à elle, s'occupe avec son amie Josse du bar «Le Babar» dont le nom renvoie aux livres pour enfants de Jean de Brunhoff[23].

Nous connaissons aussi déjà Zed qui aura une relation amoureuse éphémère avec Élisabeth, médecin spécialisée dans le traitement des maladies cancéreuses et que nous avons souvent croisée dans les romans précédents de France Daigle. Comme le signale Zed dans le fragment-dialogue parlant du groupe qu'ils forment lors d'une excursion à la baie de Fundy :

> On est trois vrais Acadiens, je veux dire, nés icitte pis toutte, avec trois autres qui pouvont pas encore se dire Acadiens – je vous insulte pas en disant ça, Ĩ hõpe ? Pis les trois Acadiens sont jeunes, moins que trente-cinq ans, disons, pis les trois pas Acadiens avont cinquante ans et plusse, rĩght ? (*PS*, 378, fragment 868.50.11, catégorie «Fundy»)

À ces personnages, viennent s'associer Chico, le petit garçon recueilli par Zed, et ami d'Étienne, Catherine, la nouvelle compagne de Zed et Jean-Jacques, le nouvel amoureux d'Élisabeth, ainsi que d'autres personnages que nous connaissons des autres romans de France Daigle, comme Camil Gaudain de *Pas pire* qui fréquente la librairie Didot ou encore Hans, d'*Un fin passage* qui s'avère être un personnage difficilement contrôlable pour l'auteure, du moins dans *Pour sûr*. La plupart des personnages que nous rencontrons dans ce roman ne voyagent pas ou presque pas, vivent à Moncton et investissent leur espace, Moncton étant devenu le lieu d'une urbanité acadienne qui s'est constituée en tant que centre dans la fiction daiglienne. Les personnages acadiens du roman discutent en permanence dans leur langue vernaculaire des petites difficultés de l'existence, des problèmes du couple, de l'éducation des enfants etc. Aux fragments dans lesquels les personnages dialoguent en chiac répondent des fragments rédigés dans un français normatif. En plus de se trouver dans les dialogues, le chiac est présent dans l'ensemble du texte : nous avons douze fragments intitulés «Chiac», douze autres intitulés «Chiac détail» et nombreux sont

---

23. Les livres de Babar ont fait la joie de nombreuses générations d'enfants. Le premier, *Le voyage de Babar*, a été publié pour la première fois par la Librairie Hachette en 1939, comme nous l'apprenons dans *Pour sûr*, à la page 43 !

les autres fragments questionnant la linguistique historique ou la phonétique ou encore les grammaires et les dictionnaires, illustrant d'une part l'évolution du français historique vers le français acadien et d'autre part les caractéristiques du chiac, nouvelle langue créole, née au contact du français acadien et de l'anglais.

France Daigle est aussi un personnage très actif dans la diégèse du roman et dialogue avec ses différents personnages. D'ailleurs dans la catégorie « personnages » un petit fragment pose la question : « Vrai ou faux : le personnage *je* du roman *Pour sûr* de France Daigle est un avatar de l'auteure, c'est-à-dire une figuration de France Daigle » (*PS*, 571, fragment 1323.96.7). Prenons l'exemple d'un dialogue entre un *je*, dont nous apprenons qu'il est le créateur du personnage de Hans et Hans ; le créateur essaie de faire comprendre à son personnage qu'il/elle[24] a décidé de ne pas le faire venir à Moncton cette fois, ce à quoi le personnage lui répond que, s'il avait voulu aller à Moncton, il y serait allé : « Sur le coup, je me demandai s'il ne m'avait pas échappé, celui-là. Ce qui aurait été normal vu que je l'avais justement créé pour cette raison, pour qu'il échappe » (*PS*, 286). Si Hans dialogue avec son créateur, il est aussi l'objet de commentaires de la part d'un narrateur hétérodiégétique : « Hans, qui s'est défait de pratiquement toutes ses possessions matérielles et qui songe même à se défaire de ses papiers d'identité, Hans, donc, en est-il aux premiers stades de l'amnésie d'identité ? » (*PS*, 221, fragment 521.74.1, catégorie « Hans »). Nous avons un *je* créateur, un avatar de l'auteure, qui dialogue avec ses personnages, et deux types de narrateur, tantôt homodiégétique, tantôt hétérodiégétique qui font des commentaires sur les personnages, sur la structure de ce roman, ainsi que sur les différents titres envisagés pour ce roman. Dans un fragment-commentaire, un narrateur homodiégétique vient nous rappeler l'histoire des personnages de Terry et de Carmen et la généalogie de ceux-ci dans les romans de la trilogie daiglienne :

> Sursaut. Doute. Retourner feuilleter *Pas pire* pour vérifier le nombre de frères de Terry. Ce n'est pas la première fois que j'oublie ce qui a été établi d'un livre à l'autre. Tant qu'à y être, je précise ici que les personnages de Terry et Carmen ont fait leur apparition dans *Pas pire*, où se forme leur couple, et n'ont

---

24. Nous procédons comme l'auteure dans *Sans jamais parler du vent*.

plus quitté la scène depuis. Ils se retrouvent donc dans *Un fin passage* puis dans *Petites difficultés d'existence*, roman dont l'action tourne autour de la transformation d'un vieil entrepôt de Moncton en véritable petit centre d'animation culturelle, avec lofts, studios d'artistes et petits commerces où prendre son temps, comme la librairie Didot et le Babar. (*PS*, 329, fragment 747.54.3, catégorie « oubli/rappel »)

Les nombreux commentaires métatextuels du personnage France Daigle, les multiples interventions du créateur dans la diégèse, ainsi que les discussions dans les commentaires autour de la notion d'avatars, autour de la relation entre les personnages et leur créateur, montrent combien l'autoréflexivité est à l'œuvre dans *Pour sûr*. Outre les commentaires autoréflexifs, nombreux sont ceux consacrés à la langue, à la grammaire, aux langues de manière générale et bien sûr aussi, comme nous l'avons vu, au chiac. Et d'ailleurs la question fondamentale reste celle-ci, peut-on écrire en chiac ? Dans le fragment-dialogue 486.73.12 de la catégorie « virages », nous avons une amorce de réponse :

> — Toi, un écrivain, quesse t'en penses ?
> — Ça serait une moyenne affaire... Décider une fois pour toutes de ça qu'est notre langue, quoisse qui passe pis quoisse qui passe pas. Comme, le vieux français serait-y automatiquement bon ? Pis l'anglais automatiquement mauvais ? Faudrait que du monde smarte pense à toutte ça, du monde qui pourrait voir le bons sens pis nous donner des explications. (*PS*, 208)

Si l'écrivain-personnage dans le texte s'interroge sur les questions qui seraient légitimes de se poser par rapport à l'utilisation du chiac en Acadie ou bien encore par rapport à la création d'une langue acadienne moderne, l'auteure France Daigle utilise systématiquement le chiac dans les dialogues de ses personnages acadiens. Par ailleurs, la question de l'Histoire, toujours un objet d'attention et d'intérêt dans les romans de France Daigle, même si elle est souvent placée dans les interstices du texte, est abordée dans *Pour sûr*, non seulement dans douze fragments intitulés « Histoire » avec des références au *Précis de l'histoire moderne* de Michelet, mais aussi dans des parties dialogues avec des références au passé acadien. Carmen se demande en effet si les excuses de la reine d'Angleterre n'auraient pas un effet indirect sur les Acadiens qui perdraient alors le droit de se plaindre des crimes perpétrés par les Anglais lors du « fameux Grand Dérangement » (*PS*, 639) et seraient condamnés à ne plus être de vrais Acadiens.

D'autres fragments renvoient aux textes de référence inclus dans *La Bibliothèque idéale*, aux auteurs de référence, ici Roland Barthes et surtout Umberto Eco et son œuvre ouverte, aux psychanalystes, Freud (douze fragments intitulés « Freud par la bande ») et Lacan (douze fragments intitulés simplement « Lacan » !). Ce dernier a droit à une remarque ironique : « Daigle avoua au cours de l'entrevue qu'elle devait se lever tôt le matin pour comprendre Lacan le mieux possible, afin de ne pas déformer ses propos » (*PS*, 667, fragment-dialogue 1566.34.3, catégorie « Lacan »). Nous avons aussi de nombreux fragments-commentaires très drôles sur le golf, avec les résultats d'un sondage portant sur ce sport ; les réponses faites tantôt par les hommes, tantôt par les femmes, jouent avec les clichés hommes/femmes et créent un effet de dérision, remettant en question la sexuation sociétale. De nombreux fragments-commentaires sont consacrés aux chiffres et aux nombres, à leur équation ou à leur symbolique. Bref, tous ces fragments, qu'ils soient dans la catégorie dialogues ou commentaires, se heurtent, créant ainsi des réseaux de significations multiples.

Le roman *Pour sûr* est un édifice fait de bric et de broc, constitué d'éléments hétéroclites et hétérogènes qu'il faut faire s'entrechoquer pour que d'innombrables réseaux de significations se déploient devant l'œil du lecteur amusé, pour qui le plaisir du texte devient réalité.

Nous avons cité dans notre introduction un article plutôt pessimiste de Raoul Boudreau sur l'autonomie de la littérature acadienne, qui exprimait toutefois dans sa conclusion l'espoir que les conditions difficiles de création dans un lieu qui n'a ni réalité politique, ni sociale, puissent générer une littérature originale. Or, l'œuvre littéraire de France Daigle qui s'est constituée au fil de ses romans est une œuvre des plus originales de par sa construction formelle et sa relecture de l'Acadie et des Acadiens. Si dans le premier roman de France Daigle, le vide prédominait, si les fragments étaient composés de phrases sans lien logique, dans son dernier roman le fragment est au centre de l'écriture et est inséré dans un système rigide de cases numérotées à partir du chiffre douze et de ses multiples, que le lecteur peut toutefois faire permuter s'il le souhaite. Comme nous avons essayé de le démontrer, le sens du roman *Pour sûr* se dévoile à partir de l'enchevêtrement des réseaux de sens qui se tissent d'un fragment à l'autre et se jouent des nombreux détournements de textes. Ce livre brisé en mille morceaux explose littéralement sous nos yeux et libère de multiples possibilités de déchiffrer la vie acadienne et la vie tout court.

Dans son essai, *La distance habitée*[25], François Paré avait évoqué l'antillanité de l'Acadie, reprenant la métaphore de l'archipel, chère à Édouard Glissant. Nous ne retiendrons ici des remarques de François Paré que les rapprochements qu'il établit entre l'identité antillaise et l'identité acadienne qui seraient, l'une comme l'autre, des identités éclatées et métissées, rompant ainsi avec l'idée de la culture du retour et reprenant l'idée de la culture du détour. Le détournement du sens, tout comme le détournement des textes, est effectivement une des composantes majeures du dernier roman de France Daigle. Nous aimerions faire nôtre la métaphore de la relation, présente dans toute l'œuvre d'Édouard Glissant, en disant que *Pour sûr* est un roman de la relation entre toutes les langues et toutes les littératures.

---

25. François Paré, *La distance habitée*, Ottawa, Le Nordir, 2003, 277 p.

BIBLIOGRAPHIE

1. Œuvres de France Daigle
a. Romans
La vraie vie, Moncton, Éditions d'Acadie, 1993, 71 p.
1953. Chronique d'une naissance annoncée, Moncton, Éditions
    d'Acadie, 1995, 165 p.
Pas pire, Moncton, Éditions d'Acadie, 1998, 169 p.
Un fin passage, Montréal, Boréal, 2001, 130 p.
Petites difficultés d'existence, Montréal, Boréal, 2002, 189 p.
Pour sûr, Montréal, Boréal, 2011, 747 p.
*Sans jamais parler du vent : roman de crainte et d'espoir que la
    mort arrive à temps*, édition critique établie par Monika
    Boehringer, Moncton, Institut d'études acadiennes, 2012,
    259 p.

b. Textes
« Inédit », *Voix et Images*, vol. 29, n° 3 (87), printemps 2004,
    p. 25-29.
« En me rapprochant sans cesse du texte», *Sans jamais parler du
    vent : roman de crainte et d'espoir que la mort arrive à
    temps*, édition critique établie par Monika Boehringer,
    Moncton, Institut d'études acadiennes, 2012, p. 232-245.

2. Œuvres critiques
Barthes, Roland, *Fragments d'un discours amoureux*, Paris, Seuil,
    1977, 277 p.
Bélanger, David, « La réception de la littérature en Acadie : sur
    quelques débats autour de la critique dans *l'Evangéline*
    et *L'Acadie Nouvelle* », *Voix Plurielles*, n° 9, vol. 2, 2012,
    p. 149-163.
Boudreau, Raoul, « L'institutionnalisation inachevée de la littérature
    acadienne », Janine Gallant, Hélène Destrempes et Jean
    Morency (dir.), *L'œuvre littéraire et ses inachèvements*,
    Longueil, Groupéditions, 2007, p. 153-167.
Chevalier, Jean et Alain Gheerbrant (dir.), *Dictionnaire des
    symboles*, Paris, Robert Laffont / Jupiter, 1982, 1060 p.
Décarie, David, « *Sans jamais parler du vent. Roman de crainte
    et d'espoir que la mort arrive à temps*, France Daigle,
    roman, 1983 », Gallant, Janine et Maurice Raymond (dir.),

Dictionnaire des œuvres littéraires de l'Acadie des Maritimes - XXe siècle, Sudbury, Prise de Parole, 2012, p. 246-248.

Dumontet, Danielle, « Pour une poétique de la fragmentation », Carlo Lavoie (dir.), *Lire du fragment : analyses et procédés littéraires*, Québec, Nota bene, 2008, p. 355-367.

Gallant, Janine et Maurice Raymond (dir.), *Dictionnaire des œuvres littéraires de l'Acadie des Maritimes - XXe siècle*, Sudbury, Prise de Parole, 2012, 320 p.

Leblanc, Doris et Anne Brown, « Interview. France Daigle : chantre de la modernité acadienne », *Studies in Canadian Literature/ Études en littérature canadienne*, vol. 28, n° 1, 2003, en ligne : http://journals.hil.unb.ca/index.php/SCL/article/view/12786/13764 (page consultée le 28 janvier 2014).

Paré, François, *La distance habitée*, Ottawa, Le Nordir, 2003, 277 p.

HÉTÉROLINGUISME, CARTOGRAPHIE ET ÉVOLUTION DU SUJET POSTMODERNE DANS TROIS ROMANS DE JEAN BABINEAU : *BLOUPE*, *GÎTE* ET *VORTEX*

CHANTAL RICHARD
Université du Nouveau-Brunswick

En 1993, l'auteur Jean Babineau éclate sur la scène littéraire en Acadie « comme une balloune d'eau qui boste[1] » avec son roman postmoderne *Bloupe*. En l'espace de dix ans, il publie deux autres romans : *Gîte* et *Vortex*[2], demeurant fidèle à sa prédilection pour les titres courts. Si son premier roman avait été le produit d'une longue préparation — des bribes de ce manuscrit datent au moins de la fin des années 1970[3] — les deux autres sont parus à un rythme régulier, soit un roman à chaque cinq ans. Ces trois romans, sans former une trilogie, s'apparentent néanmoins par le style hétérolingue, les thèmes et la structure narrative hybride. Il y a donc lieu de s'interroger sur l'évolution du sujet postmoderne en quête identitaire qui se manifeste dans ces trois romans de Jean Babineau. Cet article s'attardera notamment à l'examen des textes sur les plans du sujet narratif, de l'espace et de la langue.

---

1. Jean Babineau, *Bloupe*, Moncton, Perce-Neige, 1998, p. 38. Désormais, les références à cet ouvrage seront indiquées par le sigle *B*, suivi du folio, et placées entre parenthèses dans le texte.
2. Jean Babineau, *Gîte*, Moncton, Perce-Neige, 1998, 128 p. ; *Vortex*, Moncton, Perce-Neige, 2003, 240 p. Désormais, les références à ces ouvrages seront indiquées par les sigles *G* et *V*, suivi du folio, et placées entre parenthèses dans le texte.
3. Chantal Richard, « À l'ère des brouillons électroniques : une étude génétique du roman *Bloupe* de Jean Babineau », *Port Acadie*, nᵒˢ 20-21, automne 2011/printemps 2012, p. 202.

La langue d'expression a souvent été relevée comme l'élément le plus original des romans de Babineau, suscitant de nombreuses études sur le chiac en tant que langue d'écriture[4]. Par ailleurs, la quête identitaire des personnages de *Bloupe*, *Gîte* et *Vortex* est indissociable de la recherche d'une langue apte à décrire la réalité propre à l'Acadie du Sud-Est du Nouveau-Brunswick à la fin du 20e siècle et au début du 21e. Le résultat de cette exploration linguistique par Babineau est un foisonnement de langues et de registres qui se côtoient et se mélangent sans pudeur. Effectivement, la grande originalité de l'auteur de *Bloupe*, *Gîte* et *Vortex* réside dans le fait qu'il résiste à l'hiérarchisation narrative des langues et registres. Dans chacun des trois romans, l'insertion du chiac, de l'anglais ou du français acadien se fait sans balisage tel que les italiques ou les guillemets, et se retrouve à tous les niveaux narratifs ; du narrateur omniscient aux dialogues des personnages. Pour les besoins de cette étude, nous définissons le chiac comme un registre de langue du Sud-Est du Nouveau-Brunswick qui combine les structures syntaxiques et le lexique du français et de l'anglais[5] alors que le français acadien, pour sa part, est constitué d'autres écarts régionaux par rapport au français standard, soit sur les plans sémantique, phonétique ou syntaxique. Si le français reste proportionnellement la langue dominante du texte, une volonté de niveler les langues et les registres se dégage de ces romans. De plus, l'auteur en fait le matériau de construction de sa prose, conférant ainsi une valeur esthétique aux contacts de langue.

La recherche d'une expression qui correspond à l'identité acadienne postmoderne est doublée d'une quête d'espace par les narrateurs de Babineau. Dans *Bloupe*, le personnage éponyme revient des États-Unis à Moncton où sa famille tente de s'intégrer à l'Acadie urbaine. Le dénouement du roman se fait autour de la refrancisation de la famille Bloop qui redevient Bloupe par un baptême symbolique. Pour sa part, Henri Melanson, protagoniste de *Gîte*, revient cette fois de Toronto afin de se bâtir — littéralement,

---

4. Voir la bibliographie pour une sélection d'articles portant sur l'œuvre de Babineau.
5. À l'instar des caractéristiques établies dans l'étude de Marie-Ève Perrot, «Aspects fondamentaux du métissage français/anglais dans le chiac de Moncton», thèse de doctorat, Université de la Sorbonne Nouvelle, Paris III, 1995, 1014 p.

car il vit dans une maison en perpétuelle construction — une vie à Cap-Pelé. S'il voyage occasionnellement aux États-Unis pour visiter la parenté, son occupation principale semble être de faire des recherches généalogiques sur les Melanson. Finalement, le troisième roman *Vortex* est habité par André Boudreau qui, lui, voyagera dans le sens inverse. Peu satisfait de son travail déshumanisant à la grande chaîne américaine *Wallco*[6] à Moncton, il se rend au Mexique et y redécouvre ses ancêtres mythiques amérindiens. Ce voyage lui inspire l'idée d'ouvrir une boutique d'artisanat multiculturel en face de *Wallco* pour faire un pied-de-nez au capitalisme des grandes surfaces américaines.

En somme, l'évolution du sujet postmoderne dans *Bloupe*, *Gîte* et *Vortex* se fait par la mise en scène de trois personnages masculins qui sont à la recherche d'une langue, d'une identité et d'un espace que nous nous proposons ici de cartographier.

À LA RECHERCHE D'UNE LANGUE POSTMODERNE ACADIENNE

La langue de Babineau rejoint des caractéristiques du roman postmoderne. D'après Jean-François Lyotard, la condition post-moderne est venue bouleverser le pouvoir référentiel de la langue : « la capacité de la langue à rendre compte du réel est remise en question : la réalité apparaît inaccessible et indicible, car, entre sujet et objet, s'interpose la langue, qui ne renvoie qu'à elle-même[7] ». Pour les narrateurs de Jean Babineau, la langue renvoie certainement à elle-même par de nombreux commentaires métalinguistiques qui repoussent les limites de l'intelligibilité : « Faire l'a-l'a-l'a-l'a-l'a-l'amour. Passé simple plus-que-parfait. Passé-complet. / Avec P.P. La lettre que j'ai écrite. Écrit. La lettre écrite » (*B*, 88). Il s'agit d'une écriture baroque, fragmentaire et

---

6. Il peut être utile pour le lecteur de souligner que l'emplacement fictif de Wallco correspond à l'ancien emplacement de Woolco et rappelle également la chaîne Wal-Mart.

7. Selon Hendrik van Gorp, Dirk Delabastita, Lieven D'hulst, Rida Ghesquiere, Rainier Grutman et Georges Legros, *Dictionnaire des termes littéraires*, Paris, Honoré Champion, 2001, p. 383 ; Jean-François Lyotard, *La Condition postmoderne. Rapport sur le savoir*, Paris, Éditions de Minuit, 1979, 128 p.

non-linéaire qui s'inscrit dans une tradition littéraire inspirée des croisements de langues et de registres en Acadie. Toutefois, contrairement aux auteurs ayant recours aux registres de langue par mimétisme, chez Babineau, les mélanges de langues sont abondamment additifs et créatifs. Le chiac et le français acadien sont, par ce fait, élevés au statut de langues littéraires et comme l'a précisé Grutman en citant Barthes, l'effet d'authenticité (approche mimétique) est doublé de jeux de mots et de langues pour aboutir à un « effet d'œuvre » (ou effet esthétique) propre au texte littéraire[8]. L'approche de Babineau se range clairement du côté de l'exploration des combinaisons de langues par souci d'effet esthétique. Cependant, une progression peut être constatée entre chacun des trois romans.

Dans *Bloupe*, le premier roman et le plus éclaté, le récit passe complètement à l'arrière-plan en faveur d'une exploration littéraire et linguistique sans précédent en Acadie. Suivant le modèle proposé par Carol Myers-Scotton[9], les alternances peuvent être extraphrastiques (d'un locuteur à un autre par exemple), interphrastiques (d'une phrase à une autre) ou intraphrastiques (à l'intérieur d'une même phrase). Les alternances intraphrastiques montrent le plus haut degré d'intégration des langues. Dans *Bloupe*, toutes ces catégories sont présentes. La redondance bilingue, la paranomase, la translittération et les nombreux autres jeux de mots multiplient le sens tout en le mettant en lambeaux et contribuent à la déconstruction métalinguistique :

> Ma fourremation a été dirigée plutôt vers ou contre les humanités. Les arts statuels, la lit térature françoise et angloise, la langoustique, listoire, enfin tous les do maines qui concernent la transmission automatique, manuelle et vie sue elle, o râle et é kri te des idées, des sang tit ments, de l'x sis tance des jams. (*B*, 72)

---

8. Rainier Grutman, *Des langues qui résonnent*, Montréal, Fides, 1997, p. 44 ; citant Roland Barthes, *Le bruissement de la langue*, Paris, Seuil, 1984, p. 186-187.
9. Carol Myers-Scotton, « A lexically based model of code-switching », Lesley Milroy et Pieter Muysken (dir.), *One Speaker Two Languages. Cross Disciplinary Perspective on Codeswitching*, Cambridge, Cambridge University Press, 1995, p. 233-256.

Le lien direct entre signifiant et signifié est miné par l'insertion d'homonymes (« râle », « kri » et « sang »), ce qui encourage des rapprochements sémantiques inhabituels, mais non dénués de sens, opposant l'expression primitive à l'activité intellectuelle.

Par ailleurs, la diégèse de *Bloupe* est principalement centrée sur la difficulté de vivre dans une zone de frottement linguistique : « C'é pas facile, lorsqu'i faut qu'tu essayes d't'façonner un visage avec des hosties carrés, et/ou des mots comme des ballounes qui bostent. Anyways » (*B*, 127). Afin de composer avec une réalité linguistique combinant l'oralité du français acadien (« C'é ») au français du Québec (« hosties »), à l'anglais (« carrés » pour « têtes carrées » — terme péjoratif désignant les anglophones) et au chiac de Moncton (« bostent »), l'auteur crée non pas une multiplicité d'identités juxtaposées, mais une seule identité dynamique, perméable et flexible, constituée d'origines culturelles et linguistiques métissées. L'appartenance recherchée par le narrateur de *Bloupe* est mouvante et intégrante ; tous les éléments sont essentiels à sa composition. Sa langue est plurilingue.

Le deuxième roman, *Gîte*, porte également un grand nombre de langues et de registres, mais s'avère légèrement plus lisible dans sa forme : « Si elle s'est assagie depuis *Bloupe*, la langue de Babineau reste tout en mouvement et en instabilité[10] ». Sur le plan de la forme, les jeux de mots et la redondance bilingue demeurent, mais les croisements sont moins fréquents et le narrateur ne va pas jusqu'à déconstruire la langue. Quant aux commentaires métalinguistiques, dans *Bloupe*, le narrateur exprimait parfois le sentiment paradoxal d'une insuffisance linguistique malgré la pluralité : « J'ai besoin d'une meilleure base en linguistique. Pour arriver à manier les mots » (*B*, 127). Ce sentiment est moins marqué dans *Gîte*, où la connaissance incomplète de la langue est signalée, mais sans être vécue avec autant d'angoisse : « À ce moment, ces amis coppent out. Il retourne chez lui et se couche de travers sur les joists. Il n'a jamais entendu parler de solives même s'il côtoie, depuis un certain temps, le monde de la construction » (*G*, 113). Entre *Bloupe* et *Gîte*, les personnages semblent avoir acquis une surconscience

10. Catherine Leclerc, « *Gîte* », *Dictionnaire des œuvres littéraires de l'Acadie des Maritimes – XXe siècle*, dir. Janine Gallant et Maurice Raymond, Sudbury, Prise de Parole, 2012, p. 137-139.

linguistique[11] et entament une métaréflexion sur la valeur et l'authenticité du chiac : « — Faut parler chiac. / — Faut peut-être pas parler chiac. / — Tu parles pas le vrai chiac. / — Oui, je parle le vrai chiac. / — Il parle chiac. / — Il parle pas chiac. / — Well, elle a parle chiac. / — Well I guess qu'a parle chiac » (*G*, 99). De même, il est question d'une linguiste et d'événements littéraires dans ce texte dans une parodie quelque peu auto-dérisoire du milieu universitaire acadien (puisque l'auteur était lui-même enseignant et étudiant à cette époque[12]).

La question des langues qui se choquent et s'entremêlent est toujours présente dans *Vortex*. Cependant, aux langues de *Bloupe* et de *Gîte* s'ajoutent le micmac et l'espagnol qui relativisent en quelque sorte les tensions entre le français et l'anglais, le régional et le standard, le périphérique et le centre. La présence d'alternances de langues dans ces romans représente toujours une stratégie d'inclusion de la part de l'auteur, car comme l'a écrit Sherry Simon : « le plurilinguisme comme principe dialogique s'affirme contre la dictature de l'Un[13] ». En d'autres mots, lorsqu'il y a multiplicité de langues, il y a aussi multiplicité de voix et par conséquent, d'idéologies, de cultures et de traditions. Dans *Vortex*, Babineau reconnaît la présence d'un autre élément essentiel à l'identité acadienne : la figure de l'Amérindien. Paradoxalement, c'est lors d'un voyage au Mexique qu'André Boudreau commence à se trouver des traits amérindiens. Cette constatation est liée au fait qu'il devient l'étranger : on l'appelle « gringo » (*V*, 61) et il se décrit lui-même comme un « Alien » (*V*, 16). Sur le plan de la langue, on se moque de ses efforts à parler l'espagnol :

> Tu demandes des timbres au commis, mais il ne te comprend pas. Après deux autres essais, il finit par déchiffrer et te corrige tout en riant : timbre = « thaymbray » ou quelque chose du genre (selon le système Berlitz pour les anglophones.) [...] Tu comprends que cela n'offusque pas ces gens que tu prononces mal leur langue, au contraire, ils trouvent ça bien comique et ils prennent le temps de te corriger plusieurs fois. (*V*, 28)

---

11. Lise Gauvin, *Langagement. L'écrivain et la langue au Québec*, Montréal, Boréal, 2000, p.8.
12. Entrevue avec l'auteur à Grand Barachois, le 9 août 2010.
13. Sherry Simon, *Le trafic des langues*, Montréal, Boréal, 1994, p. 28.

Alors que la langue d'expression dans *Bloupe* et *Gîte* était celle de l'initié, ici, elle est clairement étrangère au protagoniste qui l'approche cette fois de l'extérieur ce qui l'amène à explorer de nouvelles formes de métissage linguistique qu'il appelle l'« espagnol poutine » : « Oh ! Kanada, eez cold up dere ? / Si, mucho friogorifica. No mas caliente. Eez blanca with snow, neigea, nevada » (*V*, 90).

De même lorsqu'il effectue un voyage plus près de lui, à la réserve de Big Cove (maintenant Elsipogtog, réserve amérindienne dans le comté de Kent), il est l' « étranger » (*V*, 185-186) qui est confronté au signifiant opaque : « MIGOITEELEMANETJ » (*V*, 183) et à la culture des Micmacs : « T'avoues ne rien comprendre au totémisme » (*V*, 182). Sur la réserve, il communique en anglais avec les Amérindiens qui ne parlent pas français. Cette fois, l'anglais, langue véhiculaire, est un terrain neutre entre deux peuples opprimés.

En somme, *Vortex* est la prolongation de la recherche d'une expression authentique et littéraire acadienne, mais le récit émerge de façon plus claire cette fois. Si l'auteur se permet des explorations linguistiques et des méta-commentaires sur la ou les langues, il présente aux lecteurs une intrigue plus linéaire dans ce troisième roman. Alors que *Bloupe*, par la décomposition de la langue, invitait à la lecture du signifiant souvent détaché de référent reconnaissable par le lecteur (même monctonien), *Gîte* offrait quelques balises de plus et ancrait le texte par un récit légèrement plus linéaire. *Vortex*, pour sa part, opère un retour à la chronologie et à la diégèse sans pour autant laisser de côté les explorations linguistiques dans la forme et le contenu du texte. Ce qu'il y a de réellement nouveau dans ce troisième roman, c'est l'intégration de nouvelles langues et cultures, ce qui représente une ouverture à l'Autre.

CARTOGRAPHIER L'ESPACE : DE L'INTIMITÉ À L'OUVERTURE

La cartographie postmoderne est une façon de décrire l'espace autour d'une manifestation particulière du soi et de tracer de nouveaux parcours à travers les paysages postmodernes[14]. L'auteur du *Postmodernisme ou la logique culturelle du capitalisme tardif*,

---

14. Elizabeth H. Jones, *Spaces of Belonging*, Amsterdam, Rodopi, 2007, 316 p.

Fredric Jameson[15], propose que l'être humain, afin de reconquérir l'espace postmoderne qui lui échappe, doit développer des repères subjectifs et se créer une carte cognitive lui permettant de se situer et de s'orienter à l'intérieur de cet espace fragmentaire et complexe. L'espace postmoderne décrit par Babineau dans ces trois romans reflète les critères de Jameson et peut être réparti en deux grandes catégories : l'espace intime, qui est représenté par la maison, et l'espace territorial, qui se manifeste par les nombreux voyages et trajets de personnages. Ces espaces complémentaires demeurent fragmentaires et sont vécus largement à travers les repères subjectifs des personnages principaux de chaque roman.

La maison, microcosme du soi[16], est surtout présente dans les deux premiers romans de Babineau, *Bloupe* et *Gîte*, alors que l'habitat intime est transposé au monde du travail et prend une forme plus cosmopolite dans *Vortex*. La continuité est néanmoins frappante car le protagoniste coule la fondation de sa maison dans *Bloupe*, construit les couloirs et les fenêtres dans *Gîte* alors que dans *Vortex*, il ouvre une boutique multiculturelle à Moncton afin de combattre l'assimilation états-unienne. Ainsi, le logis intime cède sa place à un espace communautaire et économique. D'un point de vue plus macrocosmique, les voyages se font en direction de l'Acadie dans les deux premiers romans, alors que *Vortex* met en scène un personnage qui part de l'Acadie pour aller vers l'extérieur dans le but d'intégrer l'Autre à son milieu culturel par la suite. Cette évolution suggère que les personnages devaient revenir à la source ou aux racines pour ensuite s'ouvrir à l'extérieur et à l'altérité.

Dans le premier des trois romans, le personnage éponyme est en quête d'emploi. Ses recherches aux « Zétats-Zunis » (*B*, 14) sont peu fructueuses : après avoir commis trois accidents en conduisant le camion de son patron lors de son premier jour de travail, il est congédié sur place (*B*, 15-16). Il décide donc de revenir en Acadie. Il s'agit d'un mouvement de retour aux origines par le protagoniste qui s'intègre difficilement au marché du travail américain. Son métier de facteur à Moncton l'initie d'une façon

---

15. Fredric Jameson, *Le postmodernisme ou la logique culturelle du capitalisme tardif*, traduit de l'américain par Florence Nevoltry, Paris, Les éditions Beaux-Arts de Paris, coll. « D'art en questions », 2007, 608 p.
16. Gilbert Durand, *Les structures anthropologiques de l'imaginaire : introduction à l'archétypologie générale,* Paris, Bordas, 1978, p. 277.

bien particulière à l'espace urbain qu'il traverse et retraverse, mais ce travail ne le comble pas : « La platitude de passer au même coin de rue deux fois par semaine à la même heure » (B, 42). Cet espace quadrillé est dominé par les figures de l'emboîtement, car le facteur doit : « Travailler les matins à pousser les lettres carrées, des paquets carrés, des timbres carrés, de la junk-mail carrée ainsi que des revues et des journaux carré(e)s » (B, 141) dans « [c]es mondes à l'intérieur des boîtes » (B, 140). Cette occupation ne laisse aucune place à l'imaginaire du protagoniste, ni à ses activités de création. L'acte de retour en soi ne suffit donc pas à replacer l'identité des personnages bloopiens ; c'est dire qu'une prise de conscience est nécessaire pour une véritable réintégration de l'identité acadienne.

De même, la fille de Bloop, Dive, n'arrive pas à s'intégrer à l'école anglophone et décide de changer d'école, ce qui déclenche la décision par la famille Bloop à se refranciser et à redevenir des Bloupe. Le père, Itso Snitso Bloop (« it's so », qui devient par la suite Céça Bloupe) déclare : « C'est Pascal Poirier qui m'a annoncé ça hier soir lors de sa dernière apparition. J'va's bâtir, excuse, nous allons bâtir, nos propres fonts baptismaux » (B, 174-175). Le geste de « bâtir » les fonts, entraîne l'action de creuser dans le sol ou du moins de construire une forme concave, c'est pourquoi il est permis de lire cette scène en relation avec les figures du logis creux (sous-terrain). Par ailleurs, Itso continue en affirmant qu'il « y a des briques à la cave » (B, 175) qui devront être accompagnées de mortier fait de sable de la « Plage Sablée » (francisation du nom bien réel de Sandy Beach) et de coquilles de toutes sortes. Rappelons que la cave est liée à l'archétype de la racine, du retour aux origines et au ventre maternel selon Bachelard[17] et Durand[18]. L'évocation de ce symbole est donc étroitement liée à la diégèse ici puisqu'il s'agit effectivement d'un retour aux racines de la part de la famille Bloupe. D'ailleurs, la référence à Pascal Poirier, grand patriote de la renaissance acadienne, vient confirmer qu'il s'agit bien d'une *re*-naissance.

Le protagoniste facteur/homme de lettres de *Bloupe* ayant renoué avec ses racines et sa langue en Acadie, ce sera ensuite au protagoniste de *Gîte*, Henri Melanson, de poursuivre la construction

---

17. Gaston Bachelard, *La poétique de l'espace,* Paris, Presses universitaires de France, 1964, p. 47.
18. Durand, *op. cit.,* p. 276.

du logis, ce qui ne se fera pas sans difficultés. Le roman s'ouvre sur un bernard-l'ermite qui entre dans le coquillage d'un escargot en y expulsant ce qu'il y reste de son habitant originel. Il laisse derrière lui sa maison trop petite et deux autres bernard-l'ermite, plus petits que le premier, s'entrechoquent afin d'en prendre possession (*G*, 15). L'importance de la demeure, ainsi que des rapports dominant-dominé, sont évoqués dans ce passage. Les leitmotivs de la spirale, du labyrinthe et du déménagement sont également suggérés au lecteur dès le début du roman, car le coquillage de l'escargot en forme de spirale symbolise la permanence dans le changement[19]. De même, le personnage principal de ce roman se décrit souvent comme un minotaure : créature mi-homme, mi-animal de la mythologie grecque qui est aussi associé au labyrinthe au centre duquel il se retrouve, et à la quête initiatique[20]. Finalement, pour renforcer le leitmotiv, l'espace torontois est surtout décrit à travers les déplacements dans le labyrinthe souterrains du « TTC » (Toronto Transit Commission), métro qui « a des trous d'entrée à différents endroits afin d'alimenter la bête » (*G*, 24), mais qui ne semble pas avoir de porte de sortie : « Qu'est-ce que ça prend pour passer à travers la croûte ? » (*G*, 24). Dans un effort de s'extirper de cet espace, le couple (le protagoniste et sa conjointe) doit « se lever de nouveau comme une plante » ou « s'arracher » (*G*, 30) pour se replanter ailleurs.

Après la première partie de *Gîte* qui se déroule à Toronto, le lecteur entre dans un espace plus intime et les déplacements des personnages s'effectuent surtout à l'intérieur où le couple passe son temps à faire le ménage dans les nombreux labyrinthes (*G*, 22, 22-25), passages ou couloirs (*G*, 46, 72, 73, 115) qui manquent de fenêtres (*G*, 52). Les espaces souterrains ne sont pas décrits en termes de descente vers le bas (l'origine), mais par des mots suggérant la transition tels que « passage » (*G*, 25) et « méandre » (*G*, 42). *Gîte* est donc le roman qui effectue la transition entre le retour aux racines et l'ouverture à l'autre, car après le baptême de famille des Bloupe viennent les recherches généalogiques d'Henri Melanson qui construit tranquillement son *Gîte* et étale ses racines-rhizomes à Cap-Pelé.

---

19. *Ibid.*, p. 360-361.
20. Gaston Bachelard, *La terre et les rêveries du repos. Essai sur les images de l'intimité*, Paris, José Corti, 1948, p. 210-260.

Roman de transition liant les deux autres par ses couloirs, *Gîte* est aussi le seul roman des trois qui ne présente pas de dénouement clair. Le roman se termine sur les réflexions du narrateur qui voit sa maison prendre forme à travers les toiles de sa conjointe qui est peintre et se dit que la question du gîte va prendre plus longtemps à régler qu'il croyait (*G*, 124). En d'autres mots, la construction de son identité acadienne n'est pas terminée malgré ses recherches généalogiques sur les Melanson, mais il affirme avoir « trouvé les clés pour certains passages de la maison » (*G*, 115). Il affirme aussi qu'il a décidé d' « enlever [s]es cornes et de les accrocher » car « elles ne servaient plus à rien » (*G*, 121). Une résolution semble donc se dessiner faiblement à la fin de ce roman : le narrateur semble indiquer par ces propos qu'il est sorti du labyrinthe où vivait le minotaure et que certains éléments identitaires se sont précisés même si sa maison onirique continue à évoluer.

Pour sa part, s'il est bien installé à Moncton avec sa blonde, André Boudreau de *Vortex* n'est pas plus satisfait de son métier que l'était le facteur Itso Snitso Bloop. Son patron anglophone, en déformant son nom, « Hey Boodrow » (*V*, 9), l'informe qu'il doit prendre un congé de six semaines de son travail à *Wallco*. Cette chaîne de magasins est décrite comme « agressive » (*V*, 9) et le « fait voir tout en jaune » (*V*, 9) ce qui représente la médiocrité du simulacre ou, comme l'exprime le narrateur : « Rayons de junk » (*V*, 9). Forcé de chômer, le protagoniste prend donc la route vers le Mexique tout en faisant un détour par les États-Unis.

Vortex se déroule donc essentiellement à l'extérieur de l'Acadie, et le personnage principal, André Boudreau, occupe le plus souvent des chambres d'hôtel, habitats temporaires. L'absence d'un logis intime dans ce roman contribue au sentiment d'étrangeté d'André qui s'ouvre à l'extérieur avec une certaine trépidation car il n'est pas toujours bien reçu. En fait, ce roman présente un voyage vers le bas, puisque le personnage principal, à la suite d'une visite chez son frère américanisé aux États-Unis, se rend au Mexique. Il a « l'impression de descendre dans le centre de la terre [ce qui le] grugea de façon dantesque » (*V*, 23). Le Mexique y est décrit comme un Tiers-monde qui sert de dépotoir aux grands consommateurs des États-Unis et de « prolongement du vortex étatsunien » (*V*, 34). Ce qui n'empêche pas André d'exprimer une solidarité pour ses habitants exploités qui l'excluent : « Il y a des

Mexicains qui n'aiment pas les Blancs qui ne parlent pas espagnol. Je ne les blâme pas » (*V*, 54).

Il s'agit cependant d'un rite initiatique nécessaire, car c'est à la suite d'un accident au Mexique qu'il hallucine et voit pour la première fois sa boutique Vortex. Par un glissement sémantique, le lecteur comprend que la boutique est une représentation spatiale du projet d'écriture de Babineau : « J'entrais dans ces textiles tissés. Dans ces textes » (*V*, 69). C'est aussi pendant ces visions prémonitoires qu'il remarque que les pyramides Mayas « ne sont que des vortex à l'envers » (*V*, 71), c'est-à-dire une façon de canaliser l'énergie et de la redistribuer, ce qui s'oppose au trou noir du vortex américain qui absorbe tout sur son passage sans jamais le recracher.

D'ailleurs, André Boudreau faillit succomber à ses blessures lorsqu'il s'arrête aux États-Unis en remontant le continent et fait traiter son pied infecté par un charlatan. Ce dernier lui affirme que son identité acadienne manque d'ancrage et le soumet au traitement par sa « machine à vortex » (*V*, 104). Cependant, cela ne fait qu'empirer sa blessure, confirmant que la réponse à sa quête identitaire — à la fois individuelle et collective — n'est pas en territoire américain. Il ne guérit que lorsqu'il retourne en Acadie afin de réaliser sa vision.

Puisque la boutique Vortex remplace le symbole de la maison dans ce roman, il peut être utile de s'attarder à sa description physique. Pour accéder aux lieux en question, il faut descendre quelques marches pour y entrer : « L'espace, près du viaduc, en descendant […]. C'est comme descendre dans un vortex » (*V*, 138). À l'instar des pyramides du Mexique perçues dans le monde onirique du narrateur comme des vortex inversés, la boutique Vortex peut aussi canaliser les énergies positives universelles pour les redistribuer en tant que « lieu qui en contient plusieurs » (*V*, 192). De plus, cette boutique multiculturelle est située en face de *Wallco*, une chaîne américaine, offrant alors un choix aux passants et, par extension, aux Acadiens et aux Acadiennes qui risquent l'assimilation s'ils choisissent les États-Unis : « Son magasin sera sa manière de croire qu'il contrôle les forces de son vortex et de crier victoire face aux forces universelles qui réduisent tout en poussière » (*V*, 117).

De retour en Acadie, André Boudreau se rend compte qu'il a négligé un aspect de sa propre altérité et se demande pourquoi il en connaît plus sur les Mayas que les Micmacs (*V*, 172). Il décîde donc de se rendre à Big Cove/Elsipogtog malgré de nombreux préjugés que la société lui avait transmis. Il souhaite y recueillir des objets d'art micmacs, mais arrivé à l'entrée de la réserve, il doit franchir une barricade qui l'intimide jusqu'à ce qu'il découvre qu'il s'agit d'une collecte de fonds pour personnes paraplégiques. Une fois qu'il a fait tomber le masque, il commence à apprivoiser l'Autre en lui-même et propose des échanges avec des personnages amérindiens. Un transfert culturel authentique, mais « rien de rinky-dink, de kitsch, comme de nombreux objets qu'on vend aux touristes » (*V*, 179), aura donc lieu.

QUELQUES ÉLÉMENTS DE SYNTHÈSE

Céça Bloupe, Henri Melanson et André Boudreau sont des protagonistes masculins aux prises avec la difficulté de réconcilier l'imaginaire acadien minoritaire à la réalité linguistique et matérielle imposée par la majorité. Peu satisfaits de leurs emplois déshumanisants ou carrément incapables de trouver un emploi, ils sont en quête d'un espace à habiter et Jean Babineau est à la recherche d'une expression apte à décrire cet espace. C'est ainsi que le sujet postmoderne éclate pleinement dans *Bloupe* pour culminer dans un baptême baroque qui le renoue à ses origines acadiennes, tout en coulant la fondation de sa maison symbolique. Dans *Gîte*, roman de transition, il relie les pièces par de nombreux passages et couloirs qui prennent une allure labyrinthique pendant qu'il effectue des recherches généalogiques. Finalement, *Vortex* met en scène un protagoniste acadien qui s'ouvre à l'altérité et qui oppose aux forces assimilatrices du *melting-pot* étatsunien une pluralité de cultures par sa boutique multiculturelle.

Le mouvement se fait donc de l'extérieur à l'intérieur dans les deux premiers romans, alors que dans le troisième, une ouverture à l'autre devient non seulement possible, mais souhaitable. Sur le plan des langues, les deux premiers romans font interagir les langues présentes dans le milieu acadien contemporain, mais le troisième vient ajouter des langues qui sont à la fois de l'intérieur (le micmac, qui représente l'identité métisse des personnages acadiens) et de l'extérieur (l'espagnol des Mexicains). La multiplicité et le fragment sont la règle, car aux systèmes idéologiques « basés sur le principe de la signification unique, le postmodernisme oppose un refus anarchiste, qui se manifeste dans une pluralité de points de vue et une juxtaposition de fragments[21] ». Bien que *Bloupe* et *Gîte* soient plus fragmentaires du côté de la forme, c'est dans *Vortex* que s'opère une réflexion idéologique explicite et c'est également dans celui-ci que certains éléments de réponse aux questionnements identitaires en Acadie sont proposés. Un cheminement semble avoir eu lieu entre *Bloupe*, *Gîte* et *Vortex*. Dans *Bloupe*, un retour à l'identité acadienne nécessaire s'est opéré par le baptême et la refrancisation graphique du nom propre ; dans *Gîte*, les personnages construisent leur identité par leur retour sur le territoire acadien et par des recherches généalogiques qui les situent par rapport à leur identité ethnique ; et finalement, dans *Vortex*, l'identité acadienne a suffisamment acquis de solidité pour permettre au protagoniste de s'exposer à l'altérité et s'opposer à l'assimilation. Ce dernier roman suggère donc, à la lumière de cette analyse, que la phase d'enracinement a cédé sa place à une identité acadienne plus cosmopolite et plus ouverte en ce début du 21e siècle.

---

21. Van Gorp, *op. cit.*, p. 383.

BIBLIOGRAPHIE

Corpus à l'étude
Babineau, Jean, *Bloupe*, Moncton, Perce-Neige, 1998, 199 p.
-----, *Gîte*, Moncton, Perce-Neige, 1998, 128 p.
-----, *Vortex*, Moncton, Perce-Neige, 2003, 240 p.

Études traitant des romans de Jean Babineau
Boudreau, Raoul, « L'hyberbole, la litote, la folie : trois rapports
    à la langue dans le roman acadien », Lise Gauvin (dir.),
    *Les langues du roman. Du plurilinguisme comme stratégie
    textuelle*, Les Presses de l'Université de Montréal, 1999,
    p. 73-86.
Bruce, Clint, « L'impossible langue américaine du romancier
    acadien Jean Babineau », *Québec Studies*, n° 43, printemps/
    été 2007, p. 29-42.
Filteau, Claude, « "His mind like a flippant bastard" : culture et
    hétéroglossie dans une nouvelle de l'auteur acadien Jean
    Babineau », *Littérature*, n° 121, mars 2001, p. 76-100.
Leclerc, Catherine, « *Gîte* », *Dictionnaire des œuvres littéraire
    de l'Acadie des Maritimes – XXe siècle*, Janine Gallant et
    Maurice Raymond (dir.), Sudbury, Prise de Parole, 2012,
    p. 137-139.
-----, « Ville hybride ou ville divisée : à propos du chiac et d'une
    ambivalence productive », *Francophonies d'Amérique*, n°
    22, 2006, p. 153-165.
Richard, Chantal, « Déconstruction de la langue ou construction
    d'une norme chiaque ? La langue inachevée dans les romans
    de Jean Babineau et France Daigle », *L'œuvre littéraire et
    ses inachèvements*, Janine Gallant, Hélène Destrempes et Jean
    Morency (dir.), Québec, Groupéditions, 2007, p. 239-248.
-----, « À l'ère des brouillons électroniques : une étude génétique du
    roman *Bloupe* de Jean Babineau », *Port Acadie*, n°s 20-21,
    automne 2011/printemps 2012, p. 201-213.

Autres
Bachelard, Gaston, *La poétique de l'espace,* Paris, Presses univer-
    sitaires de France, 1964, 266 p.
-----, *La terre et les rêveries du repos. Essai sur les images de
    l'intimité*, Paris, José Corti, 1948, 337 p.

Barthes, Roland, *Le bruissement de la langue*, Paris, Seuil, 1984, 412 p.

Durand, Gilbert, *Les structures anthropologiques de l'imaginaire : introduction à l'archétypologie générale*, Paris, Bordas, 1978, 550 p.

Gauvin, Lise, *Langagement. L'écrivain et la langue au Québec*, Montréal, Boréal, 2000, 251 p.

Grutman, Rainier, *Des langues qui résonnent*, Montréal, Fides, 1997, 222 p.

Jameson, Fredric, *Le postmodernisme ou la logique culturelle du capitalisme tardif*, traduit de l'américain par Florence Nevoltry, Paris, Les éditions Beaux-Arts de Paris, coll. « D'art en questions », 2007, 608 p.

Jones, Elizabeth H., *Spaces of Belonging*, Amsterdam, Rodopi, 2007, 316 p.

Lyotard, Jean-François, *La Condition postmoderne. Rapport sur le savoir*, Paris, Éditions de Minuit, 1979, 128 p.

Myers-Scotton, Carol, « A lexically based model of code-switching », Lesley Milroy et Pieter Muysken (dir.), *One Speaker Two Languages. Cross Disciplinary Perspective on Codeswitching*, Cambridge, Cambridge University Press, 1995, p. 233-256.

Perrot, Marie-Ève, « Aspects fondamentaux du métissage français/ anglais dans le chiac de Moncton », thèse de doctorat, Université de la Sorbonne Nouvelle, Paris III, 1995, 1014 p.

Simon, Sherry, *Le trafic des langues*, Montréal, Boréal, 1994, 224 p.

Van Gorp, Hendrik, Dirk Delabastita, Lieven D'Hulst, Rida Ghesquiere, Rainier Grutman et Georges Legros, *Dictionnaire des termes littéraires*, Paris, Honoré Champion, 2001, 533 p.

ENTRE MONCTON ET CARAQUET :
LE TRANSIT ET LE TRANSITIF CHEZ JONATHAN ROY

ANDRÉE MÉLISSA FERRON
University of Alberta

La littérature acadienne, ayant souvent basé son édification sur le réseau et l'interconnectivité textuelle, il conviendrait d'après nous de l'aborder selon des approches fédératrices, à l'instar des études de pratiques polytextuelles ou transfictionnelles. Dans le cadre du présent article, nous proposons de rassembler un appareil critique qui saura commenter l'implication des textes littéraires dans la construction de l'espace acadien. Plus précisément, nous inspirant d'une méthodologie peu orthodoxe, nous ferons appel aux notions genettiennes de transtextualité ainsi qu'à certains fondements de l'approche géocritique de Bertrand Westphal afin de proposer une brève étude de la représentation de l'espace dans les premiers textes poétiques de Jonathan Roy.

Le jeune poète a dédié son premier recueil de poésie «à tous les poètes pour le terrain de jeu que vous avez construit». De fait, le réseautage transtextuel aura été l'une des composantes clé de la dynamique spatiale que proposent les textes d'*Apprendre à tomber*[1]. Précisions à cet égard que la transtextualité[2] n'est pas un phénomène nouveau en littérature acadienne ; elle s'impose dès

---

1. Jonathan Roy, *Apprendre à tomber*, Moncton, Perce-Neige, 2012, 85 p. Désormais, les références à cet ouvrage seront indiquées par le sigle *AT*, suivi du folio, et placées entre parenthèses dans le texte.
2. Ou «transcendance textuelle» que Gérard Genette définit d'emblée par «tout ce qui [...] met [le texte] en relation, manifeste ou secrète, avec d'autres textes», pour y inclure cinq types de relations transtextuelles : l'intertextualité, la paratextualité, la métatextualité, l'architextualité et

la «propagation» du récit de Longfellow au sein du lectorat du Canada français. Les textes littéraires acadiens de la première heure (entendons ici les textes *de* ou *sur* l'Acadie produits au cours de la centaine d'années précédant la parution des premières œuvres d'Antonine Maillet et de Ronald Després) élaborent un «récit acadien» en palimpseste[3], à partir du texte originel (ou hypotexte, selon la terminologie genettienne) que consiste *Evangeline. A Tale of Acadie*[4], de ses traductions (Pamphile LeMay[5]) et de ses différentes récupérations[6]. Puis, arrivée à son ère de modernité, la littérature acadienne poursuivra la pratique transtextuelle, dans le contexte cette fois d'une reconfiguration de ses paramètres esthétiques et socioculturels. Cette pratique, à sa culminance, se voit distillée dans l'œuvre de Roy selon ses implications dans la construction de l'espace littéraire acadien.

---

l'hypertextualité. Voir Gérard Genette, *Palimpsestes. La littérature au second degré*, Paris, Seuil, coll. «Points», 1993 [1982], p. 7-19.

3. Genette assimile «palimpsestes» à «hypertextes», l'hypertextualité étant selon lui «toute relation unissant un texte B ([ou] *hypertexte*) à un texte antérieur A ([ou] *hypotexte*) sur lequel il se greffe d'une manière qui n'est pas celle du commentaire». *Ibid.*, p. 13.

4. Henry Wadsworth Longfellow, *Evangeline. A Tale of Acadie*, Boston, Ticknor, 1847.

5. Voir les trois états du texte par Pamphile LeMay : *Essais poétiques*, Québec, G. E. Desbarats, 1865 ; *Évangéline. Traduction du poème acadien de Longfellow*, Québec, P.-G. Delisle, 1870 ; *Évangéline et autres poèmes de Longfellow*, Montréal, J. Alfred Guay, 1912. Nombreuses sont les études démontrant que les traductions de Lemay s'avèrent en fait de véritables récritures adaptées aux fondements du nationalisme canadien-français ; notamment celle de Marilyn Gaddis Rose, «The Prosodic Counterpart of Patriotism in Le May's Translation of *Evangeline : A Tale of Acadie*» (2008) et la plus récente publication de Joseph Yvon Thériault, *Évangéline : contes d'Amérique* (2013) (voir en bibliographie).

6. Nous songeons ici entre autres à *La France aux colonies* (1859) de François Edme Rameau de Saint-Père, l'un des premiers textes d'envergure, avec *Évangéline*, ayant résolument transfiguré l'identité acadienne, et qui s'élabore à partir du texte de Longfellow bien qu'étant un essai historique ; *Jacques et Marie* de Napoléon Bourassa (1865/1866) ; *Les Acadiens à Philadelphie* de Pascal Poirier (1875) ; *Un pèlerinage au pays d'Évangéline* d'Henri-Raymond Casgrain ; *La Tragédie d'un peuple* d'Émile Lauvrière (1922 ; Lauvrière lui-même se sert des premières lignes de son avant-propos pour affirmer que le point de départ de son travail aura été le poème de Longfellow) ; *Le drame du peuple acadien* de Jean-Baptiste Jégo (1930/1932) ; *Elle et Lui* (1940) et *Une fleur d'Acadie* (1946) d'Antoine J. Léger. Voir aussi à ce sujet Joseph Yvon Thériault, *Évangéline : contes d'Amérique*.

Gérard Genette inscrit l'intertextualité au sein de la notion — plus large — de transtextualité (ou « transcendance textuelle »), avouant lui conférer ainsi une définition restrictive en comparaison avec celles déjà avancées[7]. L'intertextualité selon Genette serait donc « une relation de coprésence entre deux ou plusieurs textes, c'est-à-dire, éidétiquement et le plus souvent, par la présence effective d'un texte dans un autre[8] », et comprendrait les occurrences allant de l'explicite à l'implicite, donc à la fois la citation, le plagiat ou l'emprunt, et l'allusion. Cette définition est restrictive dans la mesure où Genette circonscrit les limites de l'intertextualité en catégorisant d'autres types de transtextualités, à savoir la métatextualité (commentaire ou glose d'un texte sur un autre), l'architextualité (appartenance générique et formelle), la paratextualité (relation entre le texte et son paratexte) et enfin l'hypertextualité (transformation ou dérivation d'un texte donnant lieu à un autre – palimpseste). Il nous importe en premier lieu de commenter brièvement la transtextualité au sein de la production littéraire acadienne, car elle est à notre sens liée à l'un des principaux filons du premier recueil de Jonathan Roy.

Si pendant près d'un siècle, la production littéraire *de* l'Acadie ou *sur* l'Acadie, tous genres confondus, s'appuiera largement sur la récriture de l'*Evangeline* de Longfellow (ou de celles de Lemay ou de Napoléon Bourassa), à partir de la fondation des Éditions d'Acadie — première maison d'édition acadienne (1972) — et ainsi des débuts de la littérature acadienne comme institution, plusieurs poètes acadiens désireux de reconfigurer les paramètres du texte acadien trouveront de nouvelles voies pour l'affirmation identitaire dans les influences et confluences[9] de l'américanité. Ainsi, on notera plusieurs manifestations transtextuelles inscrivant les œuvres d'écrivains américains[10]

---

7. Par Mikhaïl Bakhtine et ses concepts de dialogisme et de polyphonie (*Problèmes de la poétique de Dostoïevsky*, [1929] 1963 ; *Esthétique et théorie du roman*, 1978), Julia Kristeva (*Sèméiôtikè*, 1969) ou Michael Riffaterre (*La production du texte*, 1979) entre autres.

8. Genette, *op. cit.*, p. 8.

9. Jean Morency, « Les multiples visages de l'américanité en Acadie », Madeleine Frédéric et Serge Jaumain (dir.), *Regards croisés sur l'histoire et la littérature acadiennes*, Bruxelles, Peter Lang, 2006, p. 56.

10. Majoritairement ceux de la *Beat Generation*, dont Jack Kerouac, Allen Ginsberg, William Burroughs, sans compter la présence marquée d'autres artistes influencés par les Beats, tels Jim Morrison et Bob Dylan.

au sein des textes d'écrivains acadiens – dont ceux de Gérald Leblanc, notamment. De même, la littérature hégémonique de France — ascendante et référentielle — aura ses occurrences en littérature acadienne (la figure de Rimbaud chez Gérald Leblanc et Herménégilde Chiasson, par exemple). Mais encore, dès les premières œuvres des années 1970, le jeu transtextuel s'élabore déjà de façon endogène.

Dans *Mourir à Scoudouc* (1974), Herménégilde Chiasson interpelle[11] Raymond Leblanc et son œuvre ; dans *Rapport sur l'état de mes illusions* (1976), il insère en collage des extraits[12] de commentaires de la critique sur *Mourir à Scoudouc* et une image[13] de son premier recueil étalé sur les cuisses et le sexe d'une femme étendue sur le plancher. Ainsi, dès ses premières œuvres, Chiasson — éminent critique des hégémonies française et québécoise — interrogera les capacités de la para- et de la métatextualité endogènes à créer un effet cénaculaire investissant à la fois l'écrivain acadien et son lecteur. En 1974, Gérald Leblanc écrivait « une chandelle pour Guy[14] », et en 1975, le poème « Chu pas content » : « j'aime mieux voir *Acadie Rock* dans les mains des enfants que *L'Évangéline*[15] la salope »[16]. Gérald Leblanc aura été le poète chez qui l'exercice transtextuel se fera le plus imposant, devenant une composante importante de son univers de nomenclature. Chez Leblanc, les manifestations transtextuelles deviennent « constellation[17] », et se veulent à la fois témoins et

---

11. Herménégilde Chiasson, *Mourir à Scoudouc*, Moncton, Éditions d'Acadie, 1974, p. 38 et 40.
12. Herménégilde Chiasson, *Rapport sur l'état de mes illusions*, Moncton, Éditions d'Acadie, 1976, p.12 (tiré de Pierre-André Arcand, « Imposer la sensation », *Revue de l'Université de Moncton*, vol. 8, n° 2, mai 1975, p. 129-137) ; p. 18 (tiré de Alain Masson « Chutes », *Revue de l'Université de Moncton*, vol. 8, n° 2, mai 1975, p. 139-149).
13. *Ibid.*, p. 49.
14. Gérald Leblanc, *L'Extrême frontière. Poèmes 1972-1988*, Moncton, Éditions d'Acadie, 1988, p.27 ; aussi publié dans *Emma 1*, Éditions d'Acadie, Moncton, 1976.
15. Il s'agit ici du quotidien néo-brunswickois *L'Évangéline*.
16. *Ibid.*, p. 43 et dans Jean-Guy Rens et Raymond Leblanc (dir.), *Acadie/ Expérience. Choix de textes acadiens : complaintes, poèmes et chansons*, Montréal, Parti Pris, 1977, p. 173.
17. Voir le film de Rodrigue Jean, *L'Extrême frontière : l'œuvre poétique de Gérald Leblanc*, ONF, 2006. Leblanc y exprime une idée de recueil portant ce titre, comme un aboutissement de son travail poétique.

garantes du dynamisme littéraire en Acadie. Son œuvre fera école et incitera les nouvelles générations d'écrivains — poètes surtout — qui émergeront des années 1980, 1990 et 2000 à la transtextualité endogène. Certains écrivains[18] acadiens de la première (1970-80)[19], deuxième (1990) et troisième « génération » (2000) adopteront cette stratégie de cohésion comme pour revendiquer une appartenance cénaculaire dans le contexte d'une institution littéraire née dans la marginalité et la double périphérie.

Passons d'une poétique à une autre : les notions de réseautage transtextuel nous orientent vers celles entourant l'écriture de l'espace dans le texte acadien. L'activité littéraire acadienne s'étant rapidement concentrée au sein de Moncton, cette ville est devenue « le lieu d'appropriation non équivoque de l'espace public par la communauté acadienne motivée par un besoin pressant d'affirmation et de modernisme[20] ». Comme le souligne Marie-Linda Lord : « Tout un corpus de textes littéraires maintient cette ville en chantier, surtout en poésie mais aussi en prose et même des textes dramatiques[21]. » Ainsi, au fil des décennies, une multitude de textes acadiens ont proposé de multiples lectures de cet espace. Dans sa *Géocritique*, Bertrand Westphal affirme que « la représentation fictionnelle de l'espace est susceptible d'exercer une manière d'emprise sur le "réel" affaibli de l'ère postmoderne[22] ». Lord, pour sa part, semble rejoindre Westphal dans ses propos

---

18. Bien que les occurrences transtextuelles soient très fréquentes en poésie acadienne, le roman ou le théâtre acadien ne sont pas en reste ; en plus de *Moncton mantra*, roman à clef de Gérald Leblanc qui relate la naissance de la littérature acadienne, nous songeons par exemple au roman *Petites difficultés d'existence* de France Daigle qui laisse passer un poème du recueil *Je n'en connais pas la fin* de Gérald Leblanc (« décembre ») dans la bouche d'un personnage (France Daigle, *Petites difficultés d'existence*, Montréal, Boréal, 2002, p. 107) ou encore au roman —qui deviendra pièce de théâtre — *Zélika à Cochon Vert* de Laurier Melanson (Montréal, Leméac, 1981) qui entretient une importante relation archi- / hypertextuelle avec l'univers fictionnel — rabelaisien et carnavalesque — d'Antonine Maillet.

19. Les débuts des publications dites « locales ».

20. Marie-Linda Lord, « Identité et urbanité en littérature acadienne », Serge Jaumain et Madeleine Frédéric (dir.), *Regards croisés sur l'histoire et la littérature acadiennes*, Bruxelles, Peter Lang, 2006, p. 73.

21. *Loc. cit.*

22. Bertrand Westphal, *La géocritique. Réel, fiction, espace*, Paris, Éditions de Minuit, 2007, p. 185.

lorsqu'elle soutient qu'«il existe maintenant entre la littérature et la ville concrète des lieux symboliques dont la dimension urbaine traduit de diverses façons l'hétérogénéité urbaine[23]».

Par ailleurs, la géocritique nie toute forme de stabilité à l'espace, qu'elle appréhende comme un dynamisme constant, dans un «aller-retour créateur[24]». Ainsi, «l'espace dit "réel" étant polyphonique, navicule, la géocritique affronte un référent dont la représentation n'est plus considérée comme déformante, mais comme fondatrice[25]». Soulignons que les travaux du Groupe de recherche interdisciplinaire sur le Moncton métropolitain (GRIMM) s'appliquent en partie à démontrer les incidences directes et indirectes du texte littéraire — en tant que «production sociale» — sur les phénomènes de métamorphoses culturelles et d'acadianisation de la ville de Moncton[26]. On reconnaît donc une dynamique dialogique dans les rapports entre Moncton entendu comme espace référentiel et Moncton comme représentation fantasmatique dans le texte littéraire. Il nous semble donc tout à fait à propos de procéder à une géocritique de l'espace monctonien[27], en raison de l'ampleur du corpus qui, comme l'affirme Lord, aura fait de cette ville son «chantier». La poétique géocentrée proposée par Westphal s'intéresse au *lieu* tel qu'il *se construit* par l'ensemble des textes qui le représentent. De même, elle génère une vision archipélagique selon laquelle la sémantique de l'espace serait révélée par l'articulation des «îlots» mouvants que représentent toutes les lectures possibles de cet espace, s'investissant donc dans une multidialectique, entre espace et littérature, puis entre littérature et espace, l'un étant en relation d'échange avec l'autre, relation qui selon Westphal, «implique que l'espace se transforme *à son tour* en fonction du texte qui, antérieurement, l'avait assimilé[28]». Ainsi, «l'espace transposé en littérature influe sur la représentation de l'espace dit réel (référentiel), sur cet espace-souche dont il activera

---

23. Lord, *op. cit.*, p. 84.
24. Westphal, *op. cit.*, p. 187.
25. *Ibid.*, p. 186.
26. Voir un aperçu du mandat de ce groupe de recherche, ainsi que de ses publications et conférences au www.umoncton.ca/umcm-crea/grimm (12/11/13).
27. Il s'agit là de notre travail de recherche en cours.
28. Bertrand Westphal, *La géocritique: mode d'emploi*, Limoges, Presses universitaires de Limoges, 2000, p. 21.

certaines virtualités ignorées jusque-là, ou ré-orientera la lecture[29] », et donc « le référent et sa représentation sont interdépendants[30] ». Il y aura lieu de faire état de cette autre dialectique de l'écrivain-espace-écrivain.

C'est ce qui nous semble lier le commentaire de Westphal sur l'écriture de l'espace aux textes contenus dans le premier recueil de Jonathan Roy, à savoir le traitement, chez ce dernier, de l'espace monctonien comme un *texte* collectif, constitué d'autant de *strates*[31] que de lectures possibles qu'en ont fait ses écrivains. Bien qu'il ne s'agisse pas, dans le cadre de la présente analyse, de procéder à une géocritique de l'espace acadien, il faut néanmoins noter que les modalités de l'approche développée par Westphal semblent avoir une certaine forme de résonance fortuite dans l'œuvre de Roy, comme dans les démarches de quelques travaux de recherche portant sur la représentation littéraire de Moncton. Dans *Apprendre à tomber*, l'expérience de la ville de Moncton se révèle comme inextricablement liée aux textes qui auront participé à la construire au sein de l'imaginaire collectif. Ce sentiment semble avoir été exacerbé par la participation du jeune poète à l'événement Moncton24, une initiative de la revue de création acadienne *Ancrages* qui avait réuni 24 écrivains sur le territoire monctonien le 13 mars 2010 :

> Moncton24 a été conçu comme un projet d'écriture à plusieurs voix, un projet poly*fun*ique, qui visait à saisir l'esprit d'une ville ou la substance d'un espace : celui, à la fois matériel et symbolique, que nous habitons, qui nous habite. Cet événement

---

29. *Ibid.*, p. 35.
30. *Ibid.*, p. 29.
31. L'approche géocritique porte une attention particulière sur les liens qu'entretiennent les espaces avec le temps, liens que Westphal décrit comme des strates de sédimentations qui se déposent dans l'espace. Or, malgré cette métaphore de solidité immuable, la géocritique perçoit la temporalité de l'espace comme un état de mobilité constante. L'espace est à la fois appréhendé dans sa diachronie (qui comprend à la fois l'histoire et le mythe) et dans sa synchronie, donc dans une compossibilité des mondes qu'il abrite. Cette synchronie n'est pas homogène, dit Westphal ; elle est traversée par une multitude de lignes diachroniques. La géocritique reconnaît les espaces humains comme porteurs de pluralités. Donc, rien d'unique ni de figé dans leurs perceptions possibles.

littéraire a regroupé 24 auteures et auteurs de langue française et anglaise qui se sont approprié un endroit de la ville et un temps de la journée (ou de la nuit) et ont écrit un texte sur cet espace et ce moment particulier. 24 auteurs en 24 heures pour recréer, sur un autre plan, la ville que nous habitons[32].

L'un des textes du premier recueil de Roy, « Les coulisses de Crystal (poème à gueuler dans les whisper dishes) » — qui constitue également l'une des cinq parties du recueil — a été composé dans le cadre de l'événement Moncton24. Ce texte, par ses modalités de production ainsi que par les impératifs qui l'ont motivé, sera l'un des points focaux du présent article. Or, nous ne pouvons ignorer l'autre versant de l'écriture de Roy, qui se rattache à l'univers rural. Rappelons que Jonathan Roy est né à Bathurst en 1986, qu'il a étudié la littérature à l'Université de Moncton et qu'il réside à présent à Caraquet. Cette double appartenance du poète au rural et à l'urbain (ou selon l'esprit néo-brunswickois, au « nord » et au « sud ») est exprimée dans le recueil *Apprendre à tomber*, et avec elle toute la complexité de l'identité à circonscrire au sein d'une nouvelle épistémè.

Ainsi, nous proposons d'étudier chez Roy, d'une part, les manifestations transtextuelles participant à la représentation de l'espace comme *texte*-création — ou encore les rapports entre le transtextuel et l'interdiscursif —, et d'autre part, la dialectique entre univers rural et univers urbain que génèrent les parties « Prendre le champ » et « Les coulisses de crystal ». Au cœur de notre réflexion se retrouve le « trans– », c'est-à-dire le passage et le déplacement, thématiques omniprésentes chez Roy (comme en littérature acadienne). Il y a donc, d'abord, le transit, qui relie deux espaces – en l'occurrence le rural et l'urbain, le nord et le sud, la Péninsule acadienne et Moncton : « la route se déroule / comme un fil de fer // barbelée // je conduis mal // le regard toujours / vers le moins entretenu / des fossés » (« routes rurales », *AT*, 42), et qui propose un espace mitoyen : un entre-deux ou plutôt un *non-lieu* dans le texte. Il y a également le transitif, ou la relation de transitivité (d'incidence) entre l'espace et les textes et vice versa, entre les poètes et le poète, entre la fiction et le réel.

---

32. « Moncton24 », *Ancrages*, 2012, p. 7.

Jonathan Roy appartient à une relève pour laquelle il s'impose de s'interroger sur l'institution littéraire qui fut fondée 40 ans plus tôt. L'arrivée de Gabriel Robichaud sur la scène littéraire en 2011 annonce une génération de poètes jetant un nouveau regard sur les textes dont ils sont les héritiers :

Un jour j'ai continué d'écrire
Parce qu'Éric Cormier et Jean-Paul Daoust
M'ont dit de ne pas arrêter de le faire

Il faut de ceux qui approuvent
Une permission qu'on s'est déjà donnée

[…]

J'écris poésie parce que Serge Patrice Thibodeau m'a appris et réappris à le faire
J'écris théâtre parce que Louis-Dominique Lavigne a fait de même
J'écris chanson parce qu'Isabelle Thériault m'a demandé de chanter avec elle

J'écris parce qu'à 16 ans
Je me suis reconnu
Dans l'Acadie Rock de Guy Arsenault
Entre les cours de français
D'Isabelle Girard-Potvin
J'écris parce qu'en 1972
Raymond Guy Leblanc
A lancé un Cri de Terre
Que j'ai entendu
Et qui s'entend encore

Quarante ans plus tard
J'écris parce que j'admire
Ceux qui meurent à Scoudouc
Et comme Herménégilde Chiasson
Je te vois la plus belle, Eugénie Melanson

[…]

155

J'écris parce qu'un « écrivain ça écrit »
Je n'ai pas connu Gérald Leblanc
Mais j'apprends à le connaître
À travers sa voix de 1996
En cassette dans une van
Au phare de Miscou
Celle qui scande

« J'écris, et le reste est dans mes livres[33] »

Dans ce texte quasi-manifeste, Robichaud revendique un nouveau statut de mandataire pour l'écrivain de la relève, mais surtout, annonce un projet littéraire fortement habité par les textes qui l'ont précédé (« J'écris, et le reste est dans mes livres »). Jonathan Roy, contemporain de Robichaud, fait succéder à *La promenade des ignorés*[34] le recueil *Apprendre à tomber*, « écrit entre Moncton et Caraquet[35] ». Ce premier recueil interroge le rapport entre la fiction et le réel ; celui qui se crée entre la posture (paratopique[36]) du poète qui se trouve momentanément en élévation (avant « la chute[37] ») et celle où il se retrouve « parmi [ses] semblables » (*AT*, 17), qui se crée, donc, dans l'espace mitoyen — le transit, toujours — entre

---

33. Gabriel Robichaud [avec Jean-Paul Daoust], « une ode à deux voix », dans le cadre de l'édition du 21 juin 2012 de l'émission radiophonique *Plus on est de fous, plus on lit !*, en ligne : www.radio-canada.ca/emissions/plus_on_est_de_fous_plus_on_lit/2013-2014/chronique.asp?idChronique=229068 (page consultée le 6 septembre 2013).
34. Gabriel Robichaud, *La promenade des ignorés*, Moncton, Perce-Neige, 2011, 56 p.
35. Texte de présentation en couverture.
36. « Celui qui énonce à l'intérieur d'un discours constituant ne peut se placer ni à l'extérieur ni à l'intérieur de la société : il est voué à nourrir son œuvre du caractère radicalement problématique de sa propre appartenance à cette société. Son énonciation se constitue à travers cette impossibilité même de s'assigner une véritable "place". Localité paradoxale, *paratopie*, qui n'est pas l'absence de tout lieu, mais une difficile négociation entre le lieu et le non-lieu, une localisation parasitaire, qui vit de l'impossibilité même de se stabiliser. » Dominique Maingueneau, *Le discours littéraire. Paratopie et scène d'énonciation*, Paris, Armand Colin, 2004, p. 52-53.
37. Lié au titre du recueil, « Dompter la chute » est à la fois le titre de la première partie et du premier poème.

l'état de « voyeur-apesanteur » (*AT*, 13) du poète et l'espace communal. Celui également qui se crée entre la posture de lecteur et la posture d'écrivain, deux composantes de la seule figure du poète. Les textes proposent un jeu de va-et-vient entre les deux postures misant sur le regard[38], et mesurant ainsi l'étendue de l'emprise de l'une sur l'autre : « penche-toi sur l'épaule / du gars qui écrit / lis-moi-y / je te regarde / de par derrière ta nuque » (*AT*, 14). Qu'il s'agisse d'écriture ou de déambulation et de déplacement, la lecture est chez Roy un acte omniprésent. S'installe alors un vertige lorsque le sujet constate qu'il est en quelque sorte prisonnier du préconstruit et de la fiction[39].

Si l'univers rural, « nordique » ou péninsulaire du poète se veut cru et immédiat, l'univers monctonien que l'on retrouve dans l'œuvre est celui qui fut littérairement construit par les textes antérieurs. Ainsi, chez Roy, le nord rural du Nouveau-Brunswick est un espace (acadien) qui reste à écrire alors que Moncton en est un dans lequel on peine à retrouver le réel :

> je marche encore
> encore à moncton city
> circulaire moncton moncton ville mantra
> des poètes du poète

---

38. Notons que les textes de Roy thématisent par le fait même le regard, celui proche du concept lacanien. De plus, une réflexion s'appuyant sur la triade lacanienne *réel*, *symbolique* et *imaginaire* saurait sans doute proposer un autre éclairage sur l'œuvre de Roy. Or, nous choisirons ici de concentrer l'analyse autour des notions théoriques déjà abordées, et de réserver une telle étude pour un autre jour. Voir Séminaires de Jacques Lacan, *R. S. I.*, Séminaire XXII, 1974-75 et *Les quatre concepts fondamentaux de la psychanalyse*, Séminaire XI, 1964, Paris, Seuil, coll. « Points Essais », [1973], 1990, 312 p.

39. En guise d'exemple, le poème « guerre sainte », qui s'attaque au préconstruit du lecteur en installant la scène de sorte à mener vers l'imaginé plutôt que le réel, avant que la *chute* du poème (tous les sens de ce mot étant exploités pour créer le lien avec le titre du recueil) ne ramène le lecteur au véritable dénouement : « l'homme est dans la mi-trentaine / barbe moyenne-orientale / teint de la rébellion // respire // le scalpel à la main extension / de sa foi // [...] chaque coupe la dernière / chaque fois il taillade les frontières / de la mort // [...] l'aiguille traverse le texte // respire // la lame traverse la peau // [...] comme la dernière fois mission accomplie / dans la salle de chirurgie » (*AT*, 15-16).

moncton moncton moncton

je me traîne sur tes trottoirs salis
rails d'autres poésies moncton
aux rues mémoires tachées d'encre petitcodiac
tes beaux terrains-vagueroches (*AT*, 60)

Dans ces vers où sont contenus les textes *emblématisants* de Gérald Leblanc et de Raymond Leblanc, le poète exprime l'espace monctonien dans son caractère transitif, par lequel tous les textes ayant participé à sa construction littéraire se retrouvent immanquablement en relation architextuelle, car ils se voient regroupés, non pas au sein d'un même genre, mais autour d'un même *discours*. Rappelons l'appellation « École de Moncton » du poète Claude Beausoleil[40], qui inscrivait les préoccupations esthétiques entourant la ville de Moncton au cœur de la démarche créatrice et selon laquelle Moncton serait un espace aux attributs prismatiques. Ainsi, les vers de Roy suggèrent que les frontières entre le réalème (Moncton) et sa représentation imaginaire sont désormais floues, poreuses.

Les textes « détour par moncton (monotone mantra) » et « les coulisses de crystal (poème à gueuler dans les whisper dishes[41]) » problématisent l'envahissement de l'espace monctonien par la fiction. Dans « les coulisses de crystal » — texte rédigé le matin du 13 mars 2010 au cœur du Palais Crystal de Dieppe pour l'initiative Moncton24 — le poète crée un jeu de rapports métonymiques entre le parc d'amusement et Moncton.

moncton théâtre moncton rôle
moncton fantasme au pied d'un faux lampadaire
assis sur le faux banc d'un faux parc
les vieux qui lisent
de la fiction dans un lieu de fiction

---

40. Beausoleil y fait d'ailleurs allusion rétrospectivement dans *L'Extrême frontière : l'œuvre poétique de Gérald Leblanc*, réalisé par Rodrigue Jean et Jacques Turgeon, *op. cit.*
41. Produit dans le cadre de l'événement Moncton24 s'étant déroulé le 13 mars 2010, initiative de la revue *Ancrages* (publié en 2012 dans le n° 7 de la revue).

les lumières presque éteintes
sombres dans la plus grande mise en abyme de l'histoire
du moncton crystal (*AT*, 65)

Parallèlement, le poème thématise la fragilité de l'univers construit — fiction de cristal — qui risque à tout moment de se briser et d'entraîner la désillusion, mais surtout d'entraîner la destruction de cet espace *conçu*. On serait tenté d'y lire une allusion à la Moncton-*civitas acadienne*[42], construction érigée par strates textuelles aux mains des écrivains acadiens de la première heure et garante de l'« identité acadienne » de la ville. Le texte relève d'une « mise en abyme », parce que le poète au fil des mots écrits — au cœur même de l'espace qu'ils écrivent — participe lui-même à l'œuvre magistrale que constitue le Moncton-*représenté*, « terrain de jeu » construit par les poètes, tel que suggéré par la dédicace en début de recueil ; « moncton cr[i]stal » (*AT*, 65), Moncton « lieu de fiction » :

la peur m'envahit de voir briser les vieilles illusions
une peur comme le rire du joker
comme quand on voit le père noël
frapper un enfant pour la première fois

mais surtout faut pas s'arrêter
le mouvement sera le cœur de l'esprit forain on bouge bouge
tourne et monte en rond
[…]
c'est pas moncton c'est ailleurs
c'est trop fictif pour être fictif
c'est trop vrai pour être vrai
c'est grand c'est fermé et ça vit derrière les murs (*AT*, 67)[43]

---

42. Voir notamment dans la bibliographie : Alain Masson, *Lectures acadiennes* ; François Paré, « Acadie City ou l'invention de la ville » ; Marie-Linda Lord, « Identité et urbanité en littérature acadienne ».

43. Ces quelques passages du poème « les coulisses de crystal » semblent faire écho au premier poème du recueil intitulé « dompter la chute » : « la scène est plongée en absolue / apnée vertige brouillard // dans le vague noir on discerne / des faites de têtes chapeaux ronds qui / montent montent montent vers / le voyeur-apesanteur // On se croirait dans la mouvance ciel éther / d'une méditation cartésienne / trop stoned-mauvais-génie / ronde évanescente /comme une lune / filante / qui éclaire / les démons / de passage » (*AT*, 13).

159

Le Moncton « plus Manhattan que Manhattan[44] » de Gérald Leblanc est chez Roy confronté à sa nature même d'espace imaginé, à sa dynamique centrifuge visant à tromper le vase clos. Le poète se perd dans sa représentation du représenté, ainsi que dans l'univers d'une *funhouse* et de ses jeux de miroirs. La référence aux *whisper dishes*[45] dans le titre du poème fait écho à la « concavité [du] réel » (*AT*, 66) et à l'amplification de la voix — ici celle du poète qui « gueule », dans un effet antithétique (gueuler-*whisper*) — celle qui prend en charge l'espace en lui attribuant un *discours*.

Cette fois, la présence des textes antérieurs ayant participé à la construction du Moncton littéraire devient allusive, voire métatextuelle. Les textes qui se retrouvent explicités dans le poème de Roy figurent plutôt parmi les grands classiques de la désillusion ou de l'échec du récit collectif : *Alice's Adventures in Wonderland, Fear and Loathing in Las Vegas, Tropic of Cancer*. Ils sont également des romans dont l'intrigue se construit autour du déplacement ou du transit à l'intérieur d'un espace régi par différents degrés d'irréalité, de ludisme ou de fiction (le Pays des merveilles, Las Vegas, Paris). Le rapport intertextuel à l'œuvre de Hunter S. Thompson établit un rapprochement discursif entre le « moncton crystal » (*AT*, 65), son « palais de crystal » (*AT*, 66) et le Las Vegas du roman, celui exemplifiant (il s'agit encore une fois ici d'une métonymisation) l'hallucination/illusion qu'avait été le rêve américain[46] (une construction par le discours). Elle amène également à l'avant-plan les principes du gonzo, selon lesquels le subjectif et le fictionnel l'emportent sur l'objectif et le factuel ; ainsi le triomphe de la fiction sur le réel. L'univers de Lewis Carroll s'intègre progressivement à l'imagerie du poème dès la première strophe : « portes », « grands appartements », « aventure », « au pays des merveilles » et se dissémine au fil du poème pour devenir un vertige de désillusion, passant du « wonderland en éclosion » où se greffent les « paranoïas gonzo » au « pays de démerveille ». L'espace

---

44. Selon Claude Beausoleil dans *L'Extrême frontière : l'œuvre poétique de Gérald Leblanc*, réalisé par Rodrigue Jean, ONF, 2006.
45. Une attraction du Palais Crystal.
46. Dans le roman de Thompson, l'idée d'une Amérique où la liberté et le bonheur se conjuguent avec la prospérité et l'épanouissement personnel se retourne en une grotesque farce mettant en relief les excès du capitalisme et de la consommation. Une *chute* brutale, donc, allant du rêve vers la réalité (mouvement récurrent chez Roy).

décrit dans « les coulisses de crystal » participe ainsi à un réseau de relations discursives. La grande chenille bleue fumant son narguilé devient soudainement celle de Henry Miller — à savoir le métro de Paris au niveau du Canal Saint-Martin —, dans l'incipit de *Tropic of Cancer* :

> sous la grande chenille qui récite encore et encore et en anglais
> le même passage de henry miller
> *the long caterpillar with lacquered sides dips like a roller coaster*
> *it is not paris*
> *it is not coney island*
> *it is a crepuscular melange of all the cities*
> *of europe and central america*
> comme si on parlait d'elle dans son antre de moncton laqué (*AT*, 68)

L'immixtion de quelques lignes de *Tropic of Cancer* scellent l'identité du lieu décrit : il s'assimile à la « Villa Borghese » de Miller : « *There is not a crumb of dirt anywhere, nor a chair misplaced. We are all alone here and we are dead*[47] ». Entre Miller et Hunter S. Thompson — « fear and loathing au palais de crystal » (*AT*, 66) — on voit thématisée « la peur de se perdre dans les rêves de plastique » dans la cumulation d'espaces de disjonction. Le « palais de crystal » s'assimile de même au caractère sombre, grave, apocalyptique de l'univers du roman :

> *The weather will continue bad, he says. There will be more calamities, more death, more despair. […] The cancer of time is eating us away. Our heroes have killed themselves, or are killing themselves. The hero, then, is not Time, but Timelessness. We must get in step, a lock step, toward the prison of death. There is no escape*[48].

Il y a enfin les passages retranscrits par le poète, qui mettent en relief les symboliques de la chenille, du train, et de l'enfilement ou de la superposition spatiale. D'emblée, les images de rails, de trains et de chemins de fers — ceux d'abord du Palais Crystal (« la grande chenille » des montagnes russes intérieures suspendues au dessus

---

47. Henry Miller, *Tropic of Cancer*, New York, Grove Press, [1934] 1961, p. 1.
48. *Loc. cit.*

des têtes) — puis ceux vers lesquels ils renvoient l'imaginaire (réseau intertextuel, dans ce cas le roman de Miller) font écho non seulement à l'omniprésence du mouvement dans le texte, mais aussi au principe du *train of thoughts*, qui devient le jeu auquel se prête le poète, y entraînant son lecteur. Ce jeu en est un de superpositions spatiales par superpositions textuelles : au gré du transit se révèle la transitivité de l'espace.

Ainsi, les univers textuels se superposent et interagissent au fil des vers de Roy de la même façon que toutes les villes sont aussi contenues au sein d'une seule dans l'incipit de Miller... ou dans la poésie de Gérald Leblanc[49]. Car, dans « les coulisses de crystal », le poète se présente d'abord et avant tout comme *lecteur*, le déroulement discursif s'effectuant à partir du rapprochement entre la succession de ses pensées, voire de ses imaginaires, et le transit. Le *train of thoughts* que l'on retrouve dans le poème « les coulisses de crystal » ne peut que renvoyer à celui du poème « détour par moncton (monotone mantra) » cité plus haut :

> je marche encore
> encore à moncton city
> circulaire moncton moncton ville mantra
> des poètes du poète
>
> moncton moncton moncton

---

49. Voir notamment Mylène White et Raoul Boudreau, « Gérald Leblanc : écrivain cartographe », Marie-Linda Lord et Denis Bourque (dir.), *Paysages imaginaires d'Acadie. Un Atlas littéraire*, Moncton, Institut d'études acadiennes/Centre de recherche en études acadiennes, 2009 : « La liste des lieux cités dans l'œuvre de Leblanc est fort longue, à partir des villages acadiens [...] jusqu'aux villes nord-américaines [...], sans oublier l'Amérique du Sud et l'Amérique centrale, l'Europe et même l'Asie. Mais tous ces lieux sont d'une manière ou d'une autre liés à Moncton, existent et se définissent à partir de Moncton, véritable point de rayonnement de la planète entière [...]. C'est ainsi que Moncton se présente rarement pour elle-même mais presque toujours en rapport avec d'autres lieux. Cette ville se définit par opposition à d'autres espaces qui ont jalonné l'itinéraire réel ou imaginaire du poète » (p. 45-46) et la carte des « villes du poète-flâneur » conçue par Samuel Arseneault se trouvant à la fin de ce même article, qui démontre une superposition spatiale dans les trajets monctoniens du poète (p. 55).

je me traîne sur tes trottoirs salis
rails d'autres poésies moncton
aux rues mémoires tachées d'encre petitcodiac
tes beaux terrains-vagueroches (*AT*, 60, nous soulignons)

Si, dans le parc d'amusement, le poète est appelé à transiter par les univers de Carroll, de Thompson, de Miller, et par celui des DC Comics (« le rire du joker ») — qui amène son lecteur jusqu'à celui de Victor Hugo ! (*L'homme qui rit*[50]) —, la déambulation au sein de l'espace monctonien inspire la même mécanique transtextuelle. Et si Moncton est le « terrain de jeu » construit par les poètes, et le Palais Crystal sa métonymisation (« moncton motel moncton cirque moncton silence / moncton démence moncton / sans enfants à 8h00 du matin », *AT*, 65), la boucle se boucle dans la sémantique qui se dégage de cette transitivité.

Le transit thématisé dans « les coulisses de crystal » et son contenu transtextuel (Carroll, Thompson, Miller) impliquent somme toute l'absence d'ancrage. Dans le roman de Miller, à la suite du passage retranscrit dans le poème, on lit: « *The railroad yards below me, the tracks black, webby, not ordered by the engineer but cataclysmic in design, like those gaunt fissures in the polar ice which the camera registers in degrees of black*[51] ». Et dans le poème de Roy :

sous la grande chenille qui récite encore et encore et en anglais
le même passage de henry miller
[…]
comme si on parlait d'elle dans son antre de moncton lacqué
et elle a raison ici c'est partout ici c'est où tu veux
tant que le sens n'y soit pas
ici Moncton ici le cirque ici l'hôtel dément
cataclysmic in design in degrees of black (*AT*, 68)

---

50. Le vers de Roy établit un rapprochement avec le réseau intertextuel contenu dans la genèse de l'iconique personnage de bande dessinée. Ainsi, « The Man Who Laughs » (numéro culte de DC Comics sur les origines du Joker) nous amène vers l'inspiration première pour le personnage, à savoir le roman de Victor Hugo *L'Homme qui rit*, dont le personnage principal présente un visage à jamais défiguré en un rictus étrange. Incidemment, à l'instar du poème de Roy, le roman d'Hugo thématise le monstrueux, le grotesque et — comme les autres œuvres contenues dans le poème — le fantasmagorique.
51. Miller, *op. cit.*, p. 4.

Le train ou le métro, non-lieux car véhicules de transit, ne retiennent du sens que lorsqu'ils proposent un nouvel ancrage dans un nouveau lieu fixe – c'est la raison d'un déplacement d'un lieu vers un autre, le *sens*. Or, dans l'univers cyclique et fermé du «palais de crystal», le train est manège (montagnes russes) et tout déplacement devient cyclique et circulaire : «la place est fermée», «les manèges s'échauffent pour le grandiose / tour de passepasse du jour», «tourne et monte en rond», «c'est grand c'est fermé et ça vit derrière les murs», «ça valse encore / sur le carrousel ça valse des chevaux / encore ça se monte des chevaux ça s'enfourche / demande à crystal / what goes around comes around dans le merry-go-round». Le poème décrit un espace au sein duquel le mouvement se doit d'être perpétuel pour éviter que son univers ne s'écroule, ainsi, une sorte de métaphore pour la fiction ou pour le récit. Le mouvement, voire le transit, est alors une fin en soi. Toutefois, mu par «la peur de se perdre dans les rêves de plastique» et «de voir briser les vieilles illusions», le poète risque un regard vers «les coulisses», à la fois ce qui dissimule et ce qui est dissimulé :

> peur de voir crystal sortir en silence
> du vaisseau pirate en s'essuyant
> la bouche après une joute de minigolf
> la peur de l'imaginer avec les carnys avant le grand spectacle
> entrevue dans un miroir creux qui donnerait sur les coulisses
> après son shift de nuit avec sa perruque de laine rousse
> «c'est 100 tickets pour une ride après minuit darling»
> pendant que déjà 8 h 32 les lumières s'allument
> que le starbucks s'ouvre et absorbe les lecteurs avec leurs fictions
> pendant que sa robe est encore chez le nettoyeur
> toute lisse toute pressée
> pendant que la petite fanfreluche fume sa smoke avec son scotch-café
> perdue dans la concavité de son réel en petites culottes (*AT*, 66)

Le poète joue alors sur les sens du mot *break*, à la fois pause et fracture ; la fiction ne doit pas connaître de pause ou de fracture, sans quoi l'espace s'effondre. Et comme nous l'avons affirmé plus haut, le «palais de crystal» du poème est aussi «moncton crystal», ou Moncton cristallisé : un espace où se concentre le sens même de la ville en littérature acadienne : «moncton théâtre moncton rôle / moncton fantasme », « de la fiction dans un lieu de fiction », Moncton « mise en abyme ». En ce sens, le texte et le poète sont les fruits de l'alchimie leblancienne : « je deviens miroir de l'humonculus hypertrophié » (*AT*, 68), par le fait même piégés sous un dôme de verre, dans la circularité textuelle de la construction de l'espace : « c'est pas moncton […] / c'est trop fictif […] / c'est trop vrai […] / c'est grand c'est fermé et ça vit derrière les murs / comme un souvenir d'hier […] » (*AT*, 67). Enfin, le poème de Roy représente le Palais Crystal et Moncton dans leurs qualités d'hétéropies[52] : espaces *autres* ou parallèles, d'illusion, de construction, mariant l'ouverture et la fermeture, « sortes d'utopies effectivement réalisées dans lesquelles les emplacements réels, tous les autres emplacements réels que l'on peut trouver à l'intérieur de la culture sont à la fois représentés, contestés et inversés[53] ». Dans le cas du Moncton « littéraire », il fut conçu afin de renverser, voire contester, les paramètres de l'anglophonie majoritaire et de son hégémonie culturelle, ainsi que pour accorder une identité urbaine à une entité culturelle éternellement enfermée dans la tradition pastorale et champêtre.

Le transit « programmé » du poète (de 8h à 9h le 13 mars 2010) à travers l'espace du parc d'amusement aux attributs surréalistes en exacerbe également l'état de non-lieu, tantôt « un espace qui ne peut se définir ni comme identitaire, ni comme relationnel, ni comme historique[54] », selon Marc Augé qui en fait un concept plus ou moins parent de l'hétérotopie foucaldienne, ou tantôt « une manière de "passer" » au sens de « manquer de lieu[55] », comme l'entendait Michel de Certeau. On y retrouve presque la

---

52. Voir Michel Foucault, « Des espaces autres », conférence au Cercle d'études architecturales le 14 mars 1967, publié dans *Architecture, mouvement, continuité*, no 5, octobre 1984, p. 46-49. Il y affirme en ouverture : « L'époque actuelle serait peut-être plutôt l'époque de l'espace. Nous sommes à l'époque du simultané, nous sommes à l'époque de la juxtaposition, à l'époque du proche et du lointain, du côte à côte, du dispersé. Nous sommes à un moment où le monde s'éprouve, je crois, moins comme une grande vie qui se développerait à travers le temps que comme un réseau qui relie des points et qui entrecroise son écheveau » (p. 46).

53. *Ibid.*, p.47.

54. Marc Augé, *Non-lieux. Introduction à une anthropologie de la surmodernité*, Paris, Seuil, 1992, p. 100.

55. Michel de Certeau, *L'invention du quotidien 1. Arts de faire*, Paris, Gallimard, [1980] 1990, p. 155.

ville de Herménégilde Chiasson, la « ville sans âme[56] » souvent disloquée de l'Acadie territoriale. Dans « les coulisses de crystal », Roy propose comme Chiasson une poésie photographique[57], une série d'images croquées qui « parlent » au poète et construisent ainsi un texte sur l'espace, « comme si le lieu n'était que le prétexte à l'expression de la pensée[58] ». Ainsi, le Palais Crystal est décrit au fil des récits aléatoires qu'il renferme ; de même, les récits de Moncton sont « multiples à s'y perdre » (*AT*, 61) :

> fibreuses chacune des perles d'un chapelet de fortune
> imprimé dans ma paume
> que j'égraine dans ma poche comme un poème
> de luxe
>
> [...]
>
> moncton des saisons plus tard extraite à ton lustre
> moncton cathédrale temple aux anges déchus
> moncton amante je te revisite le ventre à découvert (*AT*, 61)

Dans ce premier recueil de Roy, au fil des vagues-roches de Raymond Leblanc (*AT*, 60), des mantras de Gérald Leblanc (*AT*, 60), des anges (*AT*, 56, 61) et des saisons de Herménégilde Chiasson (*AT*, 61) se déploient « l'aller-retour créateur » et « la polyphonie » de l'espace que met en relief la géocritique de Bertrand Westphal. Le Moncton littéraire s'hypertrophie dans la poésie de Roy et se sacralise, voire se culturalise (comme un chapelet qu'on égraine, ville cathédrale, ville temple, « ville mantra », « tu lèves le coude comme pour prier » *AT*, 60). Espace rendant confus les délimitations entre la fiction et le réel, Moncton, pour le poète qui en hérite, est une « ville qui ne m'appartient pas » (*AT*, 49). On s'y déplace d'un texte à l'autre ; on la décrit par ses virtualités

---

56. Herménégilde Chiasson, *Répertoire*, Trois-Rivières, Écrits des Forges, 2003, p. 76.
57. Il est d'ailleurs précisé en couverture du recueil que Roy « consacre une partie de ses temps libres à la pratique de la peinture et de la photographie, qui alimentent son écriture ».
58. David Lonergan, « Herménégilde Chiasson : une Acadie insaisissable mais réelle », Lord et Bourque, *op. cit.*, p. 67.

textuelles. Ultimement, on comprend que la fiction est le seul élément que possède le poète pour établir un contact avec l'espace perpétuellement problématique qu'est Moncton. D'où la fragilité thématisée et la peur de la chute annoncée par le titre du recueil. Roy propose d'ailleurs en exergue, au tout début de son recueil, une citation de Tonino Benacquista : « Quand le réel vous largue en cours de route comment garder la distance avec la fiction ?[59] »

Mis en parallèle avec l'univers hypertrophié du Moncton littéraire, l'espace rural prend les contours du *no man's land*. La route rurale est « barbelée » (*AT*, 42), « la cour est sale », et le lexique exhausse les images de vide et de désolation : « sur toile de fond floue école-désert / chant desséché [...] // un bateau de pêche agonie [...] une carcasse d'autobus / ocre dents jaunes // la déchirure du temps la tristesse / de voir miscou pourrir » (*AT*, 57). Toute fiction, toute magie semblent avoir quitté ces lieux : on y retrouve l'envers du théâtre que consistait la « joie de vivre[60] » chronique, l'imaginaire pastoral et l'harmonie champêtre du récit originel acadien. On y est confronté à la mélancolie et à la solitude survenant lorsque la fête est finie.

> La cour est sale
> sale de mégots sale de tasses
> sale de papiers et de bouteilles vides
> sale du party de la fin de semaine
> qui pompe encore derrière la tête
>
> j'observe
>
> [...]
> je voudrais crier
> quelque chose
>
> mais qu'est-ce qu'on crie quand on n'a rien à dire (*AT*, 43)

---

59. Tonino Benacquista, *Saga*, Paris, Gallimard, 1997, p. 353.
60. Vestige d'un imaginaire prémoderne devenu stratégie commerciale pour l'industrie touristique, ce que dénonçait Herménégilde Chiasson dans son essai « Oublier Évangéline », Simon Langlois et Jocelyn Létourneau (dir.), *Aspects de la nouvelle francophonie canadienne*, Québec, Les presses de l'Université Laval, 2004, p. 147-163.

Le regard que promène le poète sur cette nouvelle «backyard»,
à l'instar de celui qu'avait posé Guy Arsenault sur son espace
quelques décennies auparavant, témoigne d'une Acadie rurale crue,
quotidienne, dépouillée de ses artifices, de ses récits et de sa fiction,
attributs qui la rendaient séduisante. Comme occultée par l'Acadie
urbaine, elle se révèle au poète comme une entité que l'art ou la
littérature n'atteignent plus:

> quand le ciment se tait
> j'entends des voix j'entends sa voix
> une voix nord vidée
> de son souffle
> une voix ignorée
> une voix qui se cache («voix rurale», *AT*, 44)

> j'ai rencontré un ange
> à saint-simon

> il m'a dit avoir déjà posé
> pour herménégilde
> chiasson

> il attend toujours
> son chèque («déchu», *AT*, 56)

En ce sens, le lecteur se sent par moments replonger dans la poésie
«manifeste» et les vers «coup de poing» des écrivains acadiens des
années 1970. On retrouve une écriture de l'urgence, et avec elle une
certaine violence:

> une voix de shoppe dans les tripes jusqu'aux coudes
> une voix salie comme les mains qui la parlent
> une voix tachée d'huile
> une voix emphysème
> une voix crachée
> une voix rauque
> rocailleuse
> écorchée
> crispée
> essoufflée

[…]
une voix maganée
une voix de shed qui laisse sortir ses cris
 comme des chants sculptés à la chainsaw
[…]
une voix qui crisse
sur les quais le quinze août
qui crisse
de pas pouvoir dire
une voix à extraire d'entre les travers de gorges
une voix métaphore à haler au winch
une voix avec le plus haut taux d'analphabétisme au pays
[…]
une voix comme l'écho d'un coyote
une voix nouvelle lune
qui fait le plein au bootlegger
une voix qui s'ostine dans la cuisine

une voix multiple qui s'enterre d'elle-même
 entre deux clochers en guerre
 une voix discorde
 une voix jalouse
 une voix paradoxe
[…]

une voix rurale
qui ne pourrait s'écrire
qu'en caractères gras (*AT*, 44-47)[61]

Entre l'espace rural et l'espace urbain, entre la Péninsule acadienne et Moncton, reste le transit, mais surtout le transfuge. Le recueil de Roy renferme cette dichotomie nord-sud qui persiste à animer les débats sociaux et politiques au Nouveau-Brunswick, étiquetant

61. La structure anaphorique rappelle celle qui jadis avait formé un texte mémorable de Gérald Leblanc : « la rue d'un matin tranquille / la rue des cris et des klaxons / la rue bouffée de musiques invitantes / la rue d'un autre verre avant de me retrouver dans la rue / la rue où je suis les bruits et le clinquant / la rue enveloppée d'une configuration de néons ». Gérald Leblanc, « à toutes les rues de ma vie d'ici et d'ailleurs », *Éloge du chiac*, Moncton, Perce-Neige, 1995, p. 58.

l'espace rural (du nord) comme un espace d'«exit»: «le décor trouble / décroche le confort // [...] je ne m'arrêterai pas / sauf pour gazer» (*AT*, 48) et Moncton comme un espace d'«exil»: «en dérive vers le centre / d'une ville qui ne m'appartient pas // j'aliène à l'idée / qu'elle me parle mieux / que toi // [...] le malaise de me faire acheter avec la langue / de ma mère» (*AT*, 49). Dans la poésie de Roy, l'espace rural agonise, et la littérature ne sait plus y vivre:

> même épormyable l'orignal
> mythomane tombe
> sous la décharge du chasseur
>
> les arbres angoissonnent au son des violons
> comme jaillis de nulle part
>
> une civière verdâtre quitte
> les lieux de l'incident l'étal
> est déjà prêt
>
> sous un soleil de plomb la beauté
> s'est jetée dans les bras
> de la fenêtre («les poètes automatistes survivent mal en forêt»,
> *AT*, 36)

Les enjambements contenus dans les vers du poème amplifient cette thématique de la scission. Et l'œuvre de Claude Gauvreau se manifeste *in absentia*, sur le mode inversé: «épormyable l'orignal[62]», «*dé*charge».

Restent les vestiges de récits passés («j'ai vu la lune / briller dans ses yeux [...] // toutes les légendes / dans l'œil d'un ouragan», *AT* 51), qui dialoguent avec ce qui demeure: une humanité («une voix»). Le territoire est *habité*; le poème «voix rurales» exprime la *pratique de l'espace*[63] pour exprimer l'identité spatiale, voire l'existence. Or, s'il y a pratique, il manque toujours la représentation ou l'écriture de cet espace, ce qui se traduirait en une revendication puis en une appropriation palpable de cet

---

62. En référence à la pièce *La charge de l'orignal épormyable* de Claude Gauvreau, Montréal, L'Hexagone, [1956] 1992, 250 p.
63. Nous soulignons. Voir Certeau, *op. cit.*, p. 137-191.

espace, selon l'exemple littéraire de Moncton. Contrairement à la déambulation dans la ville, l'écriture de l'espace rural se trouve peu d'ancrages (inter)textuels. Dans le recueil de Roy, bien qu'il semble couver une renaissance sous son climat d'urgence : « une beluette s'éteint / sur tes sables // le sang est mouvant pulse comme des vagues // demain matin // des cendres d'envie » (*AT*, 50), l'espace rural — « amorphe » et « atopique[64] » — se révèle comme le lieu de l'exiguïté culturelle.

L'écriture de l'espace chez Roy se fonde sur les paramètres d'une nouvelle épistémè au diapason du rapport identité-espace au 21e siècle, s'appuyant sur un équilibre entre ancrage territorial (désir perpétuel — implicite ou explicite — longtemps exprimé dans le texte acadien) et mobilité accrue (nouvelle thématisation du déplacement qui ne s'appuie plus sur l'exil mais plutôt sur la fragmentation du registre identitaire spatial). L'identité monotopique s'archaïse. Entre « Caraquet et Moncton » réside l'écriture de la polarisation et de l'ambiguïté de l'identité culturelle, qui révèle sa nature composite. Au cœur de cette dynamique se trouve revisité l'héritage littéraire de l'écrivain acadien, au terme de quatre décennies de production endogène. Les textes du poète rappellent que certains attributs de l'Acadie ne sauraient disparaître ; elle est construction, discours, mémoire, lecture et enfin, *espace*, à défaut d'être *lieu*[65].

---

64. Voir François Paré, *Les littératures de l'exiguïté*, Ottawa, Le Nordir, [1992] 2001, p. 37-38.
65. Voir Yi-Fu Tuan, *Space and Place. The Perspective of Experience*, Minneapolis, University of Minnesota Press, 1977 et Certeau, *op. cit.*

BIBLIOGRAPHIE

[s.a.], « Moncton24 », *Ancrages*, 2012, 125 p.

Augé, Marc, *Non-lieux. Introduction à une anthropologie de la surmodernité*, Paris, Seuil, 1992, 151 p.

Bakhtine, Mikhaïl, *Problèmes de la poétique de Dostoïevski*, Éditions L'Âge d'homme, [1929] 1998, 316 p.

-----, *Esthétique et théorie du roman*, Paris, Gallimard, [1978] 1987, 488 p.

Bourassa, Napoléon, *Jacques et Marie : souvenir d'un peuple dispersé*, parties I - IV [1865/1866], Bibliothèque électronique du Québec (Littérature québécoise), vol. 120, version 1.1, en ligne : beq.ebooksgratuits.com/pdf/Bourassa-Marie.pdf.

Carrol, Lewis [Charles Lutwidge Dodgson], *Alice's Adventures in Wonderland*, numérisé par Project Gutenberg, en ligne : www.gutenberg.org/files/11/11-h/11-h.htm.

Casgrain, Henri-Raymond, *Un pèlerinage au pays d'*Évangéline, Québec, Imprimerie L.-J. Demers et Frères, [1887] 1888, 544 p.

Certeau, Michel de, *L'invention du quotidien 1. Arts de faire*, Paris, Gallimard, [1980] 1990, 350 p.

Chiasson, Herménégilde, « Oublier Évangéline », Simon Langlois et Jocelyn Létourneau (dir.), *Aspects de la nouvelle francophonie canadienne*, Québec, Les presses de l'Université Laval, 2004, p. 147-163.

-----, *Répertoire*, Trois-Rivières, Écrits des Forges, 2003, 133 p.

-----, *Mourir à Scoudouc*, Moncton, Éditions d'Acadie, 1974, 63 p.

-----, *Rapport sur l'état de mes illusions*, Moncton, Éditions d'Acadie, 1976, 68 p.

Daigle, France, *Petites difficultés d'existence*, Montréal, Éditions du Boréal, 2002, 189 p.

Foucault, Michel, « Des espaces autres », conférence au Cercle d'études architecturales le 14 mars 1967, publié dans *Architecture, mouvement, continuité*, n° 5, octobre 1984, p. 46-49.

Genette, Gérard, *Palimpsestes. La littérature au second degré*, Paris, Seuil, coll. « Points », [1982] 1993, 573 p.

Jean, Rodrigue, *L'Extrême frontière : l'œuvre poétique de Gérald Leblanc*, Office national du film, 2006, 76 min 25 s.

Jégo, Jean-Baptiste, *Le drame du peuple acadien. Reconstitution historique en neuf tableaux et une pose plastique de la dispersion des Acadiens, d'après « La Tragédie d'un peuple »* d'Émile Lauvrière, Paris, Imprimerie Oberthur, 1932, 118 p.

Kristeva, Julia, *Sèméiôtikè. Recherches pour une sèmanalyse*, Paris, Seuil, coll. « Point », [1969] 1976, 318 p.

Lauvrière, Émile, *La Tragédie d'un peuple. Histoire du peuple acadien de ses origines à nos jours*, Paris, Éditions Brossard, 1922, 598 p.

Leblanc, Gérald, *Je n'en connais pas la fin*, Moncton, Perce-Neige, 1999, 100 p.

-----, *Moncton mantra*, Moncton, Perce-Neige, 1997, 144 p.

-----, *Éloge du chiac*, Moncton, Les Éditions Perce-Neige, 1995, 120 p.

-----, *L'Extrême frontière. Poèmes 1972-1988*, Moncton, Éditions d'Acadie, 1988, 167 p.

Léger, Antoine J., *Elle et Lui. Tragique idylle du peuple acadien*, Moncton, L'Évangéline ltée, 1940, 203 p.

-----, *Une fleur d'Acadie (Un épisode du grand dérangement.)*, Moncton, L'Évangéline ltée, 1946, 128 p.

LeMay, Pamphile, *Essais poétiques*, Québec, G. E. Desbarats, 1865.

-----, *Évangéline. Traduction du poème acadien de Longfellow*, Québec, P.-G. Delisle, 1870.

-----, *Évangéline et autres poèmes de Longfellow*, Montréal, J. Alfred Guay, 1912.

Lonergan, David, « Herménégilde Chiasson : une Acadie insaisissable mais réelle », Marie-Linda Lord et Denis Bourque (dir.), *Paysages imaginaires d'Acadie. Un Atlas littéraire*, Moncton, Institut d'études acadiennes/Centre de recherche en études acadiennes, 2009, p. 58-73.

Longfellow, Henry Wadsworth, *Evangeline. A Tale of Acadie*, Boston, Ticknor, 1847.

Lord, Marie-Linda, « Identité et urbanité en littérature acadienne », Serge Jaumain et Madeleine Frédéric (dir.), *Regards croisés sur l'histoire et la littérature acadiennes*, Bruxelles, Peter Lang, 2006, p. 67-86.

Maingueneau, Dominique, *Le discours littéraire. Paratopie et scène d'énonciation*, Paris, Armand Colin, 2004, 262 p.

Masson, Alain, *Lectures acadiennes. Articles et comptes rendus sur la littérature acadienne depuis 1972*, Moncton, Perce-Neige, 1944, 172 p.

Melanson, Laurier, *Zélika à Cochon Vert*, Montréal, Leméac, 1981, 159 p.

Miller, Henry, *Tropic of Cancer*, New York, Grove Press, [1934] 1961, 318 p.

Morency, Jean, « Les multiples visages de l'américanité en Acadie », Madeleine Frédéric et Serge Jaumain (dir.), *Regards croisés sur l'histoire et la littérature acadiennes*, Bruxelles, Peter Lang, 2006, p. 55-66.

Paré, François, « Acadie City ou l'invention de la ville », *Tangence*, n° 58, 1998, p. 19-34.

-----, *Les littératures de l'exiguïté*, Ottawa, Le Nordir, [1992] 2001, 230 p.

Poirier, Pascal, *Les Acadiens à Philadelphie* suivi de *Accordailles de Gabriel et d'Évangéline*, Moncton, Les Éditions d'Acadie, [1875] 1998, 128 p.

Rameau de Saint-Père, François Edme, *La France aux colonies. Études sur le développement de la race française hors de l'Europe*, Paris, A. Jouby Éditeur, 1859, 515 p.

Rens, Jean-Guy et Raymond LEBLANC (dir.), *Acadie/Expérience. Choix de textes acadiens : complaintes, poèmes et chansons*, Montréal, Parti Pris, 1977, 197 p.

Riffaterre, Michael, *La production du texte*, Paris, Seuil, 1979, 288 p.

Robichaud, Gabriel [avec Jean-Paul Daoust], « une ode à deux voix », *Plus on est de fous, plus on lit !*, en ligne : www.radio-canada.ca/emissions/plus_on_est_de_fous_plus_on_lit/2013-2014/chronique.asp?idChronique=229068.

Robichaud, Gabriel, *La promenade des ignorés*, Moncton, Perce-Neige, 2011, 56 p.

Rose, Marilyn Gaddis, « The Prosodic Counterpart of Patriotism in Le May's Translation of *Evangeline : A Tale of Acadie* », *Traduire depuis les marges / Translating from the Margins*, Ottawa, Nota Bene, 2008, p. 147-160.

Roy, Jonathan, *Apprendre à tomber*, Moncton, Perce-Neige, 2012, 85 p.

Thériault, Joseph Yvon, *Évangéline : contes d'Amérique*, Montréal, Québec Amérique, 2013, 399 p.

Thompson, Hunter S., *Fear and Loathing in Las Vegas. A Savage Journey to the Heart of the American Dream*, New York, Random House, [1971] 1998, 224 p.

Tuan, Yi-Fu, *Space and Place. The Perspective of Experience*, Minneapolis, University of Minnesota Press, 1977, 235 p.

Westphal, Bertrand, *La géocritique : mode d'emploi*, Limoges, Presses universitaires de Limoges, 2000, 311 p.

-----, *La géocritique. Réel, fiction, espace*, Paris, Éditions de Minuit, 2007, 304 p.

White, Mylène et Raoul Boudreau, « Gérald Leblanc : écrivain cartographe », Marie-Linda Lord et Denis Bourque (dir.), *Paysages imaginaires d'Acadie. Un Atlas littéraire*, Moncton, Institut d'études acadiennes / Centre de recherche en études acadiennes, 2009, p. 40-55.

LOUISIANE, LANGUE ENCORDÉE, CORPS DÉ-LIANT

Cécilia Camoin
Paris-Sorbonne

Cheminant dans l'espace d'une littérature « nationale » en friche, le tracé poétique des Louisianais à l'époque moderne traduit une problématique commune à de nombreuses francophonies dites originelles : comment *s'encorder* aux littératures francophones, et plus spécifiquement ici, dans le triangle reliant Amériques, Caraïbe, France, tout en gardant son propre passage poétique ? « Tant qu'à marcher, je marcherai tout le chemin[1] », chante Zachary Richard, conscient que les ponts entre littérature orale, musique et composition écrite relient inextricablement les acteurs d'Acadiana et les spectateurs-lecteurs. Identité en rhizome, ce pays de la parole, mots envahissant les régions de l'écriture et de la vie politique américaine, est conjointement zone d'ancrage et point de chute. Chute à la fois comme repos et comme faille, car la littérature louisianaise fonctionne en cercle, ou plutôt en spirale, dans le mouvement vital de la « renaissance cadienne ».

Si oralité et écriture échangent et s'enrichissent, la poésie écrite possède évidement un pouvoir ambroisien de conservation. Ligne d'encre, l'assurage de la transmission est une responsabilité à la fois poétique et politique. L'on connaît les formidables efforts des Louisianais quant à la reconnaissance et à la promotion

---

1. Zachary Richard, « La Ballade de François Paradis », album *La lumière dans le noir*, 2007, en ligne : http://zacharyrichard.com/lyrics/balladede francoisparadis.html (page consultée le 30 août 2013).

des francophonies d'Acadiana. Le désormais célèbre adage de James Domengeaux, « Un homme qui parle deux langues vaut deux hommes », largement repris par le Codofil, pourrait servir d'emblème à toutes les francophonies.

La littérature écrite publiée depuis 1991, loin de se borner à une visée d'institutionnalisation de la culture et de la langue, forme ce que Barry Jean Ancelet nomme « l'exception cadienne et créole de Louisiane[2] », et meut les écrivains dans une double pulsion : « d'une part, [...] un désir de préserver une spécificité orale dans leurs écrits et, d'autre part, [...] un désir de communiquer visuellement en l'absence de l'oral[3] ».

C'est précisément cet héritage, puisant sa force et son imaginaire dans l'oralité, qui propulse l'effort francophone en pays cadien. Alors que les Acadiens et les Créoles noirs sont débarqués après un long voyage d'exil et de violence, les Créoles blancs occupent le sol suite aux hasards des événements coloniaux. Pourtant, aux 20e et 21e siècles, leurs descendants trouvent dans l'écheveau du Meschacebé un point d'amarrage commun, une réconciliation linguistique et culturelle. Dans la puissance des correspondances historiques qui ont donné naissance à ce gombo francophone, les Louisianais revendiquent une modernité américaine, une identité en mosaïque. Sans doute parce que l'écriture est une naissance récente, que l'Acadiana est apparue en 1968, et surtout que la francophonie de Louisiane, polyèdre et changeante, est, à plusieurs regards, encordée. Enchaînée, d'abord, par les années d'assimilation anglophone (1921-1968), qui font du cadien et du créole les langues de la honte et de l'échec social. Liée, ensuite, à ses homologues Acadiens, Français, Belges, Québécois, et tant d'autres, dans la difficile reconquête de la langue. « En cordée », enfin, pour reprendre la terminologie botanique, pour qui la « cordée » désigne la feuille en forme de cœur, car l'Acadiana est le cœur, parfois fébrile, souvent pulsé, d'un tremblement dont les ondes ne manquent pas d'irriguer l'espace poétique francophone.

---

2. Barry Jean Ancelet, « L'exception cadienne et créole de Louisiane », *Québec français,* n° 154, été 2009, p. 78-81, en ligne : http://id.erudit.org/iderudit/1821ac (page consultée le 10 septembre 2013).
3. *Ibid.*

DU NOUVEAU MONDE AU NOUVEAU MONSTRE

Cordée, dans le vocabulaire marin, familier à ce peuple expulsé sur des radeaux de fortune, est un horizon manqué, une ligne de front dormante tendue en mer. C'est dans l'espace de la mer que se joue la première mutation acadienne. Le rêve des Acadiens, décapité par le « Grand Dérangement », se trouve doublement amputé. Cette mutilation demeure dans la quête des origines du 20ᵉ siècle finissant, sous l'omniprésence du Monstre Cadien : créature étêtée dont on a tranché la première lettre, l'*A-Cadien* perd également dans son exode le [r] de l'Arcadie, transporté obstinément dans la langue : « Ah! ces *r* des mots, comme les Acadiens les font vibrer ![4] »

Le Cadien a transporté dans ses maigres bagages sa langue en cendre, parfois un violon, et le souvenir de la brûlure. « Les pierres de la terre étaient tous [sic] endeuillées[5] », chante le poète et musicien le plus célèbre de Louisiane, avec ce parti pris à la fois politique et linguistique, comme le rappelle son homologue Barry Jean Ancelet : « Zachary Richard avait dit lui-même, concernant sa poésie, que ses fautes d'orthographe faisaient partie de son message : on lui avait enlevé l'occasion d'étudier le français quand il était jeune ; donc ses erreurs faisaient partie de son message[6]. » Dans ce paysage considéré par les écrivains comme maudit, car souillé par la « malédiction cadienne », s'est créée naturellement une nouvelle Genèse, abritant la matière première de l'identité louisianaise.

LE CORPS DÉLIÉ

Le corps à la fois magique et monstrueux est en réalité un corps délié, libre et orphelin. Affranchi en 1968 de la politique d'assimilation anglophone, le domaine de l'écrit est un espace libre pour ces pionniers du langage.

---

4. Jeanne Castille, *Moi, Jeanne Castille, de Louisiane*, Montréal, Luneau-Ascot, 1983, p. 147.
5. Zachary Richard, « La Ballade de Beausoleil », en ligne : http://zachary richard.com/lyrics/balladedebeausoleil.html (page consultée le 30 août 2013).
6. Barry Jean Ancelet, « Entretien "carnavalesque" avec Jean Arceneaux et Barry Jean Ancelet », en ligne : http://www.francomix.com/breve-Entretien_ carnavalesque_avec_Jean_Arceneaux_et_Barry_Jean_Ancelet-332.html (page consultée le 29 mai 2007).

La langue ligotée fait, dans une première phase de la modernité poétique, œuvre de déliaison. Il s'agit de libérer l'écrivain de son devoir premier, celui de conservation et de transmission des cultures et des langues cadiennes et créoles. Ainsi, l'écriture va dans le sens d'une plus grande esthétisation stylistique, et se dirige naturellement dans une voie intime et analogique. Dans les années 1991-2013, la mise en fiction de la culture occupe une place de plus en plus importante dans la poétique louisianaise. Progressivement, il n'est plus question de faire le musée vivant de la culture et de la langue, mais bien de s'affirmer comme auteurs dans le monde des Lettres.

Les années 1990 marquent le passage, c'est-à-dire la déliaison totale, la circulation libre des vitalités lyriques, le règne du rêve et, paradoxalement, du *dé-lire*. Le corps littéraire, reflet en trompe-l'œil de la communauté, est *dé-lié* — déligoté, mais aussi abandonné —, et conduit le cortège carnavalesque de la « renaissance cadienne ». L'on cherche de mille manières cette tête a-cadienne, tandis que le parrainage des programmes d'immersion par différents locuteurs francophones apporte de nouvelles pierres — non « endeuillées » —, au questionnement linguistique commun. Le principe de plaisir immédiat est omniprésent dans la déliaison des littérateurs modernes. Car le *dé-lire* est à la fois la libération du modèle scriptural, dans la délivrance de la page, le va-et-vient constant entre page et image ; la monstration linguistique et culturelle par l'écriture ; la dislocation de l'acte de lecture.

Dé-lire, premièrement, voit le corps de papier travaillé comme un origami, influence pressentie dans les haïkus de Zachary Richard :

> Y'a du vent
> Mais ça a arrêté
> *De mouiller*[7].

Ici le vent semble bel et bien souffler dans la page les portions du vers.

Dé-lire, deuxièmement, qui considère le livre à la fois comme ventre matriciel et instrument de voration de la culture. Ici,

---

7. Zachary Richard, « Presque Haïku 25 novembre », *Faire récolte*, Moncton, Perce-Neige, 1998, p. 40.

Kirby Jambon, évoquant l'attachement des Cadiens à la nourriture, comme illustration de « l'appétit de vivre » louisianais :

> Homme d'affaires et travaillant,
> ça parle et ça mange au restaurant
> ce que pêcheur et récolteur,
> cousin, cousine, et cuisinière
> travaillent trop dur pour faire,
> ça mange du choix,
> ça parle du manger
> en français ou pas,
> mais c'est toujours un choix[8].

Dé-lire, comme acte de rupture d'avec l'interprétation, création d'un lien neuf entre lecteur et lecture. La revendication d'une littérature purement cadienne et créole[9] va de pair avec une écriture au plus près des parlers louisianais. Ici, la protestation de David Chéramie, directeur du Codofil de 1995 à 2011, auteur entre autres du bien nommé *Lait à mère*, illustrant la scission intergénérationnelle :

> Moque-toi pas de mon accent
> Si t'arrives à l'entendre, le comprendre.
> Faut pas faire du fun de moi,
> J'ai appris les mots qu'on a bien voulu m'apprendre,
> Que mon pépère a essayé de m'apprendre[10].

Le corps délié conduit donc à une dé-lecture salvatrice, tant du point de vue linguistique que créatif. La masse volontairement déviante de l'écriture traduit le malaise général né de l'assimilation, des heurts de l'Histoire. Dans le tissage arachnéen de la littérature louisianaise, le lecteur se fraie un passage initiatique dans la « terre surprise[11] » qui est désormais le point de ralliement.

---

8. Kirby Jambon, « Allons z'enfants », *L'École Gombo*, Shreveport (Louisiana), Les Cahiers du Tintamarre, 2006, p. 16.
9. Les Cadiens, fils d'exilés acadiens lors du « Grand Dérangement » en 1755, se sont alliés en Louisiane aux Créoles noirs, descendant des esclaves africains, et aux héritiers des Créoles blancs, colons français de Louisiane.
10. David Cheramie, « Souvenirs de sneaux », *Lait à mère*, Moncton, Éditions d'Acadie, 1997, p. 43.
11. Zachary Richard, « Pâques », *Voyage de nuit. Cahier de poésie, 1975-79*, Lafayette, Éditions de la Nouvelle Acadie, 1987, p. 24-25.

Le corps dévoré-dévorant

Naissance et chute à l'écriture, le moment de création littéraire forme l'espace fébrile d'une renaissance. Le corps écrivant est ouvert, comme offert à son lectorat. L'auteur dit la monstruosité de la « schizophrénie linguistique[12] » à travers l'image du poète-loup, ici avec Jean Arceneaux. Le poète dédoublé conduit son projet d'écriture lycanthropique à son aboutissement avec la création d'un pseudonyme et la scission de son identité : « Moi, j'ai tendance à sortir la nuit et il a tendance à sortir le jour[13] » :

> Le loup oublié
> Ronfle dans sa cage[14]

Le loup, image prodigieuse de l'inspiration et des métamorphoses qu'elle entraîne, renverse le rapport d'assimilation. L'*être diglossique est dévoré par la langue dominante, dans le bouillon de la marmite américaine. Au melting pot* se substitue l'image du Gombo louisianais, comme le confirme le titre du recueil de Kirby Jambon, *L'École Gombo*[15]. Entraîné dans le courant constant du mouvement dévoreur-dévoré, le littérateur mijote l'identité francophone dans sa marmite d'*écriture.* L'on consomme les corps comme les mots, dans un partage constant entre le lecteur, l'*œuvre et l'auteur.* Le personnage contribue de cet échange. Ainsi, certains protagonistes font leur sortie de la page comme un plat sort du four : « Le lendemain, les porteurs ont glissé le cercueil dans la tombe, comme on glisse une casserole de pain au four[16]. »

Devenu Nouveau Monstre dès sa naissance au Nouveau Monde, l'Acadien exilé, le Créole noir, rencontre en Louisiane la brutalité d'un espace dual, territoire des possibles et de la dislocation. Si le terme désormais accepté par les littérateurs eux-mêmes est celui de « littérature cadienne », afin de désigner les

---

12. Jean Arceneaux, « Schizophrénie linguistique », *Cris sur le bayou*, Montréal, Intermède, 1980, p. 16.

13. Ancelet, « Entretien "carnavalesque" », *op. cit.*

14. Jean Arceneaux, « Suite du loup V », *Suite du loup : poèmes, chansons, et autres textes*, Moncton, Perce-Neige, 1998, p. 17.

15. Jambon*, op. cit.*

16. Beverly Matherne, « Les Fils », printemps 1994, en ligne : http://www.beverlymatherne.com/les-fils.html (page consultée le 11 novembre 2013).

compositions d'auteurs d'origine acadienne, africaine, caribéenne, française, c'est davantage pour leur ralliement sous le nouvel espace francophone d'Acadiana que pour désigner une éventuelle absorption des divers francophones sous le sigle des Cadiens. La monstruosité est, pour ces Louisianais, la résultante d'un arrachement, d'un exil, de la violence de l'assimilation et de la honte de soi-même, fruits de la diglossie.

À la violence de la déportation pour les Cadiens, de l'esclavage pour les Créoles noirs, se joue au 20e siècle une nouvelle lutte, celle d'une dialectique spiralesque de l'avalement. Entré en écriture comme un loup dans une page blanche, l'écrivain louisianais explore dès les années 1980 les espaces d'un territoire inconnu, le livre comme voie d'identification. Il se protège ainsi de sa propre aliénation, et se panse dans l'acte d'écriture.

L'auto-enfantement

Du vide laissé par les années d'interdiction linguistique, et le difficile accouchement de la littérature écrite, s'enfante progressivement une nouvelle identité. La « renaissance cadienne » est le fruit d'un long processus, et la dernière décennie du millénaire annonce la marche constante vers une esthétisation de la création littéraire, comme le glas d'une littérature en métamorphose. La gestation des cultures et des langues se veut autonome et collective, tendant progressivement vers une francophonie ouverte.

Si la feuille forme le nouveau lit des francophonies louisianaises, elle est également matériau mortuaire, puisqu'elle prépare nécessairement le linceul de l'assimilation. Comme le rappelle Jean-Pierre Bobillot, en écho à la théorie bakhtinienne, l'*œuvre poétique implique un mouvement inaugural de replis* :

> C'est presque un truisme : la littérature, la poésie, les arts en général, les sciences même — bref la pensée —, n'ont jamais progressé que *par le bas*. Non pas : « nivellement par le bas », mais : déflation, déflagration, déplacement, absorption, élargissement ou encore, *relativisation* par le bas, soit : par le *refoulé*[17].

---

17. Jean-Pierre Bobillot, *Poésie sonore*, Reims, Le clou dans le fer, 2009, p. 21.

Dans les abîmes de la quête identitaire et linguistique, le Monstre carnavalesque que constitue la culture déformée, opère alors une « *rerenaissance*[18] » *sous fond de déformation-démultiplication. La littérature louisianaise moderne construit à partir de l'*héritage oral sa propre configuration d'*écriture au galop, diffusée momentanément au travers d'*un spectre tentaculaire, comme pour éloigner les chimères de l'assimilation.

L'HYDRE ACADIEN

La dénonciation des années sombres occupe une large place dans cette poésie. Parallèlement coffre de la mémoire collective et voûte d'une écriture en formation, la littérature des années 1991-2013 agit dans une apparente volonté de totalité. Le texte évolue dans une figure kaléidoscopique, comme si l'embrassement de tous les genres littéraires et la monstration de la francophonie louisianaise propulsaient l'écriture dans le rythme de la contemporanéité.

Mais cette cadence est tout d'abord celle de la répétition. Réitération du malheur, de la catastrophe première, celle de 1755, avec la diglossie comme corrélat. Le poncif de la malédiction cadienne se retrouve dans les vers de Beverly Matherne, dans le thème récurrent de l'accident de voiture, comme si le « *chemin américain*[19] » était sans cesse barré :

> 'Tit Jean revenait à la maison
> par un chemin de campagne.
> Son ami d'école filait à toute allure, soûl,
> dans l'autre sens ; il n'a pas vu 'Tit Jean.
> Le grand shérif a annoncé la triste nouvelle.
> Personne n'avait plus envie de gombo chaud,
> ni de riz, ni de patates douces, ni de pralines[20].

La catastrophe, comme élément constitutionnel de l'identité cadienne, le *fatum* acadien de l'échec, traduit la perte de substance

---

18. Arceneaux, « Exil II », *Cris sur le bayou, op. cit.*, p. 37.
19. Zachary Richard, « Journal d'une nuit blanche », *Feu*, Montréal, Les Intouchables, 2001, p. 42.
20. Matherne, *op. cit.*

se profilant dans l'anathème louisianais. Elle se prolonge dans la rupture du lien familial, l'absence de représentation des parents (la génération perdue), et le legs de grands-parents en partance :

> le pied de ma grand-mère
> je l'ai massée [sic] à l'hôpital
> quand elle avait mal
> pied inutile puisqu'elle ne courait plus
> ne marchait guère
> dans son jardin
> où moi j'ai commencé à marcher[21]

D'une identité apocopée, l'on accède progressivement à une perception démultipliée du corps social. L'Acadien se divise en éparpillant les morceaux de lui-même, hydre francophone enfermé dans le cycle carnavalesque. En écho au texte d'Antonine Maillet, *La Sagouine*, Kirby Jambon décline les nombreuses appellations qui décrivent le Louisianais :

> On est Français, mais pas Français d'la France,
> on est,
> mais on est pas tout à fait, Acadien,
> tout en étant *American*,
> mais pas Américain.
> Nous autres, on est les Cadjins et les Cadjinnes toujours,
> on dit,
> on écrit les Cadiens et les Cadiennes,
> quand on écrit,
> on est « kai-djeunes » si tu parles pas français,
> mais on est cajun jamais jamais[22].

Du cercle à la spirale, la littérature louisianaise francophone accélère simultanément le rythme d'écriture dans sa forme (de la poésie au roman) et procède à un *rapaillement* salvateur, pour reprendre le terme du Québécois Gaston Miron.

---

21. May Rush Gwin Waggoner, « Plante des pieds », *Poésies*, en ligne : http://www.centenary.edu/french/textes/maypoesies.htm (page consultée le 30 août 2013).
22. Jambon, « Qui'c'qu'on est ? », *L'École Gombo, op. cit.*, p. 21.

Il s'agit en effet de *relever* le corps social et textuel de l'affaissement qui l'a, dans le processus d'inversion des valeurs, libéré et identifié. L'Acadie perdue est portée au sein même du corps des personnages et, par extension, des Cadiens. Le personnage littéraire est un intermédiaire entre l'imagologie de l'Acadien comme victime (mythe d'Évangeline), et de l'Acadien comme combattant (mythe de Beausoleil[23]). Le personnage se développe autour d'un éventail connu : le pionnier et l'habitant. En entrant dans l'espace de la nouvelle, puis du roman, les littérateurs contemporains passent ainsi d'une posture de pionniers du langage, de la composition, à une position d'habitant du texte. Ils s'installent, littéralement, dans la page, à la fois comme des défricheurs et, progressivement, s'y recomposent comme des habitants.

Ce processus très long se définit autour d'une reconstitution première, sous-terraine. Inhérente au genre littéraire romanesque, elle implique une restauration de la société dans son ensemble. Dédale marqué par les auteurs, la page indique la voie de rédemption identitaire. L'acte de lecture, pleinement actif, est une seconde étape de la construction d'écriture. Les personnages romanesques et nouvellistes se font hérauts d'une histoire qui se trace à mesure de leurs pas. Engageant l'héritage oral (chant, musique, théâtre), le personnage romanesque est tout d'abord voix. Dans la nouvelle « Notre Dame du tableau de bord », le héros cadien est attiré par la voix de la jeune femme : « Ce qui lui plaisait le plus chez elle, c'était sa voix, elle était couleur de miel[24] ».

Car le héros littéraire, qu'il soit le protagoniste d'un roman, d'une nouvelle, ou le « je » poétique, est le tombeau de ses aïeux, dans une perspective d'un nomadisme dû à l'exil. En cela, il a le devoir de *se restituer*, puisque, finalement, il ne s'appartient pas en totalité. Le corps est « gros » de ses ascendants, comme l'exprime ici David Cheramie :

---

23. Voir Zachary Richard, « L'émergence d'une littérature francophone en Louisiane », en ligne : www.centenary.edu/french/textes/emergence.htm (page consultée le 15 mai 2006).
24. David Cheramie, « Notre Dame du tableau de bord », *Feux Follets*, no 4, Lafayette (Louisiane), La Nouvelle Acadie/Center for Louisiana Studies, printemps 1994, p. 27.

On dit que les âmes sont immatérielles
N'ont ni de poids, ni de densité.
C'est faux.
Je porte les âmes de mes ancêtres sur mes épaules[25]

Le corps, demeure et sépulture, transporte le mythe acadien. Il dit le malaise de la culture en même temps que la monstruosité de l'acte de parole :

> Le langage, que tout un chacun utilisait comme allant de soi, se met à se penser lui-même comme une chose, malformation de la conscience : ce qui donnait un sens au monde se fragmente avec lui, lui donnant l'allure d'une bête[26].

Ainsi, le rapaillement est une posture d'élargissement vers l'extérieur, alors que la phase carnavalesque constituait un recentrement. Du ventre ont émergé les mots, de la bouche entrouverte, l'« Oralie[27] » zumthorienne a retrouvé pays, territoire flottant et polyphonique. Bientôt, l'Acadie-Acadienne prolonge son étirement vers les Caraïbes, devenant une Acadie-Créole, au double sens de territoire habité par les fils de Créoles noirs ou blancs ainsi que les Acadiens, et domaine de créolisation, au sens glissantien : microclimat, rebond des langues dans une création inédite.

L'ACADIE CRÉOLE

Cet élargissement de l'identité vers la sphère francophone globale, en même temps qu'elle implique une meilleure visibilité, pose la question du changement de *nature* de la francophonie louisianaise. La créolisation de l'État induit dans un premier temps une logistique toute administrative, qui pose la problématique du cadre poétique. Dans un second temps, il apparaît que la force de vie

---

25. David Cheramie, « À 22.000 pieds au-dessus du Canada », en ligne : http://www.centenary.edu/french/textes/pieds.html (page consultée le 04 avril 2009).

26. Servane Daniel, Maëlle Levacher et Hélène Prigent (dir.), *La littérature et ses monstres*, Nantes, Université de Nantes, 2006, p. 53.

27. Paul Zumthor, *Introduction à la poésie orale*, Paris, Seuil, 1983, p. 281.

des littérateurs continue d'irriguer la veine créatrice et qu'elle instaure une particularité louisianaise, dans la fusion stylistique et thématique des univers poétiques et naturels.

UNE FRANCOPHONIE BADGÉE ?

Avec la création du Codofil, les programmes d'immersion, l'élaboration d'études louisianaises et francophones dans les universités états-uniennes, l'on pourrait croire le péril linguistique largement éloigné. Pourtant, se pose la question de l'identité de la francophonie louisianaise moderne. Les auteurs, publiés à de maintes reprises dans des maisons d'édition québécoises et acadiennes, voient dorénavant les éditions « Les Cahiers du Tintamarre », basées à Shreveport, diffuser et promouvoir leurs publications en Louisiane même. Le regard posé sur l'autre, sur soi-même, se transforme et s'institutionnalise. Comme le souligne le journal *Asteur-Amérique*, les identités francophones de Louisiane ne semblent plus se jouer au niveau linguistique, mais davantage culturel et social :

> Le Département fournira des badges ou d'autres insignes marqués avec le mot « Bienvenue » ou « Bonjour » qui identifiera un(e) employé(e) capable d'aider un(e) client(e) francophone à accéder à ou à se servir de services départementaux en français.
> Pour la première fois dans son histoire, le nouveau directeur du Codofil, l'organisme pour la promotion de la langue française en Louisiane, n'est pas Cadien d'origine, il est anglophone. C'est un symbole. Comme il le dit lui-même : « parler le français en Louisiane n'est plus, comme dans les années 50, une marque d'appartenance à une communauté minoritaire, opprimée, cachée, rurale, et pauvre. Aujourd'hui, c'est souvent un atout, la marque d'une éducation poussée[28]. »

---

28. Joseph Dunn, *Asteur-Amérique*, « La Louisiane joue son atout francophone », 30 août 2011, en ligne : http://www.asteur-amerique.org/?Le-francais-en-Louisiane, (page consultée le 10 septembre 2013). Joseph Dunn est le directeur du Codofil depuis juin 2011.

La Louisiane vit un passage vers l'acceptation collective et même législative des particularités linguistiques et culturelles. Édouard Glissant avait pressenti cette créolisation lors de son séjour en Louisiane :

> Je parlais d'une ressemblance entre la Caraïbe et La Nouvelle-Orléans, par exemple, mais un Louisianais serait horrifié : « Pas possible, dirait-il, nous n'avons rien à voir avec les Antilles. Nous sommes des Américains ! » […] Les États-Unis deviendront un grand pays de créolisation le jour où ces cultures pourront retentir les unes sur les autres, avec des résultantes inattendues[29].

Ainsi, la francophonie louisianaise progresse en relation avec la sphère littéraire mondiale, sans perdre son ré-enracinement fondateur. La réforme du Codofil en 2010 inclut la promotion du créole louisianais, preuve de l'attachement aux langues d'Acadiana. L'appel de Kirby Jambon rappelle avec humour les enjeux de cette conquête sur la scène universelle :

> Asteur c'est l'heure qu'on passe le test :
> Que la force soit avec vous.
> Je vous aime beaucoup.
> Bonne chance[30].

La force de vie, qui pulse le texte, fait acte de résilience dans le roman de Freddy De Pues, *Baron Rouge 19-59*, incorporant Katrina dans le récit romanesque :

> Saluons donc ce Baron Rouge 19-59, ce premier roman de langue française écrit en Louisiane depuis plus d'un siècle. Que cette langue sorte des bayous pour prendre fièrement sa place si méritée dans la francophonie et la polyphonie moderne et internationale[31] !

---

29. Édouard Glissant, « La langue qu'on écrit fréquente toutes les autres », entretien avec Lila Azam Zanganeh, *Le Monde*, 17 mars 2006, en ligne : http://www.ecole-lacanienne.net/documents/actualite/lalanguequonecrit. pdf (page consultée le 11 novembre 2013).
30. Jambon, « Allons z'enfants », *L'École Gombo*, *op. cit.*, p. 17.
31. Charles Larroque, préface à Freddy De Pues, *Baron Rouge 19-59*, Shreveport

La Louisiane, souvent considérée comme une terre entre deux déluges, se relève aux niveaux sociolinguistiques et textuels. Elle puise dans sa particularité historique, linguistique, géographique, la terre d'une écriture fertile et multiple.

LA VÉGÉTALITÉ[32] : UNE IDENTITÉ ORGANIQUE

La végétalité encorde texte, auteur et lecteur dans la sphère profondément naturelle (terrestre, végétale, aquatique), pour faire de l'écrit une matière qui finalement se fait homme, vivant et sensible. Dans le domaine de l'écriture, les fantômes des esclaves rappellent l'immense dette de la Louisiane envers le monde des Créoles noirs et des Gens de couleur libres, comme l'illustre la poétesse Deborah J. Clifton :

> Marchez-vous dans les rues
> de n'importe quel village
> et vous verrez les sacrifices humains
> quittés là par des bons chrétiens,
> et les fils du diable qui se détournent les yeux[33].

La *végétalité*, identité organique, lie le cycle des morts et des renaissances, de l'oralité et de l'écriture. Elle incarne l'attachement d'Édouard Glissant à une « fantaisie d'existence, et à une profondeur dans l'expression du malheur[34] ». Formidable force de résilience, la *végétalité* louisianaise lie inextricablement ces forces duales dans le nœud gordien de l'écriture. Mais elle délie, aussi, le cordage des corps textuels et physiques, la chaîne d'une langue en

---

(Louisiane), Les Cahiers du Tintamarre / Centenary College of Louisiana, 2006, p. 7.

32. J'appelle du néologisme de *végétalité* toute forme narrative rappelant le tracé végétal, sinueux, entrecroisé : « Ce terme renvoie non seulement au tissage de la sphère végétale, mais également à toute forme pouvant rappeler cet entrelacement : architectural, narratif ou géographique. » Cécilia Camoin, *Louisiane, la théâtralité comme force de vie*, Paris, PUPS, 2013, p. 50.

33. Deborah J. Clifton, « Canto », *À cette heure, la louve*, Moncton, Perce-Neige, 1999, p. 32.

34. Glissant, *op. cit.*

constante chute, à proprement parler, d'une *langue en lapsus*. Le corps glisse et entraîne avec lui les personnages consumés dans la flamme d'encre :

> même le feu qui éloigne les démons
> doit mourir un jour
> l'étoile s'écroule sur lui-même [sic]
> le feu s'endort jusqu'à novembre
> la saison est finie[35]

«TU FRÈRES»

La Louisiane « frère[36] » toujours, comme elle nous nourrit, comme le monde des Lettres la sustente. Son rayonnement est donc bilatéral, et l'image du végétal trace la ligne prédation-libération d'une littérature en marche, guidée par une langue en danse. La question de la transmission se règle substantiellement de façon collatérale, dans la francophonie élargie. Ce processus qui vient de se dérouler lors des deux dernières décennies est spectaculaire à plusieurs égards.

Tout d'abord parce qu'il rappelle, si besoin est, la formidable capacité de résilience des peuples, dont les langues de phénix ne cessent de renaître de leurs cendres. De cet amas fertile jaillit une nouvelle poétique, qui se sait parallèlement fébrile et inépuisable. Coincée entre deux aurores (préférons ce point de vue, l'on pourrait tout aussi bien dire « entre deux catastrophes »), la poétique louisianaise est fondamentalement un souffle : souffle de vie et courant aérien, puisant dans les failles du passé la pulsion d'écriture. La scène de la composition écrite, ensuite, fait de la monstration un acte temporaire de reconquête de la langue, dans

---

35. May Rush Gwin Waggoner, « Dernier feu », *Poésies*, en ligne : http://www.centenary.edu/french/textes/maypoesies.htm (page consultée le 30 août 2013).

36. Jacques Brel, « Jojo », album *Quand on a que l'amour*, rééd. CD compilation, Barclay, 1996. Dans le monde de la Francophonie, ce passage du nom commun « frère » vers sa mise en verbe « frères » produit un néologisme traduisant simultanément la complexité du sentiment fraternel, de ses tissages et de ses ruptures ; et l'impossibilité de nommer les voies de fraternisation.

ce nouveau domaine de l'écrit. La transformation de l'écriture, de la poésie vers le romanesque, marque une volonté de stylisation du réel. Au-delà, l'on perçoit bien évidement le désir accompli des auteurs de rejoindre les autres sphères littéraires. Le cercle « pan-acadien », en premier lieu ; puis le monde des Lettres sans frontières, francophones et poétiques. Enfin, la tropicalité littéraire qui s'exhale des compositions louisianaises modernes demeure une ressource inépuisable pour les lecteurs et chercheurs, hors territoire et hors conquête, comme semble le résumer Kirby Jambon : « Chez nous c'est chez vous[37]. »

---

37. Jambon, « Le rêve à l'eau », *L'École Gombo*, *op. cit.*, p. 20.

BIBLIOGRAPHIE

1. Corpus de référence
a. Publications
Ancelet, Barry Jean (dir.), *Cris sur le bayou, naissance d'une poésie acadienne en Louisiane*, Montréal, Intermède, 1980, 143 p.

Arceneaux, Jean, *Suite du loup : poèmes, chansons, et autres textes*, Moncton, Perce-Neige, 1998, 108 p.

Castille, Jeanne, *Moi, Jeanne Castille, de Louisiane*, Montréal, Luneau-Ascot, 1983, 222 p.

Cheramie, David *Lait à mère*, Moncton, Éditions d'Acadie, 1997, 69 p.

Clifton, Deborah J., *À cette heure, la louve*, Moncton, Perce-Neige, 1999, 76 p.

De Pues, Freddy, *Baron Rouge 19-59*, Shreveport (Louisiane), Les Cahiers du Tintamarre / Centenary College of Louisiana, 2006, 106 p.

Jambon, Kirby, *L'École Gombo*, Shreveport (Louisiane), Les Cahiers du Tintamarre, 2006, 160 p.

Richard, Zachary, *Feu*, Montréal, Les Intouchables, 2001, 139 p.

-----, *Faire récolte*, Moncton, Perce-Neige, 1998, 132 p.

-----, *Voyage de nuit. Cahier de poésie, 1975-79*, Lafayette, Éditions de la Nouvelle Acadie, 1987, 123 p.

b. Ressources numériques
Cheramie, David, « À 22.000 pieds au-dessus du Canada », en ligne : http://www.centenary.edu/french/textes/pieds.html (page consultée le 04 avril 2009).

Matherne, Beverly, « Les Fils », printemps 1994, en ligne : http://www.beverlymatherne.com/les-fils.html (page consultée le 11 novembre 2013).

Richard, Zachary « La Ballade de François Paradis », album *La lumière dans noir*, 2007, en ligne : http://zacharyrichard.com/lyrics/balladedefrancoisparadis.html (page consultée le 30 août 2013).

-----, « La Ballade de Beausoleil », en ligne : http://zachary richard.com/lyrics/balladedebeausoleil.html (page consultée le 30 août 2013).

Waggoner, May Rush Gwin, *Poésies*, en ligne : http://www.centenary.edu/french/textes/maypoesies.htm (page consultée le 30 août 2013).

2. Corpus critique

a. Publications

Bobillot, Jean-Pierre, *Poésie sonore*, Reims, Le clou dans le fer, 2009, 136 p.

Daniel, Servane, Maëlle Levacher et Hélène Prigent (dir.), *La littérature et ses monstres*, Nantes, Université de Nantes, 2006, 250 p.

Zumthor, Paul, *Introduction à la poésie orale*, Paris, Seuil, 1983, 307 p.

b. Ressources numériques

Ancelet, Barry Jean, «L'exception cadienne et créole de Louisiane», *Québec français,* n° 154, été 2009, p. 78-81, en ligne : http://id.erudit.org/iderudit/1821ac (page consultée le 10 septembre 2013).

-----, «Entretien "carnavalesque" avec Jean Arceneaux et Barry Jean Ancelet», en ligne : http://www.francomix.com/ breve-Entretien__carnavalesque__avec_Jean_Arceneaux_ et_Barry_Jean_Ancelet-332.html (page consultée le 29 mai 2007).

Dunn, Joseph *Asteur-Amérique*, «La Louisiane joue son atout francophone», 30 août 2011, en ligne : http://www.asteur-amerique.org/?Le-francais-en-Louisiane, (page consultée le 10 septembre 2013).

Glissant, Édouard, «La langue qu'on écrit fréquente toutes les autres», entretien avec Lila Azam Zanganeh, *Le Monde*, 17 mars 2006, en ligne : http://www.ecole-lacanienne.net/ documents/actualite/lalanguequonecrit.pdf (page consultée le 11 novembre 2013).

Richard, Zachary «L'émergence d'une littérature francophone en Louisiane», en ligne : www.centenary.edu/french/textes/ emergence.htm (page consultée le 15 mai 2006).

POUR UNE LITTÉRATURE VOYAGEUSE ACADIENNE

Robert Viau
Université du Nouveau-Brunswick

> Pars tout de suite du pied gauche, pour la chance,
> un pas à la fois, sans te retourner, va tout droit, tout droit...
> Antonine Maillet, *Le chemin Saint-Jacques*[1]

Existe-t-il une littérature voyageuse acadienne, aventureuse, ouverte sur le monde, vouée à l'Autre et à l'Ailleurs ? L'Acadie, dans l'imaginaire populaire, est souvent associée à ces petits villages côtiers où se bercent, nostalgiques dans le souvenir de l'*empremier,* des navires amarrés à quai. Pourtant, il existe une littérature de l'exil et du voyage, où des personnages acadiens sont mis à l'épreuve du monde et des autres. D'*Évangéline* au *Chemin Saint-Jacques*, d'*Oasis* à *Étoile filante* en passant par *Lieux cachés* et *L'attrait des pôles*, des livres au titre emblématique invitent le lecteur à la poussière des routes, au regard croisé d'inconnus, à la difficile découverte de soi et de l'autre dans un ailleurs lointain. Parmi tous les auteurs qui se sont intéressés au récit de voyage, nous avons limité notre étude, dans le cadre restreint de cet article, à trois auteurs majeurs : Antonine Maillet, Charles Pelletier et Serge Patrice Thibodeau.

Les Acadiens de la Déportation étaient définis comme d'éternels errants. Comme l'écrit Henry Wadsworth Longfellow :

---

1. Antonine Maillet, *Le chemin Saint-Jacques,* Montréal, Leméac, 1996, p. 16. Désormais, les références à cet ouvrage seront indiquées par le sigle *CSJ*, suivi du folio, et placées entre parenthèses dans le texte.

« Or malgré la fatigue et malgré les soucis, / Ils ne s'arrêtaient pas. Toujours pleins de courage, / Ils poursuivaient toujours leur pénible voyage[2] ». Surnommés les « piétons de l'Atlantique », les déportés traversèrent l'océan et sillonnèrent les routes à la recherche d'un refuge ou des membres dispersés de leur famille. La mythique Évangéline incarne cette quête, elle qui passa sa vie à chercher Gabriel, disparu dans les déserts de l'Amérique. À la suite de sa déportation et de la destruction de son village natal de Grand-Pré, Évangéline traverse divers États du nord des États-Unis, descend l'Ohio et le Mississippi, jusqu'au bayou Plaquemine et aux lacs de l'Atchafalaya. Quittant la Louisiane, elle parcourt le Nouveau-Mexique, les Ozarks, l'Ouest américain, les limites mêmes de la frontière américaine de 1847, puis revient dans la région des Grands Lacs pour enfin aboutir à Philadelphie où elle retrouve Gabriel agonisant.

Les difficultés et les dangers associés à la traversée de régions souvent inexplorées et hostiles transforment la vierge acadienne en une exploratrice sûre d'elle-même et de sa mission. À la fin du récit, Évangéline n'est plus une villageoise acadienne anodine, mais une jeune femme courageuse et persévérante, que rien ne rebute. Obsédée par sa quête, l'inlassable voyageuse va résolument de l'avant et traverse plusieurs seuils avant de mériter le repos « sur d'étrangères plages[3] », dans un cimetière de Philadelphie.

Mais qu'en est-il des Acadiens qui ont refusé d'avoir « pour linceul, / La terre de l'exil[4] » et qui sont revenus en Acadie ? Exilés dans leur propre pays, ils forment une minorité dispersée aux quatre coins des provinces maritimes. Ces gens qui avaient ensemencé les fertiles terres marécageuses de la Baie Française (Baie de Fundy) érigent de nouvelles paroisses sur des caps pelés, balayés par les vents de l'océan. En tant que peuple, ils ont le sentiment d'être distincts de leurs voisins anglophones et protestants, d'avoir une identité propre forgée au cours des siècles, trempée par l'épreuve de la Déportation, ce qui va leur permettre de croître et d'affirmer leur différence. Après la Déportation et le retour au pays, pendant la période dite de la Survivance, l'Acadien se sédentarise, s'identifie à

---

2. Henry Wadsworth Longfellow, Évangéline, traduction de Pamphile LeMay, Moncton, Perce-Neige, [1847] 1994, p. 81.
3. *Ibid.*, p. 98.
4. *Ibid.*, p. 99.

son coin de pays, à son village, à son clocher. Comme le dit si bien la devise des fêtes marquant le 375ᵉ anniversaire de la fondation de l'Acadie : « On est venus, c'est pour rester. »

Pour nourrir leur nombreuse famille, les Acadiens prennent la mer et deviennent pêcheurs ou défrichent des terres dans l'arrière-pays. Mais il n'est aucunement question de quitter la Nouvelle Acadie. Dans *Retour à la terre* (1916) et *Pour la terre* (1918), Mgr Louis-Joseph-Arthur Melanson s'élève contre l'émigration et les dangers rencontrés dans les villes. Dans *L'émigrant acadien* (1929), James Branch cherche à endiguer l'émigration des Acadiens aux États-Unis en démontrant que la vie à la campagne, sur la « terre paternelle », est agréable et saine et qu'il faut se méfier du « mirage trompeur des États[5] ».

RESTER OU PARTIR ?

L'œuvre de la romancière acadienne la plus connue, Antonine Maillet, s'est édifiée au bord de la mer, des dunes et des îles, en décrivant un village côtier divisé en un En-haut et un En-bas, et en narrant les aventures de personnages colorés : Don l'Orignal, la Sagouine, Gapi, la Sainte, Noume, Michel-Archange, Citrouille, Mariaagelas et les autres. Ceux-ci voyagent peu, à moins que l'errance ne leur soit imposée, comme elle le fut à Pélagie-la-Charrette qui s'empresse alors de revenir dans son pays. L'Acadien ne quitte pas sa région pour visiter le monde ; toutefois, dans *L'Acadie pour quasiment rien* (1973), l'étranger est invité à visiter l'Acadie. Dans la pièce *Gapi et Sullivan* (1973), Gapi, personnage emblématique de ce désir de ne pas quitter son bout de terre, est gardien de phare. Il fait face à la tentation, celle de Sullivan qui, nouveau Survenant, apparaît inopinément et l'enjoint de partir à l'aventure en sa compagnie. L'attrait de « là-bas », la tentation de voir « autre chose » éveille chez Gapi le désir, l'envie de tout quitter et de partir à l'aventure, mais il restera par amour des goélands qu'il engueule, de la dune qu'il arpente et du phare qu'il entretient, en un mot, par respect pour ce pays qui est le sien.

---

5. James Branch, *L'émigrant acadien*, 3ᵉ éd., Gravelbourg, L'imprimerie Amateur, [1929] 1937, p. 8.

Il faudra attendre le roman *Le huitième jour* (1986) pour découvrir dans l'œuvre de Maillet « que le monde est bien plus riche, plus vaste et plus complexe qu'on ne l'avait d'abord imaginé[6] » et qu'il mérite d'être exploré littéralement de fond en comble. Les personnages de ce conte prennent le chemin de l'aventure dans leur quête d'« un monde sans limites, sans ennui, sans fin[7] » et vont jusqu'à mettre en échec la Mort. De même, puisque la terre est ronde, rien n'interdit aux personnages du *Mystérieux voyage de Rien* (2008) d'en faire le tour « à la quête de son sens, de ses mystères, de ses richesses visibles ou cachées[8] ». Dans ces voyages, il ne s'agit pas tant d'atteindre une destination que d'aller de l'avant vers « une destinée, un destin[9] », comme le découvre Radegonde dans *Le chemin Saint-Jacques* (1996).

Le chemin Saint-Jacques, dont les itinéraires s'étirent des confins de l'Europe jusqu'à Saint-Jacques-de-Compostelle en Galice (Espagne), est la route du pèlerin, mais aussi une métaphore de la voie lactée, du chemin à la fois matériel et intemporel. Dans le roman éponyme de Maillet, le chemin devient protéiforme et symbolise les étoiles, le rêve, la route de la vie, de la connaissance et du bonheur. Radegonde parcourt l'Europe en évoquant les grands disparus et en cherchant à fermer le cercle de ses interrogations et de ses angoisses. Cette quête la mène en France, en Grèce, à Jérusalem, dans les grands centres de culture et de spiritualité, à la recherche de la connaissance d'un moi qui recouvre une identité à la fois individuelle et, en tant qu'Acadienne, collective.

Toutefois, au moment où elle se prépare enfin à entamer un pèlerinage à Saint-Jacques-de-Compostelle, sur la route médiévale du pardon, Radegonde reçoit un télégramme qui lui annonce que sa sœur Sophie est très malade et qu'elle doit rentrer au Canada. Elle entreprend alors un « voyage de rechange » (*CSJ*, 364), celui du labyrinthe de la cathédrale Notre-Dame d'Amiens. Dans les siècles passés, ce labyrinthe en dallage de pierres noires et blanches avait effectivement offert aux pèlerins de Saint-Jacques perclus ou démunis un itinéraire de rechange. Pendant quelques heures,

---

6. Antonine Maillet, *Le huitième jour*, Montréal, Leméac, 1986, p. 88.
7. *Ibid.*, p. 12.
8. Antonine Maillet, *Le mystérieux voyage de Rien*, Montréal, Leméac, 2008, p. 36.
9. *Ibid.*, p. 55.

Radegonde suit le labyrinthe pour se mieux connaître dans un rituel initiatique, personnel et spirituel. Les tournants et virages du labyrinthe représentent les tournants et virages de sa propre vie. Sa démarche physique rejoint sa démarche intérieure dans une quête de soi où il s'agit de « fouiller un univers inconnu de tous et qui pourtant se cache au fond de chacun » (*CSJ*, 67).

Cette traversée du labyrinthe va mener Radegonde « bien plus loin que Compostelle » (*CSJ*, 355) et lui permettre de se recentrer, de retrouver une raison de persévérer dans l'existence. Après avoir tourné en rond, la jeune femme sort du labyrinthe comme un être transformé, réconcilié avec lui-même et son passé. En méditant sur son chemin de vie, Radegonde arrive à la connaissance et à l'acceptation de soi, à réconcilier Radi (Radegonde jeune) avec Radegonde (Radi plus âgée), les rêves de l'enfance avec la réalité de l'âge adulte. Radegonde, ayant repris en main son existence, sait maintenant ce qu'elle veut faire, c'est-à-dire retourner en Acadie parfaire son œuvre : « Avec des mots, je pourrais rebâtir le monde, recommencer la Création laissée en plan, retracer le chemin parcouru depuis l'aube des temps, cogner, mais cette fois pour de vrai, aux portes du paradis. J'étais sauvée, Sophie, nous le sommes tous, si nous pouvons le dire » (*CSJ*, 356). Le voyage en Europe se mue en un voyage initiatique qui permet à la narratrice de surmonter ses contradictions et d'entreprendre une œuvre littéraire.

L'INDE VASTE ET MULTIPLE

Si les Acadiens de la génération d'Antonine Maillet ont surtout voyagé en France afin de découvrir le pays des ancêtres ou parfaire leurs études dans les universités européennes, les nouvelles générations n'hésitent plus à arpenter les chemins du monde les plus éloignés et les plus ardus. Il ne s'agit pas de mettre le pied sur un rivage jamais encore foulé, ce qui est invalidé par le destin touristique du monde moderne auquel nous sommes condamnés, mais de découvrir un autre monde, différent, étrange et fascinant, où l'on peut renaître, briser la gangue des habitudes et des certitudes. Dans l'expérience d'un tel voyage, il est question du moi, mais d'un moi qui, comme l'écrit Michel Le Bris, serait « dépouillé par le choc du monde de ses trop-pleins, de ses illusions, de ses petites ruses, mis à nu [...] mis à l'épreuve de l'*autre*[10] ». L'exploration du monde est alors perçue comme un viatique à l'exploration de soi et de ses rapports avec autrui.

Que demande le narrateur d'*Oasis. Itinéraire de Delhi à Bombay*[11] (1993) de Charles Pelletier, sinon de comprendre, de se comprendre, et de ne pas avoir ce sentiment d'avoir passé à côté de sa vie ? Ce n'est pas lui qui va en Inde, rencontrer l'Inde, c'est l'Inde qui impose sa voix, vient à sa rencontre, le traverse et le bouleverse de par sa grandeur, sa beauté, son mystère. La communauté de vie avec les habitants des villes et des campagnes de ce pays permet au narrateur de découvrir la précieuse diversité de l'espèce humaine, la stimulante variété des langues et des cosmogonies, de sorte qu'il en vient à examiner sa langue et sa culture à la lumière de ces autres langues, de ces autres cultures. L'avion a raccourci les distances, mais ce n'est qu'en jetant des ponts entre lui et les inconnus qu'il coudoie que le narrateur se transforme, se laisse « contaminer » au sens positif du mot, s'enrichit de nouvelles expériences, de nouveaux savoirs, adopte des coutumes et des critères différents de ceux que lui imposait son isolement ethnocentrique.

L'Inde dans *Oasis* se laisse découvrir par les sens : « cohue à trois heures du matin. Cacophonie » (*O*, 16), « par une fenêtre entrouverte, des senteurs nouvelles se glissent jusqu'à lui » (*O*, 17), « il a mal aux yeux à force de trop regarder » (*O*, 19). Le narrateur doit réapprendre à saluer, à manger, à parler, à bouger, car « tout ce qu'il voit les premiers jours le court-circuite, lui, l'Occidental, le Nord-Américain » (*O*, 20). Reconfiguration nécessaire des habitudes, remise en question des acquis, l'Inde bouscule : « c'est du côté gauche qu'on doit marcher » (*O*, 20). Mais l'Inde, c'est aussi la nostalgie du passé quand le père du narrateur lui parlait de ses voyages dans les années 1940. Semblable à Radegonde, le narrateur est à la recherche d'un temps perdu, celui de « l'imaginaire de son enfance » (*O*, 21). Semblable aussi à Radegonde, il se met en état de découverte pour « libérer l'expression » (*O*, 22), écrire, c'est-à-dire

---

10. Michel Le Bris, « Pour une littérature-monde en français », Michel Le Bris et Jean Rouaud (dir.), *Pour une littérature-monde*, Paris, Gallimard, 2007, p. 30.

11. Charles Pelletier, *Oasis. Itinéraire de Delhi à Bombay*, Moncton, Éditions d'Acadie, 1993. Désormais, les références à cet ouvrage seront indiquées par le sigle *O*, suivi du folio, et placées entre parenthèses dans le texte.

trouver le rapport « impression-expression » nécessaire afin que les mots ne voyagent plus « dans le confort de leur définition » et ne transportent pas « que du vide » (*O*, 23).

S'il imaginait son voyage en Inde comme des vacances, le narrateur se rend compte qu'il s'agit d'une expérience de vie qui fait en sorte qu'il ne sera plus jamais le même. Il ressent comme il le dit à maintes reprises un « court-circuit » résultant du heurt de deux visions du réel de sorte qu'il doit constamment réajuster sa vision, modifier son jugement. La somme de ces expériences sensorielles et mémorielles font en sorte qu'il a « la conscience d'être » (*O*, 62), la « conscience de vivre » (*O*, 88). Le regard qu'il porte sur ce qui l'entoure n'est pas celui d'un touriste en quête d'exotisme, mais d'un chercheur d'intériorité qui, à son tour, est observé « comme un numéro de cirque » (*O*, 49) par les enfants, adolescents, hommes, vieillards et infirmes qu'il côtoie. Ce n'est pas lui qui objectifie ce qu'il voit, mais lui qui devient « objet » (*O*, 63) sous le regard médusé des Indiens. Alors que le voyageur du 19e siècle se croyait supérieur et restait maître du regard, cette impression d'être regardé suscite un trouble de l'identité chez le narrateur. Cette altérité inversée, provoquée par le regard de l'autre, lui révèle sa propre fragilité, sa propre étrangeté en tant que Nord-Américain en Inde, mais aussi en tant qu'individu en quête d'un je-ne-sais-quoi indéfinissable qui le comblerait.

Ce voyage en devient un d'immersion totale afin de « s'imbriquer dans ce corps à corps qu'est la réalité indienne » (*O*, 76) au point de s'habiller comme les Indiens, de laisser pousser sa moustache, à la manière des hommes de l'Inde, et d'adopter des pratiques courantes caractéristiques du pays au profit d'une meilleure connaissance de l'autre et d'une réelle connivence avec la société indienne. Tel Vishnou le dieu aux multiples avatars, le narrateur se métamorphose, se joue des vicissitudes de l'existence, prend « les couleurs du pays » et trouve « sa seconde nature » (*O*, 124). Certes, il y a le voyage extérieur à Delhi, à Jaipur, à Jodhpur, mais aussi le « voyage intérieur » (*O*, 64) qui fait en sorte qu'il n'est plus la même personne et que son séjour indien est véritablement une « oasis » dans une vie autrement prévisible.

Pendant ce voyage, le narrateur ne tente pas de retrouver les traces de sa propre culture dans celle de l'autre ou des éléments du passé mythique de l'Inde, comme peut le faire un touriste en manque d'exotisme. Au contraire, il s'investit à fond dans la vie de tous les jours de sorte que son voyage laisse progressivement place à une expérience initiatique de déperdition de soi et de ses repères. Le dessaisissement de ce moi policé, guindé, morne est salutaire en ce sens qu'il permet au narrateur de se libérer des attaches qu'il croyait nécessaire à son bien-être. Le voyage consiste alors pour lui « à changer de peau », à se changer les idées afin de raviver son regard, réapprendre à voir ce que l'ordinaire des jours, l'usure du temps efface de la beauté du monde.

Si *Oasis* se veut un récit de voyage initiatique en Inde, le deuxième roman de Charles Pelletier, *Étoile filante*[12], reprend le même thème, mais en l'approfondissant. Publié dix ans après *Oasis*, *Étoile filante* (2003) en est chronologiquement la suite. Dans ce voyage *bis* en Inde, la quête du narrateur est désormais plus personnelle, plus intime. Saisi des « démons de la déambulation et de l'errance » (*ÉF*, 39), le narrateur part à l'exploration des sites, des bazars, des temples et des jardins. Il tente de s'intégrer à ce pays, « de faire partie du décor. Sentiment d'appartenance » (*ÉF*, 82) tout en sachant que ce n'est qu'illusion car il reste l'Autre, celui qui passe et qui va ainsi « d'aventure en aventure » (*ÉF*, 98).

À l'énumération des villes traversées et la description d'une errance solitaire succède le récit du désir charnel et d'une histoire d'amour. Certes, le narrateur voulait « ne dépendre que de soi. Être seul au bout du monde » (*ÉF*, 47), mais il rencontre des touristes en couple et tandis que ses « amis s'unissent dans leurs étreintes amoureuses, il reste seul à veiller les pluies d'étoiles » (*ÉF*, 53). Le voyage est ponctué de rencontres, surtout avec des hommes, car le narrateur ne peut s'adresser à une femme sans qu'elle ne soit accompagnée d'un membre de sa famille ou de son mari.

Dans ce contexte particulier, le narrateur s'éprend d'un « adonis callipyge » (*ÉF*, 100) du nom d'Andy de sorte qu'il entreprend « un voyage dans le voyage » (*ÉF*, 114). Toutefois, malgré le désir, malgré l'impression d'avoir rencontré une « âme sœur au fond de la brousse » (*ÉF*, 110), leur réserve commune fait qu'ils ne peuvent assumer pleinement leur attraction l'un pour l'autre. Andy, gêné par sa religion, son éducation et sa famille,

---

12. Charles Pelletier, *Étoile filante*, Moncton, Perce-Neige, coll. « Prose », 2003. Lauréat 2003 du prix littéraire Antonine-Maillet-Acadie Vie. Désormais, les références à cet ouvrage seront indiquées par le sigle ÉF, suivi du folio, et placées entre parenthèses dans le texte.

ne peut se laisser aller au désir. Le narrateur retombe alors dans « un des scénarios de sa vie » (*ÉF*, 155) : aimer un homme qui ne l'aime pas. Telle Évangéline, le narrateur parcourra le sous-continent indien afin de satisfaire son désir, sans que celui-ci ne soit consommé. Il poursuit, comme l'indique le titre, une « étoile filante », un objet de beauté qui traverse son existence[13].

À partir de ce désir, basé sur la conscience du bonheur et de la beauté fugitifs, le narrateur construit les édifices de sentiments les plus complexes et les plus délicats. L'Inde sera revisitée et revue à travers les yeux de l'être aimé de sorte qu'il ne s'agit plus du même pays, ni du même voyageur, « excité » (*ÉF*, 133) par tout ce qu'il compte montrer à son compagnon. Il vit intensément sous l'aiguillon du désir charnel et observe, sous un éclairage nouveau, la vie passionnante de l'Inde. Sous le choc de l'émerveillement, « dans un état altéré de conscience » (*ÉF*, 141), les voyageurs poursuivent leur déambulation à travers le pays jusqu'au moment du départ d'Andy. Les deux hommes sont alors déchirés « par la joie de quitter cette relation qui n'aboutit pas et le chagrin de laisser une personne que le destin, pour on ne sait quelle raison, a placée sur sa route » (*ÉF*, 170).

Face à l'absence de l'autre, au vide affectif, le narrateur se questionne : « qui suis-je dans tout ça ? » (*ÉF*, 194). Par l'écriture, il se scrute et cherche à démêler le trouble d'une passion, le malaise qu'elle engendre chez celui qui en est l'objet, la confusion des sentiments : « chercher en moi ce qu'il y a de mystère, d'illusion, de réel aussi » (*ÉF*, 197). Afin de surmonter sa douleur et sa nostalgie, il est repris « du démon de la déambulation. Tout voir, tout goûter, tout sentir, tout entendre. Tout retenir de ce peuple, de cette ville, de ce pays, de ce sous-continent indien » (*ÉF*, 219). Et ce sera plus tard à regret qu'il quittera « son pays d'adoption » (*ÉF*, 225).

Oasis et *Étoile filante* reprennent les théories que Charles Pelletier a élaborées dans sa thèse de doctorat, et en particulier celle du fragment[14]. Ces romans sont des fragments de carnets de

---

13. Dans *L'attrait des pôles*, Serge Patrice Thibodeau rencontre lui aussi « un beau ténébreux avec une mâchoire de jeune premier », mais celui-ci disparaîtra à Port-Menier « comme une étoile filante » (*AP*, 61).

14. Charles Pelletier, *Parcours (théorie, création et critique)*, thèse de doctorat, Université de Sherbrooke, 2000, 325 p. Voir aussi Charles Pelletier, « Le fragment : de l'intention à l'écriture (essais) », Carlo Lavoie (dir.), *Lire du fragment : analyses et procédés littéraires*, Québec, Nota bene, coll. « Terre américaine », 2008, p. 461-472.

voyage, de descriptions de villes, de villages et de sites parcourus, et cette forme crée un espace, commande une vision et libère une expression. La brièveté interruptive des séjours dans les villes diverses, très différentes les unes des autres, ouvre sur la discontinuité et le pluriel d'un texte traversé par le fil d'Ariane de la quête d'un sens, d'une identité et d'un amour. Le narrateur, qui dans ses pérégrinations ne cesse d'acheter des tissus fins et rares, ne tisse-t-il pas une courtepointe, un tapis *hooké* acadien, où chaque carré de tissu a son origine, son histoire et sa texture ?

Sans être orientés vers une fin, si ce n'est celle aléatoire du vol de retour en Occident, les différents épisodes sont juxtaposés dans une série de moments qui surgissent dans leur unicité, petits blocs erratiques ou morceaux détachés, sans jamais s'étendre vers le couronnement d'une finalité qui demeure indéfinie, diffuse, inatteignable. Il ne peut y avoir de totalité dans ces récits de voyage, seulement des résidus pluriels de rencontres, de visites, de désirs. *Oasis* et *Étoile filante* ne sont-ils pas en fin de compte des variations sur le thème du même voyage, souple, flexible, sur lequel on revient dans un refus du centre et du signifié plein, fermé ?

COURIR LE MONDE

Grand voyageur originaire du Madawaska (comme Charles Pelletier), Serge Patrice Thibodeau a publié une quinzaine de récits de voyage dans la revue *Art Le Sabord* entre 1999 et 2005 ; il les a ensuite réécrits et réunis dans le recueil *Lieux cachés* (2005). Quelques années plus tard, il a récidivé et publié une deuxième série de récits de voyage, *L'attrait des pôles* (2013)[15]. Après tant d'années de déplacements, un « quart de siècle […] voué à l'errance » (*LC*, 11) comme il l'écrit, le narrateur conclut que le voyage et l'écriture ne sont plus « qu'une seule et même chose dans [s]a vie » (*LC*, 14), ce qui l'amène à affirmer « que sans passeport valide, on est un apatride, et que sans livres, on est un prisonnier » (*LC*, 14).

---

15. Serge Patrice Thibodeau, *Lieux cachés. Récits de voyage*, Moncton, Perce-Neige, coll. « Prose », 2005 ; *L'attrait des pôles. Récits de voyage*, Moncton, Perce-Neige, coll. « Prose », 2013. Désormais, les références à ces ouvrages seront indiquées par les sigles *LC* et *AP*, suivi du folio, et placées entre parenthèses dans le texte.

L'écriture et l'errance sont effectivement les sources d'inspiration du narrateur de *Lieux cachés* de sorte que les sites visités et les livres lus se répondent dans un chassé-croisé souvent fort inattendu. C'est à Rio que le narrateur lit le romancier Gao Xingjian, à Londres qu'il découvre la poésie de l'Irlandais Patrick Kavanagh, à Cancún qu'il s'immerge dans celle de Paul-Marie Lapointe ce qui, dans ce dernier cas, lui permet de retrouver dans le ciel du Yucatan les constellations nordiques que Lapointe a créées dans sa poésie. Le voyageur lit des œuvres, souvent « étrangères », dans un pays qui lui est inconnu. Malgré ce surcroît d'exotisme, la littérature et l'errance sont intimement liées et s'enrichissent mutuellement, d'autant plus que le narrateur demeure dans le seul « pays » qu'il affectionne véritablement, celui de la littérature.

Du Brésil à Londres, en passant par sa ville-fétiche Prague, le narrateur développe une réflexion sur l'art, sur la musique classique et populaire, et se questionne sur la littérature et l'acte d'écrire. À la différence des livres de Pelletier, celui de Thibodeau présente une série de chapitres disparates, émiettés comme le faisait le Petit Poucet pour laisser une trace de son passage. Le narrateur décrivant ce qu'il a vu et ce qu'il a fait, a peu le loisir de se révéler et de se développer en tant que personnage. S'ensuit l'impression du même transposé dans l'ailleurs. Pourtant, cette suite impromptu et ininterrompue de noms, d'adresses, de sites fait le charme de ce livre, une véritable ritournelle de lieux exotiques qui nous transporte d'un continent à l'autre, d'un « ailleurs » à l'autre : Copacabana, Cambridge, Mikulov, Cancun, Prague, Varsovie, San Cristobal de Las Casas, Qana, Dubrovnik, Amsterdam, Bergen-Binnen, Aix-en-Provence, Santa Catarina Loxicha, Marans, pour finalement revenir à Rivière-Verte dans le Madawaska. L'énumération des noms des villes traversées par l'errant suffit à elle seule à donner le vertige et à susciter le dépaysement.

Le récit devient tragique lorsque le narrateur est témoin du non-respect des droits humains fondamentaux par les régimes totalitaires. Le voyage, comme l'écriture, adopte alors une fonction testimoniale : « une forme de résistance que tout voyageur trimbale avec lui dans son sac à dos, une arme encore plus redoutable que les mitraillettes de fabrication américaine qu'on avait pris plaisir à nous mettre sous le nez » (*LC*, 60). Impuissant à prévenir les massacres, inutile face aux pleurs des survivants, le narrateur ne peut que constater la colère et le ressentiment des victimes en espérant que son travail, son affairement, son dévouement puisse, en toute modestie, contribuer à mettre en place la « volonté de se comprendre et de s'accepter mutuellement, dans le respect des différences et du bon voisinage » (*LC*, 60).

Dans sa quête du « beau » et du « bon » (*AP*, 96), le narrateur ne reste pas inactif après la publication de ces premiers récits de voyage et il reprend la route, attiré par les antipodes. *L'attrait des pôles* (2013), comme l'indique le titre, porte sur les pôles, le sud et le nord, et la facilité déconcertante par laquelle le narrateur croit se « dirig[er] vers le nord alors qu'[il] march[e] résolument vers le sud » (*AP*, 13). Le voyage joue sur ce déboussolement, sur le fait que dans l'hémisphère sud, le narrateur ne peut plus rien nommer, « ni les arbres, ni les fleurs, ni les constellations » et que « l'étrangeté des choses de la vie quotidienne contraste vivement avec l'allure européenne de Buenos Aires » (*AP*, 15) qui lui rappelle Paris ou Prague. Le différent et le même, le sud et le nord s'intègrent et se confondent dans cette quête des extrêmes des continents par un narrateur ayant « perdu le nord ».

Mais le voyage n'est-il pas une tentative de recentrement ? Comme l'explique le narrateur : « les nombreux déplacements, le dérangement [des] vieilles habitudes, l'abolition de [s]on quotidien et de [s]a zone de confort » (*AP*, 94) ne sont-ils pas des épisodes nécessaires à la compréhension de l'existence humaine ? Nomade professionnel, le narrateur avoue ne se « sen[tir] bien qu'en mouvement sur la route » (*LC*, 109) mais avec l'âge, il se rend compte que « même les antipodes ont des limites » (*AP*, 99) et que les « bagages pèsent de plus en plus lourd » (*LC*, 109). De retour à Rivière-Verte ou Moncton, tel Ulysse dans son île après ses pérégrinations, il raconte ses voyages à son père et promet d' « écrire tout ça » (*LC*, 128), car il a bien l'intention « de continuer [s]a route plus loin, mais autrement » (*AP*, 99).

Il y a dans ces récits de voyage, et en particulier dans les dernières pages de *L'attrait des pôles,* une prise de conscience, semblable à celle de Radegonde, qui consiste à comprendre « qu'au bout de plusieurs chemins, deuils, pertes et regrets », le narrateur croit savoir « ce [qu'il a] à faire *maintenant* [sic] » (*AP*, 102). Le voyage se poursuit, mais à un autre niveau, grâce à une meilleure connaissance de soi et du monde. Certes, il n'a pas réussi à changer le monde, il n'a pas construit « des empires » ni « amassé des fortunes à s'en bloquer les artères » (*AP*, 92), mais à l'instar de

Gao Xingjian, il pourra dire : « Un homme seul est tellement peu de chose, tout ce qu'il peut faire c'est s'exprimer, rien d'autre » (*LC*, 86).

LE CERCLE ET LE CENTRE

Les personnages de ces récits[16] préfèrent Paris, Bombay, Prague ou, pour reprendre les mots de Baudelaire : « N'importe où ! n'importe où ! pourvu que ce soit hors de ce monde[17] ! », car il s'agit de fuir le clos, le familier, la banalité du quotidien. Ce sont des personnages paratopiques mobiles, au sens où l'entend Maingueneau[18], qui ne sont pas affectés à un territoire particulier et qui à un moment donné ressentent l'impossibilité même de se stabiliser, de s'assigner une véritable « place ». Ayant quitté la clôture rassurante de la maison et de l'Acadie pour prendre la route, un tel personnage est confronté à un inconnu toujours ouvert. Ne pouvant compter que sur ses propres forces, il traverse des frontières et rencontre des hommes et des communautés liés à un chez-soi, mais lui ne saurait s'arrêter et s'établir de façon permanente parmi eux.

Ce faisant, l'errance et la quête, spirituelle ou amoureuse, de ces personnages s'inscrit dans celle du peuple acadien. L'Acadie, et tout ce qu'elle représente, est intégrée dans la conscience du personnage et dans le regard qu'il porte sur les lieux qu'il traverse. La condition de minoritaire et la question de l'identité nationale sont surdéterminées par l'isolement du voyageur qui n'est pas de la même couleur et qui ne peut pas parler sa langue. Le départ, l'errance, l'étrangeté, l'exil renvoient à une vision de l'Acadie liée à la Déportation et à sa position de société marginale dans les provinces maritimes anglophones.

---

16. Il ne s'agit évidemment que d'une sélection de récits de « l'Acadie voyageuse », d'autant plus que nous nous sommes limité à des œuvres en prose. Notons aussi la publication du *Carnet de route du pèlerin acadien* (2000) de Jacques-A. Frigault, de même que les guides de l'auteur de cet article, soit *Paris, capitale de la culture* (2010) et *Poitiers et le Poitou acadien* (2013).

17. Charles Baudelaire, *Le spleen de Paris*, Paris, Librairie Générale Française, 1972, p. 174.

18. Dominique Maingueneau, *Le contexte de l'œuvre littéraire. Énonciation, écrivain, société*, Paris, Dunod, 1993, p. 174.

Pourtant, ce voyage dans des contrées éloignées ne résulte pas en l'anéantissement du personnage, en son assimilation, en sa disparition comme Évangéline à Philadelphie. L'ailleurs, d'une étrangeté troublante, permet au personnage de vivre intensément, « dans un état altéré de conscience » (*ÉF*, 141), dans une série de « courts-circuits » qui exigent une reconfiguration nécessaire des habitudes, une remise en question des acquis. L'observation du réel est prétexte à une écoute attentive de soi, permettant de fixer ses pensées et de faire le point sur ses sentiments. Ces personnages pourraient reprendre à leur compte ce qu'écrivait Stendhal en voyage à Milan : « Je ne prétends pas dire ce que sont les choses, je raconte les sensations qu'elles me firent[19] ».

Certes, le récit de voyage est lesté de réalité, car on peut suivre le parcours des personnages sur une carte ou, pour être plus moderne, sur *Google Earth*. Toutefois, le récit de voyage est avant tout exploration de soi : « La vie l'a invité au voyage. Voyage intérieur » (*O*, 64). Sur la route, le personnage est confronté à l'étendue de son esprit, à l'intranquillité de ses pensées. L'inventaire de l'extérieur mène à l'inventaire de soi. Le voyage n'est pas seulement une découverte du monde et une addition kilométrique, mais une expérience intime de sorte que le voyage physique suscite, telle la madeleine de Proust, un voyage intérieur. Dans ce cas, il ne s'agit plus d'une retranscription du réel, mais d'une tentative de retracer une expérience personnelle, un pèlerinage vers le centre. Cette recherche de l'intime, débusquée plus facilement grâce au déséquilibre psychologique et émotionnel né de la rupture opérée par le déplacement, est le but du récit. Et la question à poser n'est pas où est-il allé au plus loin, mais au plus près ? Comme le souligne Radegonde : « Je tournais en rond, mais mes ronds creusaient toujours davantage, en moi et à l'extérieur de moi. Car à mesure que l'entonnoir agrandissait son ouverture sur le monde, ses cernes me délimitaient, me dessinaient un profil » (*CSJ*, 338). Le voyageur avance ainsi dans sa propre nuit, relié aux autres par les signaux qu'envoient les mots tracés sur la page.

Les personnages de Maillet, de Pelletier et de Thibodeau se mettent en état de découverte pour « libérer l'expression » (*O*, 22), écrire, et s'ils reviennent, ce n'est que lorsqu'ils saisissent

---

19. Stendhal, *Rome, Naples et Florence*, Paris, Michel Lévy frères, 1854, p. 81.

davantage leur propre identité individuelle, dont la prise de conscience ramène justement à l'appartenance collective : « Ça sent les fraises et le trèfle d'odeur. […] Je suis de retour chez moi. En Acadie » (*LC*, 129). Transformés par le voyage pendant lequel ils se sont « frott[é] et lim[é] [la] cervelle contre celle d'autrui[20] », les personnages constatent que leur identité s'est affinée et affirmée dans l'expérience de l'altérité et qu'elle peut désormais s'affirmer dans l'écriture. Comme le résume Serge Patrice Thibodeau : « Qu'ai-je trouvé, si loin des miens ? / Que mes profondes racines. Le culte de l'enfance, / Les rituels des humbles et des pauvres, le pain sur la table[21] ».

---

20. Montaigne, « De l'institution des enfants », *Essais*, l. 1, ch. 26, Œuvres complètes, Paris, Seuil 1967, p. 75.
21. Serge Patrice Thibodeau, *Le quatuor de l'errance* suivi de *La traversée du désert*, Montréal, l'Hexagone, coll. « Poésie », 1995, p. 132.

BIBLIOGRAPHIE

Beaulieu, Bertille, « Attrait de l'ailleurs dans *Oasis* de Charles Pelletier et *Le quatuor de l'errance* de Serge Patrice Thibodeau », *River Review/Revue Rivière*, n° 4, 1998, p. 35–52.

Borer, Alain et al, *Pour une littérature voyageuse*, Bruxelles, Éditions Complexe, coll. « Le regard littéraire », [1992] 1999, 220 p.

Branch, James, *L'émigrant acadien*, 3ᵉ éd., Gravelbourg, L'imprimerie Amateur, [1929] 1937, 30 p.

Doyon-Gosselin, Benoit, « Les carnets de voyage de Serge Patrice Thibodeau : pour une phénoménologie du voyage », Ghislain Clermont et Janine Gallant (dir.), *La modernité en Acadie*, Moncton, Chaire d'études acadiennes, Université de Moncton, coll. « Mouvange », 2005, p. 35-51.

Frigault, Jacques-A., *Le carnet de route du pèlerin acadien*, Tracadie-Sheila (N.-B.), La Grande Marée, 2000, 177 p.

Gallant, Janine, « Entre Occident et Orient : *Oasis* de Charles Pelletier », Larry Steele (dir.), *Appartenances dans la littérature francophone d'Amérique du Nord*, Ottawa, Le Nordir, 2005, p. 29-38.

Le Bris, Michel, « Pour une littérature-monde en français », Michel Le Bris et Jean Rouaud (dir.), *Pour une littérature-monde*, Paris, Gallimard, 2007, p. 23-53.

Longfellow, Henry Wadsworth, *Évangéline*, Moncton, Perce-Neige, [1847] 1994, 104 p.

Maillet, Antonine, *L'Acadie pour quasiment rien*, Montréal, Leméac, 1973, 135 p.

-----, *Le chemin Saint-Jacques,* Montréal, Leméac, 1996, 371 p.

-----, *Gapi et Sullivan*, Montréal, Leméac, 1973, 73 p.

-----, *Le huitième jour*, Montréal, Leméac, 1986, 290 p.

-----, *Le mystérieux voyage de Rien,* Montréal, Leméac, 2008, 311 p.

Morency, Jean, Le décentrement de l'Acadie : la poésie de Serge Patrice Thibodeau », *Tangence*, n° 58, 1998, p. 47-55.

Pelletier, Charles, *Étoile filante*, Moncton, Perce-Neige, coll. « Prose », 2003, 238 p.

-----, « Le fragment : de l'intention à l'écriture (essais) », Carlo Lavoie (dir.), *Lire du fragment : analyses et procédés littéraires*, Québec, Éditions Nota bene, coll. « Terre américaine », 2008, p. 461-472.

-----, *Oasis. Itinéraire de Delhi à Bombay*, Moncton, Éditions d'Acadie, 1993, 139 p.

-----, *Parcours (théorie, création et critique)*, thèse de doctorat, Université de Sherbrooke, 2000, 325 p.

Richard, Chantal, « *Lieux cachés* de Serge Patrice Thibodeau », *Ancrages*, n° 4, automne 2006, p. 124-126.

Stendhal, *Rome, Naples et Florence*, Paris, Michel Lévy frères, 1854, 375 p.

Thibodeau, Serge Patrice, *L'attrait des pôles. Récits de voyage*, Moncton, Perce-Neige, coll. « Prose », 2013, 105 p.

-----, *Lieux cachés. Récits de voyage*, Moncton, Perce-Neige, coll. « Prose », 2005, 135 p.

Viau, Robert, *Paris, capitale de la culture. Guide pour touristes curieux*, Beauport (Qc), Muséologie In Situ, 2010, 390 p.

-----, *Poitiers et le Poitou acadien*, Beauport (Qc), Muséologie In Situ, 2013, 182 p.

LE THÉÂTRE ACADIEN DES ANNÉES 2000

Denis Bourque
Université de Moncton

Le théâtre acadien, particulièrement sur le plan de la dramaturgie, n'a jamais été aussi florissant que depuis l'an 2000. Une telle effervescence théâtrale ne s'était pas vue en Acadie depuis les années 1970, période où l'on assistait à l'émergence du théâtre acadien contemporain et de ses principaux dramaturges. En tout, 14 nouvelles pièces ont été publiées[1]. Parmi les auteurs, nous retrouvons trois pionniers de la première heure : Laval Goupil, Jules Boudreau et Herménégilde Chiasson, qui s'est révélé être dans les années 2000 un dramaturge assez prolifique et chevronné. Mais ces années se signalent peut-être avant tout par l'apparition de trois nouveaux dramaturges : Emma Haché, dont le théâtre se démarque par la densité de son écriture, sa richesse langagière et

---

1. Et cela sans compter une anthologie du théâtre de Jules Boudreau. Voir Jules Boudreau, *Théâtre*, Tracadie-Sheila, La Grande Marée, 2008. Antonine Maillet, pour sa part, n'a pas cessé de produire texte après texte pour le Pays de la Sagouine, quoique ceux-ci n'aient pas été publiés. Voir Robert Viau, *Antonine Maillet : 50 ans d'écriture*, Ottawa, David, 2008. Parmi les autres auteurs acadiens bien connus, France Daigle a écrit plusieurs textes théâtraux de type postmoderne pour le collectif Moncton-Sable. Voir Janie Mallet, *D'un genre à l'autre : l'adaptation de Sans jamais parler du vent de France Daigle*, thèse, M. A., Université de Moncton, 2013. Il est évident que nous ne pourrons pas, dans ce bref article, faire le bilan de toute cette activité théâtrale. Nous nous limiterons ici au théâtre publié, celui qui est accessible aux lecteurs actuels, dans le but d'en tracer les grandes lignes. Nous n'avons pas retenu non plus les pièces pour enfants qui constituent presque un genre en soi (voir la bibliographie).

stylistique, ainsi que par sa présentation réaliste et même parfois brutale de la condition humaine ; Marcel-Romain Thériault, qui renoue brillamment avec une vieille tradition du théâtre acadien, le drame social et historique ; et Mélanie Léger, qui se révèle maître de la comédie loufoque et postmoderne. Plusieurs facteurs concomitants ont contribué à ce nouvel essor du théâtre acadien. La pérennité et le succès des deux compagnies de théâtre professionnel du Nouveau-Brunswick y est sans doute pour beaucoup. À la fois le théâtre l'Escaouette de Moncton, fondé en 1978, et le Théâtre populaire d'Acadie de Caraquet, fondé en 1974, se sont donnés comme mission d'encourager la dramaturgie acadienne et ont mis en scène de nombreuses productions acadiennes[2]. Un second facteur de prime importance a été la présence d'un département d'art dramatique très dynamique à l'Université de Moncton[3] où plusieurs des nouveaux dramaturges ont reçu leur formation dont Emma Haché, Marcel-Romain Thériault et Mélanie Léger justement. En devenant comédiens ou en poursuivant leurs études, évoluant dans le milieu théâtral, ceux-ci se sont ensuite adonnés à l'écriture dramatique. La collaboration ainsi que les nombreuses coproductions des compagnies acadiennes avec des compagnies québécoises et franco-ontariennes ont sans doute aussi contribué à cette nouvelle effervescence du théâtre acadien, de même que les ateliers d'écriture dramatique de Louis-Dominique Lavigne, codirecteur artistique du Théâtre de Quartier à Montréal, auxquels ont participé certains des nouveaux dramaturges. Dans cet article, nous proposons de faire mieux connaître ce théâtre en plein devenir et qui n'a pas encore suffisamment retenu l'attention de la critique. Notre démarche consiste donc à faire le bilan du théâtre acadien des années 2000 et à en étudier les principaux aspects thématiques.

---

2. Voir David Lonergan, « L'émergence du théâtre professionnel en Acadie : le Théâtre populaire d'Acadie et le théâtre l'Escaouette », Hélène Beauchamp et Joël Beddows (dir.), *Les théâtres professionnels du Canada francophone, entre mémoire et rupture*, Ottawa, Le Nordir, 2001, p. 27-47.
3. Voir Zénon Chiasson, « L'institution théâtrale acadienne », Jean Daigle (dir.), *L'Acadie des Maritimes : études thématiques des débuts à nos jours*, Moncton, Chaire d'études acadiennes, 1993, p. 751-788.

JAMES LE MAGNIFIQUE[4]

En 2000, quelques mois avant sa mort, Laval Goupil publie aux
Éditions La Grande Marée, une pièce en hommage à James Branch
(1907-1980) qu'il considère comme « le premier véritable auteur
dramatique acadien » (*JLM*, 29). Goupil a maintenant derrière lui
une expérience considérable comme comédien et dramaturge[5]
et *James le magnifique* témoigne d'une grande maîtrise à la fois
de l'écriture dramatique et de la mise en scène. Malgré qu'il ait
effectué une recherche considérable sur le personnage (qu'il
présente dans l'introduction), Branch est demeuré pour Goupil
un personnage quelque peu impénétrable et énigmatique, et il
est assez évident que le personnage scénique relève sans doute
bien plus de l'imagination créatrice de l'auteur que de la réalité
historique proprement dite. Goupil a fait de Branch un personnage
fascinant, aux traits et aux visages multiples, toujours quelque peu
imprévisible, mystérieux et parfois même attachant.

L'action de la pièce se situe en 1979, à Ottawa, un an
avant la mort de James Branch. Âgé, celui-ci habite une maison
de retraite qu'il partage notamment avec un autre personnage,
Maggie ou la dame en noir, qui paraît avoir à peu près son âge et
avec qui il semble entretenir une relation amoureuse secrète. Un
homme lui rend visite et effectue avec lui des interviews dans le
but d'écrire sa biographie. Ces interviews ont lieu dans le salon
de la résidence, pièce au décor suranné, de style victorien, qui ne
constitue en vérité que l'antichambre d'un lieu scénique bien plus
intrigant, voire éblouissant. Au moyen d'un mur de fond amovible,
les personnages et les spectateurs auront accès, écrit Goupil, à « une
autre réalité » (*JLM*, 33), notamment à diverses salles de spectacle,
où sont représentés, comme dans un passé lointain, des extraits
des ouvrages dramatiques de Branch. Cette technique ingénieuse
permet au dramaturge de créer « un théâtre dans le théâtre », un
« lieu privilégié de la mémoire » (*JLM*, 31). Cela lui permet aussi

---

. Laval Goupil, *James le Magnifique*, Tracadie-Sheila, La Grande Marée,
   [2000], 116 p. Désormais, les références à cet ouvrage seront indiquées par
   le sigle *JLM*, suivi du folio, et placées entre parenthèses dans le texte.
5. Laval Goupil est aussi l'auteur des pièces *Le Djibou* et *Tête d'eau*, parues
   aux Éditions d'Acadie, et de plusieurs pièces inédites.

d'accentuer la théâtralité des pièces de Branch et de permettre aux spectateurs de les découvrir.

La pièce contient cinq personnages : James, jeune et James, septuagénaire ; le biographe ; la dame en noir, qui est la directrice de la résidence, et l'admiratrice, une jeune femme qui aurait été amoureuse de James pendant sa jeunesse, avant qu'il ne devienne prêtre. Les interprètes de ces personnages assument aussi divers rôles dans les scènes théâtrales qui seront présentées au moyen du « théâtre dans le théâtre ».

On découvre dans le personnage de James septuagénaire, l'homme de théâtre, le comédien et le dramaturge exceptionnel qu'il a été, du moins selon Goupil, car il s'exprime avec éloquence et ses paroles et gestes mettent en évidence son sens du dramatique. Sont évoqués la jeunesse de l'écrivain, ses années de collège, ses débuts comme comédien et dramaturge, son ordination et puis son long exil dans l'Ouest canadien où il a fondé une maison d'imprimerie et s'est livré, notamment, à des activités anti-communistes. On assiste à des représentations d'extraits de *Vivent nos écoles catholiques ! ou la Résistance de Caraquet*[6], pièce qui met en scène l'insurrection en 1875 d'un groupe d'Acadiens suite à l'adoption d'une loi qui interdisait l'enseignement de la religion dans les écoles du Nouveau-Brunswick. S'y ajoutent des extraits de *L'émigrant acadien*[7], un drame écrit dans le but de décourager l'émigration acadienne aux États-Unis, et d'autres extraits encore. La pièce, en fin de compte, se transforme en une défense et illustration du théâtre de Branch qui a été, selon Goupil, le premier auteur dramatique à offrir aux Acadiens un théâtre dans lequel ils pouvaient véritablement se reconnaître.

POKER ÉLECTRIQUE[8]

Créée d'abord en 1989 comme pièce radiophonique puis transformée en version pour la scène, cette pièce, écrit Jules Boudreau,

---

6. James Branch, *Vivent nos écoles catholiques ! ou la résistance de Caraquet*, Moncton, L'Évangéline ltée, 1929, 42 p.
7. James Branch, *L'Émigrant acadien*, Moncton, L'Évangéline ltée, 1929, 36 p.
8. Jules Boudreau, *Poker électrique*, dans *Théâtre*, Tracadie-Sheila, La Grande

« est celle que je considère la plus achevée parmi toutes celles que j'ai écrites[9] ». Elle met en scène deux personnages de la classe ouvrière affectés par la pénurie d'emplois qui afflige le Nord-Est du Nouveau-Brunswick. Alcide est un aide-maçon qui, n'ayant pas d'emploi permanent, travaille à son propre compte tout en recevant des prestations d'assurance-emploi. Sa conjointe l'a quitté et il passe ses soirées au salon-bar à consommer de la bière et à dépenser des sommes assez importantes au jeu de poker électrique. Claudine travaille comme serveuse dans ce bar et les deux auront des rapports amoureux. Lorsque celle-ci perd son emploi, elle accepte d'aller vivre chez Alcide avec sa fille de huit ans. Leur relation, toutefois, dégénère rapidement, car Claudine n'apprécie guère les sorties nocturnes d'Alcide et déteste le fait que celui-ci dépense au poker électrique des sommes qui, pour elles, sont faramineuses. Elle lui reproche aussi l'argent malhonnêtement gagné, « l'argent sale » qu'il ne déclare pas sur les formulaires de l'assurance-emploi, elle qui, sa vie durant, a tout fait afin de gagner son pain aussi honnêtement que possible. Claudine décide de le quitter, de retourner à Montréal où elle a déjà travaillé et de laisser sa fille chez sa sœur. La pièce prend la forme d'une longue anachronie par rétrospection, le prologue et l'épilogue étant presque identiques et présentant Claudine avec ses valises dans une cabine téléphonique en conversation avec sa sœur. L'épilogue nous présente toutefois le contenu d'un second appel : Claudine téléphone au bureau de l'assurance-emploi pour dénoncer Alcide comme fraudeur. Il est évident que Boudreau a voulu mettre en scène ici le drame de la marginalité et de la pauvreté socio-économique qui guette les Acadiens, particulièrement ceux de la péninsule acadienne, thèmes qu'exploite aussi Herménégilde Chiasson dans son théâtre, comme nous le verrons.

Marée, 2008, p. 251-333. Le choix des pièces de Boudreau à présenter ici a été quelque peu problématique. Quoique publiées en 2008, certaines pièces de ce recueil remontent au début des années 1980 et il est difficile de les inclure dans le théâtre du 21ᵉ siècle. Nous avons donc choisi de présenter les deux pièces les plus récentes qui ont aussi été retravaillées par l'auteur.

9. *Ibid.*, p. 254.

REQUIEM POUR FLORIAN[10]

Cette pièce constitue une « version légèrement remaniée » (*RPF*, 341) d'une dramatique radiophonique qui a été diffusée sur les ondes de Radio-Canada en 1997. « De toutes les pièces [...] que j'ai écrites », affirme Jules Boudreau, « celle-ci est à coup sûr la plus sinistre » (*RPF*, 342). Elle met d'abord en scène Alfreda Mazerolle, vieille fille dans la quarantaine et héritière d'un père riche. Elle habite seule la maison paternelle à l'intérieur luxueux, mais vétuste, avec plusieurs chats dont le miaulement scandera le dialogue du début à la fin. Elle s'adresse à ses chats et leur annonce que Florian (un de ceux-ci) ne sera plus avec eux, qu'elle l'a enterré dans la cour et que le responsable de sa mort sera puni. C'est alors que Gordon Friolet, dont l'auto plus tôt a dérapé et traversé la couche de fleurs où était caché Florian, se présente à la porte et offre de payer les dommages encourus. Alfreda refuse avec persistance d'accepter quelque dédommagement que ce soit et lui divulgue son intention d'avertir la police. Gordon lui révèle alors qu'il est épileptique, qu'il conduit illégalement sa voiture et que s'il est dénoncé à la police, il risque de tout perdre. Mais Alfreda ne chancelle pas dans sa résolution de voir puni le responsable de la mort de Florian.

Devant son intransigeance, Gordon devient de plus en plus agressif et, apercevant une collection de cassettes, lui demande si, vieille fille, elle ne satisfait pas ses pulsions sexuelles en regardant des films pornographiques. Il insère les cassettes, une après l'autre, dans le magnétoscope et se rend compte qu'elles contiennent toutes des enregistrements du *Téléjournal* avec Bernard Derome et qu'Alfreda a une sorte de fixation sur lui. Gordon se met à la toucher et lorsqu'elle se met à parler comme une petite fille à son père, il se rend compte qu'elle a été victime d'inceste. Il veut la repousser, mais celle-ci, le prenant pour son père, se blottit contre lui. Ahuri, il succombe à une crise d'épilepsie, s'effondre dans ses bras et se frappe la tête contre la cheminée de marbre. L'issue funeste de ce drame est annoncée dans les indications de régie. Alfreda appelle désespérément son papa « pendant que les miaulements des chats s'amplifient, se mêlent à sa voix, jusqu'à

---

10. Jules Boudreau, *Requiem pour Florian*, dans *Théâtre, op. cit.*, p. 339-378. Désormais, les références à cet ouvrage seront indiquées par le sigle *RPF*, suivi du folio, et placées entre parenthèses dans le texte.

ne plus former avec elle qu'un hurlement lugubre et déchirant» (*RPF*, 378). Dans cette pièce au dénouement inattendu et tragique, Boudreau aborde, sans faire de concession aux esprits sensibles, deux sujets qui, dans une bonne mesure, sont demeurés tabous même à notre époque : l'inceste et la maladie mentale.

LAURIE OU LA VIE DE GALERIE[11]

Dans *Laurie ou la vie de galerie,* publié en 2002, le public est sans cesse invité à rire aux éclats alors qu'Herménégilde Chiasson met en scène un groupe de personnages comiques et risibles dont la vie quotidienne constitue rien de moins qu'une parodie hilarante de la société acadienne actuelle, aussi bien que des stéréotypes dont on se sert bien souvent pour la caractériser. Il ne fait aucun doute que Chiasson ait voulu, du moins jusqu'à un certain point, verser dans le réalisme social. D'abord, les personnages s'expriment dans le plus pur (ou impur) français acadien actuel caractérisé d'une part par une prononciation populaire et archaïque, d'autre part par l'intégration à la langue de termes lexicaux et de structures syntaxiques empruntés à l'anglais.

Cette langue, c'est le cas de le dire, est elle-même livrée en spectacle et au grand rire qu'elle est sûre de susciter de la part d'un auditoire que l'auteur invite à la reconnaissance de soi et à l'auto-dérision. En atteste, en outre, ce passage où Laurie, le personnage principal, raconte, dans une variante du parler acadien qu'on a appelé le « chiac », comment il a saboté et fait exploser la tondeuse de son voisin dont le bruit incessant l'agaçait au plus haut point : « J'ai jammé un screwdriver dans la gear box, ça faite un short dans la crank shaft pis ça faite exploser la gas tank » (*L*, 91). Sans doute Chiasson cherche-t-il à amener les Acadiens à rire de leur situation linguistique, dans le but de l'exorciser peut-être. Sûrement, il les invite à se libérer du joug de la condamnation que d'aucuns ont fait peser sur leur parler en raison de son écart par rapport à la norme. Cette mise en scène burlesque du parler acadien se trouve accentuée

---

11. Herménégilde Chiasson, *Laurie ou la vie de galerie*, Sudbury, Prise de parole, et Tracadie-Sheila, La Grande Marée, 2002, 120 p. Désormais, les références à cet ouvrage seront indiquées par le sigle *L*, suivi du folio, et placées entre parenthèses dans le texte.

par le fait que Laurie et Euclide, son compagnon de scène, sont interviewés par une journaliste québécoise qui veut faire connaître leur accent aux auditeurs de Radio-Canada à l'occasion du 15 août, fête nationale des Acadiens.

Le nationalisme acadien paraît être semblablement parodié. Sont ridiculisées les prétendues grandes victoires de ce nationalisme qui adoptait comme devise officielle, à l'occasion de la seconde Convention nationale des Acadiens à Miscouche, Île-du-Prince-Édouard, en 1884, « L'union fait la force ». Laurie dit à son compagnon : « On a arrêté la tondeuse, Euclide. C'est une grande victoire pour notre peuple. T'as vu. J't'avais tu pas dit que l'union fait la force » (sic) (L, 77). D'autre part, toute la mise en scène constitue un travestissement de la situation socio-économique et politique défavorable et marginale d'un bon nombre d'Acadiens que certains accusent de se complaire dans la paresse, de vivre au détriment de la société, de dépendre pour leur survie de l'assurance-chômage et du gouvernement.

Laurie, le personnage principal, est un fainéant, un paresseux qui refuse de travailler et qui, pour se justifier, affirme qu'il n'y peut rien, qu'il est né fatigué, qu'il est « fatigué de naissance » (L, 47). Il a arrêté de travailler sous le prétexte qu'il s'est fait mal au dos dans un accident de travail et cherche à profiter autant qu'il peut d'une compagnie d'assurance auprès de laquelle il a fait une fausse réclamation. Mais avant tout, il attend le « bundle », le gros lot qu'il espère gagner à la loterie. Son futur beau-fils, Euclide, travaille chaque hiver pour pouvoir recevoir ses prestations d'assurance-chômage et pendant la belle saison tous deux passent leur temps sur la galerie de la maison à jaser et à chanter et surtout à boire de la bière, au rythme bien calculé d'une bière à l'heure chacun. Ainsi ces gens, défavorisés en fait, mais que d'aucuns qualifieraient de « profiteurs », jouissent bien de « la vie de galerie ». Il s'agit là, de la part de l'auteur, d'une autre invitation à l'autodérision libératrice des stéréotypes dont on se sert trop souvent pour caractériser les Acadiens.

LE CHRIST EST APPARU AU GUN CLUB[12]

Cette pièce, publiée en 2005, se retrouve aux antipodes de la précédente : Chiasson passe de la comédie la plus loufoque à la tragédie la plus brutale. La pièce se passe en Acadie, dans le bar du Gun Club, et met en scène des personnages de la classe ouvrière : Conrad, qui le jour même a quitté son emploi comme livreur et réparateur de distributrices de Coca Cola, son ami Simon, et Véronique, son ancien amour, qui travaille comme serveuse et comme chanteuse de chansons western au Gun Club. Conrad est venu célébrer sa délivrance : il s'est enfin libéré du joug d'un emploi minable dont il sentait depuis 10 ans le poids écrasant. On apprend qu'il habite avec une autre femme depuis qu'il a rompu avec Véronique qu'il n'a pas revue maintenant depuis six mois.

Peu à peu, au fur et à mesure que la soirée évolue, on apprend sa grande déception devant la vie et l'immense blessure qui l'habite suite à la fin de sa relation avec Véronique. Pour composer avec ces réalités, ou plutôt pour leur échapper, Conrad s'est réfugié dans l'Évangile. Il en porte toujours sur lui un exemplaire et il l'a appris par cœur pour remplir une promesse faite à son père avant sa mort. Son discours devient de plus en plus une vaine tentative de se réapproprier les paroles de l'Évangile et les appliquer à sa vie afin, semble-t-il, de lui accorder un sens. Il semble se prendre parfois pour le Christ et il est sûr que, jusqu'à un certain point, Chiasson a cherché à faire de ce personnage une figure christique, mais cette identification ne peut se faire ici que dans la dérision et la raillerie, raillerie double, en fait, de l'Évangile et du personnage lui-même.

Pendant la soirée, Véronique chante des chansons qu'elle avait composées pour Conrad, ce qui l'amène à revivre leur ancien amour. De plus en plus ivre, Conrad refusera de quitter la salle au moment de la fermeture et se mettra à faire des avances à Véronique. Il la tient très serrée, cherche à l'embrasser et devant son refus se met à cracher sur elle. Pour les séparer, le propriétaire du bar brise une bouteille sur la tête de Conrad qui s'effondre. Conrad reprend connaissance dans le stationnement du bar. Il saigne profusément et Simon lui a placé un bandage autour du front. Il s'identifie alors au Christ crucifié : « Un Christ en croix. C'est à ça que je ressemble. À un Christ en croix abandonné par ses disciples » (*GC*, 91).

---

12. Herménégilde Chiasson, *Le Christ est apparu au Gun Club*, Sudbury, Prise de parole, 2005, 105 p. Désormais, les références à cet ouvrage seront indiquées par le sigle *GC*, suivi du folio, et placées entre parenthèses dans le texte.

Simon est allé chercher en vain un médecin pour traiter le blessé et, quand il revient, Conrad lui dit de s'en aller. Conrad se met alors à marcher seul dans la nuit et à délirer en reprenant les béatitudes et en s'adressant aux femmes de Jérusalem. Il finira par saigner à mort et on retrouvera son corps trois jours plus tard. David Lonergan a bien résumé le drame de ce personnage qui n'arrive pas à concilier sa vie douloureuse et méprisable et une quête d'absolu dont le sens lui échappe : « Il ne reste à Conrad que l'Évangile, cet espoir d'un au-delà dont il ne saisit pas le sens. Il vivra une dernière nuit, véritable chemin de croix — et le découpage de la pièce suit celui de la Passion — avant de rencontrer sa mort. Mais une mort vaine, non rédemptrice, contrairement à celle de son modèle » (*GC*, 9).

LE CŒUR DE LA TEMPÊTE[13]

En 2010, Chiasson publie une pièce qu'il a écrite en collaboration avec le dramaturge québécois Louis-Dominique Lavigne et qui met en scène un couple autour de la cinquantaine, Christiane et Michel, ainsi que leurs deux enfants, Geneviève et Sébastien, qui se retrouvent au seuil de la vie adulte[14]. L'un des thèmes fondamentaux de l'œuvre concerne les différences générationnelles et plus particulièrement l'incapacité ou le refus des parents de comprendre et d'accepter les valeurs, les aspirations et le comportement de la génération suivante. Christiane et Michel font partie de la génération contestataire et non conformiste des années 1970[15] et, malgré le fait qu'ils se soient casés, ils sont demeurés assez fidèles aux valeurs qu'ils avaient épousées dans leur jeunesse.

En 1975, au moment de décider de leur union de fait, ils ont signé un contrat selon lequel ils se sépareraient dans 25 ans. Or l'action de la pièce se situe en 1999, la veille du jour de l'an, et le couple est en train de faire ses valises en vue de leur séparation imminente, tout en attendant leurs enfants pour le réveillon. Bien sûr, c'est le temps des réminiscences, des retours sur le passé, aussi

---

13. Herménégilde Chiasson et Louis-Dominique Lavigne, *Le cœur de la tempête*, Sudbury, Prise de parole, 2010, 104 p.
14. Deux comédiens, cependant, incarnent tous les rôles.
15. Le film *Woodstock* comme représentation de cette génération constitue un référent important dans la pièce.

bien sur leur folle jeunesse que sur leurs années parentales. La pièce n'est pas sans humour alors que Christiane et Michel éprouvent la même déception face aux choix de vie de leurs enfants, et que leurs propres parents avaient éprouvée face aux leurs. Pendant la soirée, ils entrent en contact par téléphone avec Geneviève qui, apprend-on, est devenue tatoueuse professionnelle et se considère artiste, et avec Sébastien qui appelle d'un monastère et leur annonce sa décision de se faire moine. Les enfants ne se rendront pas à la fête et les parents acceptent de les laisser vivre leur vie tout en poursuivant leur vie conjugale. À la fin de la pièce, ils déchirent le contrat fait 25 plus tôt. Ainsi, les auteurs ont réussi à présenter avec beaucoup d'humour les sempiternelles différences et conflits intergénérationnels et à démontrer qu'enfin, d'une génération à l'autre, les aspirations et les valeurs sont souvent relatives.

PIERRE, HÉLÈNE & MICHAEL[16]

Cette pièce de Chiasson, publiée en 2012, traite de l'émancipation d'un personnage féminin d'origine acadienne. Elle met en scène trois jeunes adultes. Deux personnages, Hélène et Pierre, sont étudiants à l'Université de Moncton et après une assez longue fréquentation, un rapport amoureux se développe entre eux. Si Pierre cherche avant tout la réussite et la stabilité et pense avoir trouvé en Hélène sa partenaire de vie, Hélène, quoique amoureuse de lui, est plutôt ambivalente par rapport à son avenir et a, avant tout, un ardent désir de vivre, de profiter de sa jeunesse pendant qu'elle passe, d'échapper à son petit milieu restreint et marginal pour découvrir le monde. Elle fait alors la rencontre de Michael, un jeune homme de passage, originaire de Toronto, dont elle devient rapidement amoureuse. Elle abandonne ensuite ses études et Pierre et part vivre avec Michael dans cette grande ville. Or Michael avait laissé derrière lui une jeune femme nommée Sandra, dont il avait été amoureux, et de retour chez lui, renoue secrètement la relation amoureuse rompue. Ayant appris cet état de choses, Hélène le quitte et deviendra journaliste.

16. Herménégilde Chiasson, *Pierre, Hélène & Michael* suivi de *Cap Enragé*, Sudbury, Prise de parole, 2012, p. 5-82.

Ce n'est que cinq ans plus tard qu'elle retourne dans son milieu pour y travailler et qu'elle fait de nouveau la rencontre de Pierre, alors marié et père de famille. On apprend que Michael a épousé Sandra et qu'Hélène a aussi un compagnon, Jean-Pierre qu'elle appelle « l'homme "dans ma vie" et non pas l'homme "de" ma vie[17] ». Ainsi elle semble bien avoir renoncé au grand amour afin, dit-elle, de conserver son indépendance et sa liberté. Chiasson aborde donc dans cette pièce, outre le thème des rapports amoureux de la jeunesse, souvent complexes et aléatoires, toute la question de la liberté féminine, particulièrement dans le contexte de ces rapports.

CAP ENRAGÉ[18]

Dans ce drame, publié en 2012, Chiasson exploite le thème de l'abus parental et de ses conséquences désastreuses dans la vie des enfants et des adolescents, ainsi que les thèmes de l'amour, de la mort et du suicide chez les jeunes. Lors d'une fête au cap Enragé, deux couples d'adolescents se séparent de leurs amis pour faire une excursion dans la forêt : Martin et Sophie, Patrice et Véronique. Tard dans la soirée, on retrouve le corps de Martin au pied de la falaise. La mort est jugée suspecte par la police et tour à tour, Patrice, Véronique et Sophie passent au banc des accusés, car chacun, on le découvre, avait des raisons de souhaiter la mort de Martin. La pièce prend la forme d'une enquête policière, assez bien menée pour piquer la curiosité du lecteur et maintenir son intérêt jusqu'à la fin.

Patrice, le personnage principal, est le premier suspect. Fils d'un père alcoolique et abusif; il est, un peu comme Conrad, un grand blessé de la vie. Mais plutôt que de retourner contre lui-même la violence subie et de se transformer en victime, il a choisi de se défendre en se révoltant contre l'autorité et en s'imposant par la force et la violence physique. Ces faits sont révélés lors de l'interrogatoire assez dur que lui fait subir le policier Victor et des entretiens qu'il a avec Véronique qui vient lui rendre visite en

---

17. *Ibid.*, p. 79.
18. Herménégilde Chiasson, *Pierre, Hélène & Michael* suivi de *Cap Enragé*, Sudbury, Prise de parole, 2012, p. 83-159.

prison. Si les pièces à conviction semblent, en un premier temps, confirmer sa culpabilité, d'autres preuves sont découvertes, contre Véronique cette fois, qui est à son tour arrêtée. Sophie aussi devient victime du soupçon jusqu'à ce qu'on découvre une note écrite par Martin qui annonce son suicide. Le moins que l'on puisse dire de cette pièce, c'est que Chiasson n'y trace pas un très beau portait ni de la condition ni de la nature humaines : jalousie, amour violent, duplicité, haine et trahison amoureuse forment la trame du récit de vie de ces quatre personnages dont la vie est détruite ou du moins en partie ruinée avant même qu'ils n'atteignent l'âge adulte.

L'INTIMITÉ[19]

La condition humaine, dans ce qu'elle a de plus triste et de plus désespérée, devient également le sujet principal de cette pièce qui a valu à Emma Haché le Prix littéraire 2004 du Gouverneur général du Canada. Elle met en scène surtout deux personnages : Alex, un soldat canadien, et Frauke, une allemande, qui se sont rencontrés en Europe durant la Seconde Guerre mondiale, deux êtres que cette guerre a laissé traumatisés, profondément blessés, au bord même de la psychose. Chaque scène ou presque sert à exposer leur aliénation, leurs terreurs, leur mal de vivre, leur incommunicabilité, le vide existentiel qui les tourmente. Le sens de leur vie torturée, en effet, constamment leur échappe et ils cherchent en vain une raison de vivre. Leur inquiétude constante se manifeste concrètement par la chaîne incessante de cigarettes qu'ils s'allument et s'échangent. Si leur vie sentimentale leur accorde de rares instants de tendresse et de réconfort, ils se tourmentent aussi l'un l'autre, en se livrant à des jeux cruels, sadomasochistes, qui les conduisent parfois au seuil de la mort qui à la fois les attire et les effraie.

Les deux personnages font connaissance — c'est beaucoup dire, car ils n'arriveront jamais à se connaître vraiment — dans une chambre d'hôtel en Allemagne où ils passeront une nuit ensemble. Plus tard, nous les retrouverons sur un quai au Canada, où Frauke, enceinte, est venue rejoindre son mari. Frauke donne naissance à un fils qui devient pour eux le centre d'attention. Elle lui chante

---

19. Emma Haché, *L'intimité*, Carnières-Morlanwelz (Belgique), Lansman, 2003, 46 p.

des berceuses allemandes pendant qu'Alex tente en vain de lui raconter des histoires, de communiquer avec lui. Sa mort subite — il s'étouffe dans son berceau — laisse le couple encore plus tourmenté et traumatisé. Enfin, nous retrouvons le couple dans leur vieillesse. Frauke ne cesse de tousser et est atteinte du cancer du poumon. Alex fait une crise cardiaque et s'effondre. Avant qu'il ne meure, Frauke le supplie de tirer sur elle avec son arme à feu, mais il expire.

Plus que toutes les pièces à l'étude ici, *L'intimité* a été acclamée par la critique. On a souligné la richesse et la densité de son écriture aussi bien que le réalisme avec lequel Emma Haché dépeint les traumatismes psychiques et physiques causés par la guerre[20]. Pierre Popovic écrit : « Si *l'Intimité* est une pièce forte, elle le doit certes au fait d'être issue d'un texte incisif et dense [...]. Mais elle le doit aussi à la façon dont elle explore systématiquement ce que deviennent les corps agressés par la pensée et l'imaginaire de la guerre[21]. »

TRAFIQUÉE[22]

Cette seconde pièce d'Emma Haché met en scène le monde de la prostitution dans toute sa laideur et toute sa cruauté. Elle constitue une condamnation brutale, virulente et implacable non seulement des responsables de ce trafic charnel, c'est-à-dire les proxénètes, mais aussi des hommes qui en profitent et de la société qui le permet. Un seul personnage monte en scène : une jeune femme qui raconte comment elle a d'abord été trompée par une autre femme, Mirna, qui lui avait promis un travail comme coiffeuse, puis séquestrée, sauvagement battue et violée par un souteneur, puis livrée contre son gré à la prostitution. Cette femme, intensément blessée et torturée au plus profond de son être, à qui on a causé un tort irréparable, revient sur l'humiliation, la dégradation, la

---

20. Emma Haché s'est d'ailleurs documentée sur le sujet au moment d'entreprendre l'écriture de la pièce. À cet effet, voir : Emma Haché, « Une cicatrice dans l'intimité », *Jeu*, n° 117, 2005, p. 124-127.
21. Pierre Popovic, « La guerre dans le corps », *Jeu*, n° 114, 2005, p.17.
22. Emma Haché, *Trafiquée*, Carnières-Morlanwelz (Belgique), Lansman, 2010, 23 p.

violence physique et mentale dont elle a été victime. Emma Haché utilise un langage dur, incisif et souvent choquant qui ne peut faire autrement qu'éveiller et aiguillonner la conscience du lecteur. Celui-ci demeure estomaqué devant tant de douleur et devant l'inhumanité de tous ces profiteurs, de tous ceux qui se délectent dans la souffrance d'autrui ou en retirent un avantage pour eux-mêmes.

ROGER, ROGER[23]

En 2009, Mélanie Léger publie *Roger, Roger*, une comédie loufoque qui nous présente plusieurs aspects de la vie contemporaine de façon humoristique ou satirique. Y sont abordés notamment les thèmes de la famille contemporaine, de la relation amoureuse et du non-conformisme sur le plan social. Cette satire débouche souvent sur l'hyperbole, voire même sur l'absurde, au plan de l'action aussi bien que du langage. Dans certaines scènes, on assiste notamment à une prolifération toute carnavalesque de la parole dont le but évident est de provoquer le rire, notamment par la multiplication d'injures et d'épithètes dénigrantes que les personnages se lancent les uns les autres. Dans *Roger, Roger*, Léger développe, en particulier, l'art du sketch et la pièce revêt souvent l'aspect d'un amalgame de fragments rassemblés dont les liens ne sont pas toujours évidents. La pièce est, en fait, le résultat d'un atelier d'écriture que l'auteure a suivi avec Louis-Dominique Lavigne et son écriture tient à la fois du théâtre de l'absurde et du postmodernisme.

Dans la pièce, Mélanie Léger met en scène, comme personnage principal, Roger, un jeune homme de 27 ans, un peu non-conformiste et déçu de sa vie. Fils d'un politicien influent (son père est député), il a fait des études universitaires en sciences politiques et aurait pu occuper un emploi prestigieux, mais il a refusé la carrière à laquelle son père le destinait. Plutôt que de se ranger après son baccalauréat, il s'est acheté une camionnette et, pour la payer, a accepté un emploi comme électricien. Son père ne lui a jamais pardonné ce faux pas et ne cesse de le lui rappeler, traitant son fils de raté, même quand sa mère vient à sa défense. On apprend de Roger qu'il aurait souhaité être un aventurier, goûter à

---

23. Mélanie Léger, *Roger, Roger,* Sudbury, Prise de parole, 2009, 121 p.

liberté et en fin de compte, il se voit lui-même comme une espèce de raté qui n'a pas pu réaliser ses propres rêves.

Toutefois, au cours de la pièce, la vie de Roger va changer de façon dramatique en raison de la rencontre qu'il fait d'une jeune femme qui s'appelle Annie. Deux autres personnages occupent aussi la scène et cela dès le début de la pièce. Il s'agit de deux enfants jumeaux : Dina et Dani. On assiste à plusieurs dialogues entre les deux, sans pouvoir faire de lien avec les autres personnages. On apprend, au moment du dénouement, qu'il s'agit des enfants de Roger et d'Annie qui naîtront à la fin de la pièce. Roger trouvera ainsi une consolation en vertu de sa vie personnelle équilibrée qui venge son prétendu échec au plan professionnel.

JE... ADIEU[24]

Publiée en 2011, cette pièce de Mélanie Léger traite principalement du thème de l'amour chez les adolescents. Elle met en scène trois jeunes d'environ 15 ans : Sarah, qui a aimé 43 fois dans sa vie sans jamais avoir été aimée en retour, son amie Lili et J. P., qui forment un couple et qui semblent, eux, avoir trouvé l'amour. Quoiqu'elle contienne certaines anachronies produites par des jeux de rétrospection et de scènes oniriques, la pièce se déroule surtout à l'école le 14 février, où on a organisé des activités spéciales pour célébrer le jour de la Saint-Valentin.

J. P. a acheté un valentin pour Lili, mais au moment d'y écrire son message, il butte sur le mot « je ». Il se met à réfléchir sur leur relation en se disant qu'elle est parfaite, un peu trop parfaite, se dit-il enfin, avant de prendre la décision de rompre avec Lili, à qui il donne le valentin sur lequel il a écrit : « Je... adieu ». Celle-ci se révolte devant l'idée impensable de rompre le jour de la Saint-Valentin, mais bientôt se met à promouvoir la rupture partout dans l'école. Lorsque Cupidon lui apparaît, elle le menace, mais finit par conclure un pacte avec lui pour que Sarah puisse tomber amoureuse, elle aussi. Quant à celle-ci, qui a toujours rêvé d'aller au sud, l'épilogue de la pièce nous la présente succombant sous le charme d'un jeune latino-américain avec qui elle se met à danser. Cette pièce

---

24. Mélanie Léger, *Je... adieu* suivi de *Vie d'cheval*, Sudbury, Prise de parole, 2011, p. 5-50.

pour adolescents, assez loufoque mais néanmoins touchante à cause de Sarah, la mal aimée qui rencontre enfin le garçon de ses rêves, a pour thème principal l'amour chez les jeunes et en souligne le caractère souvent éphémère, imprévisible et arbitraire.

VIE D'CHEVAL[25]

Cette comédie légère d'André Roy et de Mélanie Léger renoue avec des thèmes reliés à la vie adolescente, dont la quête amoureuse. Elle met en scène quatre adolescents : Paul, un garçon timide, et son ami Frankirick, un joueur de hockey qui jouit d'une grande popularité à l'école ; Julie, qui est tout aussi populaire, et son amie Marie-Dominique. Paul est secrètement amoureux de Julie et a composé pour elle un cahier de poésie, mais il est trop timide pour l'approcher et dès qu'il cherche à prononcer son nom, il se met à bégayer. Espérant attirer son attention, il participe, en même temps qu'elle, à un concours qui a lieu à l'école pour choisir la prochaine vedette d'une campagne publicitaire menée par la chaîne de restaurants « Coucoun'in ». Paul gagne le concours et devient très populaire, mais plutôt que de s'attirer les regards et l'affection de Julie, qui est jalouse de sa victoire, il provoque sa haine et son mépris. C'est le nom du gagnant, Paul-Olivier Neil Young (P.O.N.Y.) qui détermine le thème de la campagne publicitaire : Paul doit porter sur sa tête une tête de cheval et sa victoire se transforme en dérision. Réalisant le ridicule de la situation, Julie renonce à sa jalousie et accepte d'accompagner Paul à la danse. Destinée surtout à susciter le rire, cette pièce aborde néanmoins des thèmes très proches de la vie adolescente dont la timidité, les premiers amours et le besoin d'être aimé et accepté par ses pairs.

LE FILET. UNE TRAGÉDIE MARITIME[26]

Cette pièce de Marcel-Romain Thériault met en scène un conflit violent qui opposait, en 2003, à Shippagan, les riches propriétaires

25. André Roy et Mélanie Léger, Je... adieu suivi de Vie d'cheval, Sudbury, Prise de parole, 2011, p. 51-124.
26. Marcel-Romain Thériault, Le filet. Une tragédie maritime, Sudbury, Prise de parole, 2009, 127 p.

de bateaux de pêche et un groupe d'individus moins nantis qui aurait souhaité partager les richesses de la pêche lucrative au crabe qui se fait dans la région. Elle met en scène les représentants de trois générations d'une famille de propriétaires de bateau : Anthime Chiasson, le grand-père ; Léo, son fils, et Étienne, petit-fils d'Anthime et neveu de Léo.

Dans la pièce, Étienne se fait le porte-parole des pauvres et des déshérités à l'encontre de son grand-père et de son oncle qui sont prêts à tout, même à recourir à la violence pour conserver leurs privilèges. À plusieurs reprises, sa voix s'élève pour dénoncer les inégalités sociales et l'injustice, et pour plaider en faveur du dialogue et du partage des richesses. Mais les répliques qu'échange Étienne avec son oncle et son grand-père constituent un véritable dialogue de sourds. Remplis d'humanisme et même d'idéalisme, les propos du jeune homme rencontrent partout un mur de résistance. Ils sont carrément rejetés ou tournés en dérision par les deux autres personnages qui ne partagent pas son point de vue et tiennent mordicus à leur pouvoir et à leur argent. Au fur et à mesure que la pièce progresse, les échanges entre Étienne, son oncle et son grand-père se font de plus en plus hargneux et violents.

C'est ce conflit générationnel, dédoublement des conflits entre riches et pauvres, qui va alimenter toute l'action de la pièce. Il va s'exacerber au fur et à mesure que l'action progresse et atteindra son point culminant au moment de l'apogée pendant laquelle nous assistons à un déferlement de violence et à la mort (réelle ou plausible) des représentants de deux générations de la famille : Anthime est assassiné par son fils qui se prépare, de toute évidence, à assassiner son neveu. Exposant une situation de violence familiale, intergénérationnelle, la pièce se veut une dénonciation de la dégradation socioéconomique de régions affectées par le chômage et du mal que ce fléau cause au plan des rapports humains.

LA PERSISTANCE DU SABLE[27]

En 2011, Marcel-Romain Thériault publie *La persistance du sable*, un second drame à caractère socio-historique et familial,

---

27. Marcel-Romain Thériault, *La persistance du sable*, Sudbury, Prise de parole, 2011, 125 p. Désormais, les références à cet ouvrage seront indiquées par le sigle *PS*, suivi du folio, et placées entre parenthèses dans le texte.

«deuxième volet, écrit-il, d'un cycle d'écriture ayant pour thème les "mythes fondateurs de l'Acadie moderne[28]"» (*PS*, 12). «Il est question, poursuit-il, dans la pièce à la fois de territoire identitaire et d'identité territoriale, de démêlés sociopolitiques et de chicane de famille, de pardon et de rédemption, de persistance et de résilience» (*PS*, 12). La pièce a pour toile de fond une autre série d'événements qui ont secoué l'Acadie contemporaine : la résistance dramatique et parfois violente à l'expropriation d'environ 1 200 Acadiens dans les années 1970 en vue de la création du parc Kouchibouguac au Nouveau-Brunswick[29]. Thériault en parle comme de «"ce projet de société" imaginé par les gouvernants de l'époque [...] enfoncé de force dans la gorge d'un peuple déjà marqué au fer rouge par la déportation historique de 1755» (*PS*, 12-13). Et Bourget rappelle avec pertinence que «certains ont parlé de Kouchibouguac comme de la "deuxième déportation des Acadiens"» (*PS*, 5).

Mais à l'avant-plan de ce drame socio-historique, il y a un autre drame, personnel, familial et amoureux, celui du personnage principal, Joyal Arsenault, qui a été agent de liaison pour le comité des expropriés, combattant pour eux à côté de sa mère Mérilda qui est activiste politique. Lorsque la résistance s'est éteinte, plutôt que continuer le combat, il a choisi l'exil en devenant coopérant international au Mali, ce que sa mère lui reproche vivement[30]. Au début de la pièce, on apprend que celle-ci est hospitalisée — elle est en fait au seuil de la mort — et que Joyal doit se rendre à son chevet après une séparation de 20 ans.

---

28. Dans sa préface, Élizabeth Bourget donne la définition suivante de ces termes : «c'est-à-dire des événements qui ont marqué la société acadienne et qui ont joué un rôle dans son évolution au cours du dernier siècle» (*PS*, 5).

29. Ce thème a inspiré à Jacques Savoie son premier roman, *Raconte-moi Massabielle* (Moncton, Éditions d'Acadie, 1979, 153 p.) et à Emma Haché une pièce toute récente, *Wolfe*, montée en 2011 par le théâtre de l'Escaouette en coproduction avec le Théâtre français du Centre national des Arts.

30. Marcel-Romain Thériault dédie la pièce à Rhéal Drisdelle, travailleur communautaire auprès des expropriés qui est devenu par la suite coopérant international en Afrique. Il semble avoir été la première source d'inspiration pour le personnage de Joyal. Quant au personnage de Mérilda, quoique cela ne soit pas dit explicitement, son parti pris pour les opprimés de ce monde aussi bien que son nom semblent évoquer la syndicaliste acadienne bien connue, Mathilda Blanchard.

Au moyen d'un dédoublement du décor, la pièce se passe à la fois en Afrique, dans le village où Joyal a établi sa résidence avec Djénéba, une Africaine engagée dans les causes sociales et féministes, et à Moncton, dans la chambre d'hôpital de Mérilda. Si le début et la fin de la pièce se passent au présent en Afrique, signalant le départ et le retour du protagoniste, les autres scènes africaines prennent la forme d'anachronies par rétrospection à partir de cette chambre d'hôpital qui nous racontent son arrivée en Afrique, sa lutte pour la justice sociale et la naissance de son amour pour Djénéba. Les retrouvailles du fils et de la mère sont, pour en dire le moins, amères et même acrimonieuses. Si Joyal souhaite se réconcilier avec celle-ci en même temps qu'avec son passé, Miralda refuse de se rapprocher de son fils, lui reproche d'avoir abandonné la lutte pour la justice sociale dans sa propre communauté et enfin, au moment de mourir, le renie. À la fin de la pièce, Joyal retrouve Djénéba, l'amour de sa vie, et se considère réconcilié avec son passé alors qu'il réussit à contrecarrer un projet de développement touristique qui aurait fait des habitants de son village des victimes du capitalisme, comme les expropriés de Kouchibouguac. Ainsi, au bout de ce long parcours, Joyal triomphe du conflit qui durant toute sa vie adulte l'a opposé à sa mère en démontrant qu'il n'a jamais, en vérité, renoncé à ses idéaux de jeunesse et à la lutte pour la justice sociale. Son succès est la preuve que cette lutte lui a enfin porté fruit.

Toutes les pièces présentées dans le cadre de cette étude attestent la vitalité du théâtre acadien contemporain. Une telle production, en un peu plus de 10 ans, laisse présager un avenir fécond pour la dramaturgie en Acadie. Le théâtre acadien des années 2000, nous l'avons vu, fait preuve à la fois d'une grande originalité et d'une grande diversité. Mettant en scène, la plupart du temps, des situations et des personnages acadiens, le théâtre acadien ne se limite pas toutefois à refléter uniquement le milieu qu'il dépeint. Toutes ces pièces, certaines peut-être plus que d'autres, ont une portée universelle, les dramaturges cherchant à représenter sur scène l'existence et la condition humaines et empruntant souvent pour le faire les formes les plus anciennes, voire sempiternelles, de la dramaturgie qui sont la tragédie et la comédie.

Les auteurs acadiens du 21e siècle n'hésitent pas en fait à aborder une véritable nomenclature de thèmes universels, parfois parmi les plus difficiles, voire controversés : la violence amoureuse, l'aliénation mentale, l'amour, la haine, la jalousie, le suicide, le sadomasochisme, la prostitution, la pauvreté, l'injustice sociale, la marginalité socio-économique etc. Il y a déjà là un certain écart par rapport à la thématique acadienne traditionnelle, écart qui semble s'accentuer chez au moins deux des nouveaux dramaturges dont le théâtre semble parfois n'entretenir aucun lien avec le contexte acadien.

Ce qui semble intéresser avant tout Emma Haché, nous l'avons déjà signalé, c'est la condition humaine elle-même dans ce qu'elle peut avoir de plus triste, injuste, cruel et morbide. Pour ce faire, elle emprunte un langage dur, implacable, parfois cru. Le plus souvent, ses personnages tourmentés se situent aux antipodes de ce qu'on pourrait considérer comme étant la réalité acadienne. Il faut souligner que l'Acadie est néanmoins présente dans son œuvre. En 2002, elle écrit *Lave tes mains*, une pièce inspirée par une épidémie de lèpre qui s'est manifestée dans l'Acadie du 19e siècle. En 2004, elle offre une pièce commandée par le Théâtre populaire d'Acadie pour célébrer le 400e anniversaire de l'Acadie, intitulée *Les défricheurs d'eau*, où elle exploite le thème de l'histoire acadienne. De plus, une pièce récente signée de sa plume, ayant pour titre, *Wolfe* (2011), reprend, à sa façon, un sujet acadien : la célèbre histoire triste de Jackie Vautour à laquelle faisait aussi référence Marcel-Romain Thériault dans *La persistance du sable*.

De manière semblable, Mélanie Léger s'intéresse, elle aussi, à la condition humaine, surtout à celle de la jeunesse contemporaine, qu'elle traite le plus souvent, au contraire, sur le mode comique. Chez Léger nous entrons dans l'univers du rire, du loufoque, de l'irréel et de l'absurde et s'il existe des liens avec l'Acadie dans son théâtre, ils se trouvent le plus souvent sur le plan de l'implicite. À l'instar de ces deux auteures, Marcel-Romain Thériault fait aussi partie de la relève de la dramaturgie des années 2000. Toutefois, il est arrivé un peu tard à l'écriture et ne fait pas vraiment partie de la nouvelle génération d'écrivains. Un peu comme Chiasson, il s'identifie à la jeunesse contestataire des années 1970 dont il épouse les idéaux. Comme les intellectuels et les écrivains l'avaient fait à cette époque, il dénonce l'injustice et les inégalités sociales en Acadie et s'intéresse aux événements socio-historiques qui l'ont marqué pendant la période contemporaine. Son théâtre semble indissolublement lié à la thématique acadienne, quoiqu'il cherche lui aussi à rejoindre l'universel. Le thème de la lutte contre l'injustice sociale en Afrique dans *La persistance du sable* en constitue une preuve. Jusqu'à présent, on a très peu écrit sur le théâtre acadien des années 2000, matière assez vaste, comme nous l'avons vu, dont nous n'avons pu donner ici qu'un bref aperçu. Il est donc à souhaiter que le présent article encouragera d'autres critiques à s'y consacrer.

BIBLIOGRAPHIE

Pièces de théâtre

Boudreau, Jules, *Poker électrique*, dans *Théâtre*, Tracadie-Sheila, La Grande Marée, 2008, p. 251-333.

-----, *Requiem pour Florian*, dans *Théâtre*, Tracadie-Sheila, La Grande Marée, 2008, p. 339-378.

Chiasson, Herménégilde, *Le Christ est apparu au Gun Club*, Sudbury, Prise de parole, 2005, 105 p.

-----, *Laurie ou la vie de galerie*, Sudbury, Prise de parole, et Tracadie-Sheila, La Grande Marée, 2002, 120 p.

-----, *Pierre, Hélène & Michael* suivi de *Cap Enragé*, Sudbury, Prise de parole, 2012, 159 p.

----- et Louis-Dominique Lavigne, *Le cœur de la tempête*, Sudbury, Prise de parole, 2010, 104 p.

Goupil, Laval, *James le Magnifique*, Tracadie-Sheila, La Grande Marée, [2000], 116 p.

Haché, Emma, *L'intimité*, Carnières-Morlanwelz (Belgique), Lansman, 2003, 46 p.

-----, *Trafiquée*, Carnières-Morlanwelz (Belgique), Lansman, 2010, 23 p.

Léger, Mélanie et André Roy, *Je... adieu* suivi de *Vie d'cheval*, Sudbury, Prise de parole, 2011, 124 p.

-----, *Roger, Roger,* Sudbury, Prise de parole, 2009, 121 p.

Thériault, Marcel-Romain, *Le filet. Une tragédie maritime*, Sudbury, Prise de parole, 2009, 127 p.

-----, *La persistance du sable*, Sudbury, Prise de parole, 2011, 125 p.

Pièces pour enfants

Boudreau, Jules, *Des amis pas pareils*, dans *Théâtre*, Tracadie-Sheila, La Grande Marée, 2008, p. 443-499.

-----, *Images de notre enfance*, dans *Théâtre*, Tracadie-Sheila, La Grande Marée, 2008, p. 501-561.

-----, *Mon prince charmant*, dans *Théâtre*, Tracadie-Sheila, La Grande Marée, 2008, p. 383-441.

Haché, Emma, *Azur*, Carnières-Morlanwelz (Belgique), Lansman, coll. « Lansman Jeunesse », 2007, 47 p.

Réception critique

Bourque, Denis, « Revendication sociale et carnavalesque dans le théâtre acadien », *International Journal of Francophone Studies*, vol. 13, n° 2, 2010, p. 215-232.

-----, « Tragédie et comédie : deux représentations de la pauvreté et de la marginalité dans le théâtre acadien contemporain », *Voix plurielles*, n° 9.1, avril-mai 2012, p. 5-18.

Chiasson, Zénon, « Fragments d'identité du/dans le théâtre acadien contemporain (1960-1991) », *Studies in Canadian Literature/ Études en littérature canadienne*, vol. 17, n° 2, 1992, en ligne : http://www.ameriquefrancaise.org/media-6980/ StudiesinCanadianLiterature.pdf (page consultée le 14 octobre 2013).

-----, « L'institution théâtrale acadienne », Jean Daigle (dir.), *L'Acadie des Maritimes : études thématiques des débuts à nos jours*, Moncton, Chaire d'études acadiennes, 1993, p. 751-788.

Cormier, Pénélope, « Faire de l'écriture une profession », *Liaison*, n° 143, 2009, p. 27-28.

Haché, Emma, « Une cicatrice dans l'intimité », *Jeu*, n° 117, 2005, p. 124-127.

Lavigne, Louis-Dominique, « Herménégilde Chiasson, drama-turge : *Laurie ou la vie de galerie* et *Pour une fois* », *Jeu*, n° 98, 2001, p. 30-34.

-----, « Un théâtre politique renouvelé : *La Persistance du sable* », *Jeu*, n° 144, 2012, p. 39-41.

Lonergan, David, « L'émergence du théâtre professionnel en Acadie : le Théâtre populaire d'Acadie et le théâtre l'Escaouette », Hélène Beauchamp et Joël Beddows (dir.), *Les théâtres professionnels du Canada francophone, entre mémoire et rupture*, Ottawa, Le Nordir, 2001, p. 27-47.

-----, « Un théâtre à la recherche d'auteurs », *Nuit Blanche*, n° 115, 2009, p. 42-47.

Nichols, Glen, « The Mirror Remade : Cultural Affirmation in the Plays of Herménégilde Chiasson », *Theatre Research in Canada/Recherches théâtrales au Canada*, vol. 22, n° 1, printemps 2002, en ligne : http://journals.hil.unb.ca/index. php/tric/article/view/7016/8075 (page consultée le 14 octobre 2013).

Popovic, Pierre, « La guerre dans le corps », *Jeu*, n° 114, 2005, p. 14-17.

Thériault, Marcel, *Écriture de Le filet*, suivi d'*une réflexion sur la fatalité comme événement déclencheur d'une fragmentation identitaire*, Mémoire, u.q.a.m. 2007, 144 p.

LE RÔLE DE LA CHANSON POPULAIRE
DANS LA CONSTRUCTION IDENTITAIRE ACADIENNE

Johanne Melançon
Université Laurentienne

L'importance de la culture et de la chanson populaires dans la construction d'une identité et d'une identité nationale n'est plus à démontrer. Comme le note Martin Cloonan, « [...] on a suggéré que les artistes de la musique populaire arrivaient à résumer quelque chose de la nation. L'État-nation a besoin d'entretenir un sentiment d'appartenance et la musique populaire a constitué le lieu où celui-ci a été puisé et actualisé[1] ». C'est dire que la chanson populaire en Acadie constitue un corpus de choix pour tenter de cerner l'identité acadienne. Mais qu'est-ce que l'identité acadienne ? Pour être Acadien, faut-il partager l'histoire de la Déportation de 1755 — le Grand Dérangement —, et redire le tragique récit de la vie d'Évangéline construit par le poème de Longfellow et devenu le récit fondateur de tout un peuple ? Faut-il croire à ce pays rêvé à défaut de pouvoir être réel ? Et que dire du mythe du retour et de la « parenté » qui vient de Belle-Isle-en-Mer, du Poitou ou de la Louisiane ? Faut-il parler ce français aux accents du 17ᵉ siècle comme le personnage de la Sagouine ? Faut-il que la mer et les aboiteaux soient des symboles incontournables ? Faut-il partager la nostalgie d'une Acadie « d'avant la Déportation, une terre de rêves

---

1. « [...] popular musicians have been said to encapsulate something about the nation. Nation-States need to foster allegiances and pop has been one of the sites where such allegiances have been sought and articulated » (je traduis). Martin Cloonan, « Pop and the Nation-State : Towards a Theorisation », *Popular Music*, vol. 18, nᵒ 2, mai 1999, p. 203.

perdue à jamais[2] » ? Doit-on avoir la réputation de savoir faire la fête au son du violon, de la bombarde ou de l'accordéon ? Faut-il que le 15 août de chaque année l'on se mêle au Tintamarre, portant fièrement le drapeau tricolore avec l'étoile jaune et chantant l'*Ave Maris Stella* ?

Or tout ceci serait une « identité de surface » (*A*, 151) selon Herménégilde Chiasson, qui dénonce aussi l'image touristique de la joie de vivre, du Village historique acadien et du Pays de la Sagouine, ainsi que « le homard, les plages et l'accent qui se mélangent dans une sorte de fricot dont nous seuls avons gardé la recette et qui constitue une sorte de potion magique qui expliquerait notre résistance ancestrale et notre persécution équivalente » (*A*, 151), un imaginaire tenace qui veut faire croire qu'au pays de la Sagouine et au pays d'Évangéline — comme au pays de Maria Chapdelaine à une autre époque —, rien n'a changé (*A*, 152). Refusant l'imaginaire d'une Acadie écrasée par le passé, affirmant, comme certains artistes de sa génération — celle des années 1970 — qu' « il était temps pour l'Acadie de se donner une dimension contemporaine » (*A*, 158), Herménégilde Chiasson préfère croire à l'importance de l'artiste qui aurait pour mission « de formuler des questions, de mettre au monde des utopies, de fabriquer des rêves et de sauver le monde » (*A*, 158).

Ainsi, pour être Acadien, il ne s'agit plus de partager une même culture, ou, dans les mots de Stuart Hall, « [...] une sorte de "vrai moi" collectif, caché à l'intérieur de plusieurs autres "soi", plus superficiels ou imposés de façon factice, que des gens qui partagent une même histoire et de mêmes ancêtres ont en commun[3] ». Malgré la remise en question de cet imaginaire marqué par la Déportation, Évangéline et le retour au pays rêvé, l'identité acadienne, depuis les années 1970, reste en tension entre passé et

---

2. Herménégilde Chiasson, « Oublier Évangéline », Simon Langlois et Jocelyn Létourneau (dir.), *Aspects de la nouvelle francophonie canadienne*, Québec, Presses de l'Université Laval, CEFAN, 2004, p. 148. Désormais, les références à cet ouvrage seront indiquées par le sigle *A*, suivi du folio, et placées entre parenthèses dans le texte.
3. « A sort of collective "one true self", hiding inside the many other, more superficial or artificially imposed "selves", which people with a shared history and ancestry hold in common » (je traduis). Stuart Hall, « Cultural Identity and Diaspora », Jonathan Rutherford (dir.), *Identity, Community, Culture, Difference*, London, Lawrence & Wishart, 1990, p. 223.

présent, entre un imaginaire figé et une transformation inévitable. Car, comme l'a bien cerné Hall, « [l]'identité culturelle, selon cette seconde définition, est une question de "devenir" aussi bien que "d'être". Elle appartient autant à l'avenir qu'au passé. Elle n'est pas quelque chose qui existe déjà, qui est transcendante ou qui a une histoire. Plutôt, comme tout ce qui est historique, ces identités sont en constante évolution[4]. »

C'est cette identité acadienne en devenir que je chercherai à cerner dans la chanson populaire à partir de deux compilations produites dans le cadre d'un Congrès mondial acadien, ce grand rassemblement de tous les Acadiens de la diaspora et de l'Acadie « d'origine », soit le premier — les « Retrouvailles » —, en 1994, et celui qui a marqué le 400e anniversaire de l'arrivée en Acadie en 2004. À ce corpus, s'ajoute l'album dérivé du spectacle *Ode à l'Acadie* produit la même année dans le cadre des festivités du 400e ainsi que le spectacle lui-même. S'il est vrai, comme l'affirme Simon Frith, que « la musique construit notre identité grâce à l'expérience directe que nous en avons à travers le corps, le temps et la socialisation, des expériences qui nous permettent de nous percevoir comme faisant partie de récits culturels imaginatifs[5] », on peut penser que ces rassemblements, qui ont permis des manifestations culturelles, ont contribué à créer un climat propice à l'expression, et même à l'évolution de l'identité acadienne, du moins si l'on se range du côté de Frith pour qui

> [...] la question n'est pas de savoir comment une musique précise ou une performance reflète les gens, mais comment elle les produit, comment cela crée et bâtit une expérience — une expérience musicale, esthétique — de laquelle nous ne pouvons

---

4. « Cultural identity [...], is a matter of "becoming" as well as of "being". It belongs to the future as much as to the past. It is not something which already exists, transcending somewhere, have histories. But, like everything which is historical, they undergo constant transformation » (je traduis). *Ibid.*, p. 225.
5. « [m]usic constructs our sense of identity through the direct experiences it offers of the body, time and sociability, experiences which enable us to place ourselves in imaginative cultural narratives » (je traduis). Simon Frith, « Music and Identity », Stuart Hall et Paul du Gay (dir.), *Questions of Cultural Identity*, London, Sage, 1996, p. 124.

saisir la signification qu'en adoptant une identité à la fois individuelle et collective[6].

Quelle identité construit donc la chanson populaire acadienne
depuis maintenant deux décennies ?

RETROUVAILLES DE 1994 ET GRANDS SUCCÈS
DE LA MUSIQUE ACADIENNE

En 1994, un album regroupant 27 chansons est produit dans le cadre
du premier Congrès mondial acadien du 20e siècle. L'objectif avoué
est de présenter l'histoire et l'évolution de 30 ans de chansons. En
guise d'introduction, l'album offre deux textes récités sur fond
musical de l'écrivaine emblématique de l'Acadie, Antonine Maillet.
Le premier texte est récité par Maillet elle-même, dans le rôle de
Pélagie, son célèbre personnage tiré du roman qui lui a valu le prix
Goncourt, avec un environnement sonore contemporain, incluant
la voix de la jeune artiste Marie-Jo Thério. Ce texte nous parle du
passé, du retour en Acadie, mais invite à préparer déjà la fête du
400e. Le second texte est livré par son personnage le plus célèbre, la
Sagouine, incarnée par la voix de Viola Léger qui, dans son acadien
chantant parsemé de mots anciens et avec sa forte personnalité qui
allie gros bon sens et sens critique, nous rappelle l'importance de
la parenté et présente le thème des « Retrouvailles » de ce premier
Congrès mondial acadien (CMA). Ce que ces deux textes donnent
à entendre, malgré l'environnement sonore, c'est une identité
acadienne fortement ancrée dans le passé, qui s'est construite au
cours des années 1960 et 1990.

Gages d'authenticité de cette identité acadienne, les chansons de la compilation ont conservé leurs interprètes d'origine.
Le palmarès inclut les « classiques » de la chanson acadienne
comme « Réveille » (Zachary Richard), « Les aboiteaux » (Calixte
Duguay), « Paquetville » et « Asteur qu'on est là » (Édith Butler),

---

6. « [...] the issue is not how a particular piece of music or a performance
reflects the people, but how it produces them, how it creates and constructs
an experience—a musical experience, an aesthetic experience—that we can
only make sense of by *taking on* both a subjective and a collective identity »
(je traduis). *Ibid.*, p. 109.

de même que « Vivre à la Baie » (1755). La majorité des titres sont des succès des années 1970, mais on y trouve aussi deux pièces traditionnelles dans la foulée de la vague d'un retour au folklorique de cette décennie, alors que l'aspect musical emprunte souvent au folklore ses rythmes ou son instrumentation. La compilation inclut également une chanson aux sonorités jazz d'une jeune artiste en début de carrière, proposant ainsi non seulement un ancrage dans le présent, mais un certain regard vers l'avenir.

Cependant, quelle image de l'Acadie ces chansons projettent-elles ? Des 27 chansons, incluant la chanson-thème du CMA, « Acadie de nos cœurs », quatre seulement ne proposent pas un contenu identitaire. Les autres construisent une identité culturelle basée sur l'histoire, principalement la Déportation, l'espace — l'Acadie de la diaspora (la Louisiane), celle de la Nouvelle-Écosse (la Baie Sainte-Marie) et de la Péninsule —, la langue (ce « vieux français » qui est « peut-être le vrai » et à cause duquel les Acadiens auraient été chassés de leur pays, mais qui est aussi élément rassembleur) et des symboles comme la mer, Évangéline, les aboiteaux, la « joie de vivre », la fête, la parenté et même une allusion au drapeau. Cette identité acadienne ressemble bien à l'identité « de surface » dont parlait Herménégilde Chiasson. Elle est portée en grande partie par les artistes des années 1970 et elle renvoie à l'Acadie « mythique », beaucoup plus qu'à une Acadie réelle. Mais dans le cadre du premier CMA, il ne fallait peut-être pas se surprendre qu'on mette l'accent sur l'histoire et la parenté enfin retrouvée.

« L'ACADIE EN CHANSON » DU FESTIVAL ACADIEN DE CARAQUET ET DU 400ᵉ ANNIVERSAIRE DE L'ACADIE

Une décennie plus tard, c'est le Festival acadien de Caraquet qui propose une compilation intitulée *L'Acadie en chanson*. Le message d'introduction est livré dans la pochette intérieure de l'album par Édith Butler, une artiste des années 1960 et 1970 qui a incarné l'Acadie : « L'Acadie est très mystérieuse : elle nous suit partout où on va », y affirme-t-elle. Le pays rêvé est devenu le pays intérieur. Par ailleurs, dans le livret, le message identitaire est relayé par trois artistes : en exergue, l'artiste débutante Sandra LeCouteur affirme une identité acadienne distincte ; au milieu du livret, en écho, Pierre

Robichaud (membre du groupe emblématique 1755) exprime son ouverture sur le monde ; ce que confirme le pionnier, auteur-compositeur-interprète et poète Calixte Duguay. Voilà des indices d'un souci d'actualiser l'identité acadienne, tout en restant fidèle aux origines. Expression de cette volonté de renouvellement, les chansons trouvent de nouveaux interprètes, dans un habile mélange de pionniers, d'artistes qui ont entrepris une carrière à la fin des années 1980 ou au cours des années 1990, et de jeunes artistes qui sont en début de carrière. Par ailleurs, si l'album double inclut plusieurs « classiques » des années 1970-1980, auxquels s'ajoutent cinq titres de Zachary Richard de 1976 à 1996, il propose aussi des chansons plus contemporaines avec deux titres de Marie-Jo Thério (de ses deux premiers albums) et « Petitcodiac » du groupe Zéro Degré Celcius. *L'Acadie en chanson* propose donc un renouveau par rapport à la compilation de 1994 alors que seulement 9 des 30 chansons retenues faisaient partie de la compilation des Retrouvailles. Mais cette fois-ci, quelle image de l'Acadie projettent ces chansons ?

Le message identitaire ressemble en plusieurs points à ce qu'il était 10 ans plus tôt, et pourtant, l'Acadie, à travers ses chansons et ses artistes, est en train de changer. Du moins, l'image que les chansons projettent s'est nuancée. D'ailleurs, si deux chansons traditionnelles y trouvent leur place, le tiers des chansons de l'album ne portent pas de message identitaire dans leur propos. Bien sûr, il est toujours question de la Déportation : certaines chansons sont, semble-t-il, des incontournables comme « Réveille ». Mais, en particulier avec « Louis Mailloux » et « Petitcodiac », de nouveaux faits historiques et de nouvelles figures colorent cette identité culturelle : Louis Mailloux, héros malgré lui, rappelle la lutte pour la langue alors que la chanson « Petitcodiac » se souvient des amitiés autochtones — ne serait-ce qu'à travers les sonorités des noms de lieux énumérés.

La chanson rappelle aussi une lutte beaucoup plus contemporaine, celle de Jackie Vautour qui a résisté à l'expropriation des terres par le gouvernement fédéral pour créer le parc Kouchibougouac en 1969, croisade que certains ont mise en rapport avec la Déportation, et un héros que le refrain met au rang de nul autre que le métis Louis Riel défendant le territoire de son peuple. De même, « Grand-Pré », lieu mythique de la Déportation, insiste sur cet esprit de lutte à sa façon, nous invitant à réécrire l'histoire de l'Acadie : les Acadiens ne sont plus des victimes ou des martyrs, mais ils luttent pour faire respecter leurs droits. De plus, l'espace s'est élargi : à la Louisiane, à la Baie Sainte-Marie et à la Péninsule, se sont ajoutés le Poitou à travers Belle-Isle-en-Mer, de même que Grand-Pré, Terre-Neuve, le cap Enragé et l'Acadie du sud du Nouveau-Brunswick avec Kouchibougouac, Petitcodiac, Memramcook, Scoudouc, Parlee Beach et surtout, Moncton et sa rue Dufferin. On parle de la langue avec fierté et le chiac — ce parler vernaculaire du sud du Nouveau-Brunswick aux accents de français acadien ancien fortement métissé d'anglais — fait désormais partie du paysage sonore et linguistique de la chanson acadienne. On notera également le choix des interprètes, en particulier le fait que c'est le Montagnais Florent Vollant (ex-Kashtin) qui interprète la complainte par excellence de l'Acadien exilé, « Réveille », lui donnant ainsi un nouveau sens et scellant un pacte d'amitié avec l'Acadien. D'ailleurs, de façon générale, la réception critique a reconnu la volonté de poser « [u]n nouveau regard sur des chansons acadiennes[7] ». Et si l'on en croit David Lonergan, les choses ont changé :

> La dernière chanson des deux disques offre une réponse au *Réveille* de l'ouverture. Le cri du cœur de Zachary qui, durant les années 1970, se voulait un cri d'urgence, n'est plus porteur de la même charge affective aujourd'hui. Le temps des « cadavres chauds » est terminé. Aujourd'hui, Fredric Gary Comeau peut affirmer qu'il « va *shiner*, même ici » en reprenant *Arbre à fruits, arbre à fruits* de Marie-Jo Thério, et tout le monde va être d'accord avec lui [...][8]

L'Acadie en chanson insiste sur « l'interprétation originale » de chaque artiste, qui donne une vie nouvelle aux chansons qui « reflètent bien toutes les couleurs et les saveurs de l'Acadie d'aujourd'hui[9] », contribuant du coup à la construction d'une

---

7. Marie Edith Roy, « Un nouveau regard sur des chansons acadiennes », *L'Acadie Nouvelle*, 9 août 2004, p. 21.
8. David Lonergan, « L'Acadie en chanson : un double disque exceptionnel », *L'Acadie Nouvelle, L'accent acadien*, 27 août 2004, p. 4.
9. « L'Acadie en chanson. Festival acadien de Caraquet », en ligne : http://festivalacadien.ca/node/50 (page consultée le 29 avril 2012).

identité culturelle acadienne inclusive, contemporaine, dynamique, en devenir :

> Les artistes choisis pour participer à ce projet exceptionnel qu'est *L'Acadie en chanson* reflètent bien toutes les couleurs et les saveurs de l'Acadie d'aujourd'hui. De la Louisiane, en passant par les Îles-de-la-Madeleine et la péninsule Acadienne, chaque artiste a su dépeindre son Acadie par le biais de son interprétation originale[10].

« ODE À L'ACADIE » : LE SPECTACLE DU 400e

Produit par le Festival acadien de Caraquet la même année, le spectacle *Ode à l'Acadie* a été conçu pour rendre « hommage à l'histoire et à la persévérance du peuple acadien ». Il offre un savant mélange d'ancien et de nouveau, avec un choix de chansons plutôt axé sur le répertoire et de jeunes interprètes de la relève fortement ancrés en Acadie.

Le récit identitaire des paroles des chansons inclut toujours la Déportation tout en redisant le désir de réécrire l'histoire, mais insiste maintenant sur la nécessité de « Laisser aller le passé », comme l'exprime la chanson de Lennie Gallant. Les chansons rappellent les luttes de Louis Mailloux et de Jackie Vautour, de même que les liens avec les Amérindiens — les soulignent, même, avec une chanson en mi'kmaq en guise d'introduction —, et se souviennent des tragédies plus récentes, comme le naufrage du *Lady Dorianne*. L'espace évoqué est le même que dans la compilation, le discours sur la langue aussi. Ce sont les mêmes symboles qui nourrissent l'imaginaire : la mer, les aboiteaux, la fête, la fierté, la parenté. À vrai dire, à part cette insistance sur le fait qu'il faut mettre le passé derrière soi, le message est dans le choix des artistes : ce sont les jeunes qui portent et construisent à leur façon l'identité culturelle acadienne.

Le spectacle offre aussi un volet très actuel d'une part avec la présence d'un artiste invité — en 2004, il s'agissait du très coloré auteur-compositeur-interprète country-western Cayouche — et

---

10. *Ibid.*

d'autre part avec un pot-pourri du groupe hip-hop de la Baie Sainte-Marie, Jacobus et Maléco. Mais puisqu'il s'agit d'un spectacle, il faut aussi considérer les textes d'enchaînement entre les chansons[11].

L'introduction propose un *récit* de l'Acadie : « Notre histoire a commencé, il y a 400 ans...[12] ». Ce récit rappelle que cette « Arcadie » devait se trouver au bout d'une quête d'un monde meilleur ; il note la présence autochtone sur le territoire à l'arrivée des Européens et explique les visées du spectacle en même temps qu'il tente de définir ce qu'est l'Acadie de façon concrète : « Des chansons qui racontent notre pays... qui, en fait, n'est pas vraiment un pays. Disons que l'Acadie, c'est la partie française des provinces atlantiques, une partie qui compte beaucoup de régions » (*O*, 3). Le propos se veut inclusif, les artistes énumérant les différentes « régions » qui forment l'Acadie (*O*, 3).

La première partie du spectacle fait connaître les sept artistes, leur donnant chacun la parole, ce qui leur permet de se présenter, de dire d'où ils viennent et d'aborder un aspect de l'identité et/ou de l'histoire acadienne. Il y est donc question de la langue, que ce soit la survivance du français, la présence du chiac ou la cohabitation avec l'anglais (bilinguisme). L'esprit de fête avec une tradition encore bien vivante que sont les *partys* de cuisine, la mer et les aboiteaux, de même que la Déportation restent des symboles bien vivants. Mais s'il est question d'Évangéline, c'est en soulignant qu'elle est un personnage construit par la littérature — le poème de Longfellow — et qu'elle constitue un mythe à déconstruire, comme le fait la chanson d'Angèle Arsenault « Evangeline Acadian Queen » que ce commentaire introduit. On rappelle aussi ce que le groupe 1755 a représenté pour la construction d'une identité culturelle acadienne dans les années 1970 et même encore aujourd'hui. Dépassant ces symboles, le commentaire souligne l'importance de Moncton, la renaissance acadienne des années 1970 et les progrès des Acadiens au point

---

11. Je souhaite ici remercier David Lonergan qui m'a fait parvenir les textes d'enchaînement du spectacle.

12. *Ode à l'Acadie*, direction artistique et mise en scène de René Cormier, textes de David Lonergan, version modifiée le 12 juillet 2004, production du Festival acadien, été 2004. Désormais, les références à cet ouvrage seront indiquées par le sigle *O*, suivi du folio, et placées entre parenthèses dans le texte.

de vue politique avec le Nouveau-Brunswick devenu « la seule province officiellement bilingue au Canada » et les différents organismes dans les régions qui ont contribué à l'épanouissement de l'Acadie. Au point de vue culturel, c'est le métissage et la cohabitation avec les Irlandais, les Écossais, les Amérindiens, les Américains et les Québécois qui retiennent l'attention. Enfin, même l'aspect économique est abordé avec la mention de l'industrie de la pêche, mais aussi de l'industrie du bois qui disparaissent.

La seconde partie du spectacle insiste sur l'esprit de revendication (et non de victimisation), rappelant le « réveil » de l'identité acadienne moderne dans les années 1970 et faisant le lien entre les « manifestations actuelles et de[s] manifestations des années 70 » (O, 18). Il y est question du lien avec les Amérindiens, mais aussi de l'importance de la mer, par des allusions aux tragédies qui y sont liées. Mais surtout, on note la modernité culturelle des Acadiens (représentée par le groupe Jacobus et Maléco), la diversité de sa musique, faisant même de Cayouche un « troubadour national » (O, 21). Et si on rappelle le lieu mythique de Grand-Pré, c'est tout en affirmant l'ouverture sur le monde : « Ceux et celles qui construisent l'Acadie d'aujourd'hui n'oublient pas leur histoire, mais ils sont avant tout ouverts sur le Monde. [...] Ils laissent aller le passé pour se tourner vers l'avenir » (O, 23). En fait, les chansons du spectacle formeraient un portrait du peuple acadien : « Des chansons qui témoignent de ce que nous sommes, un peuple qui a failli disparaître, mais qui, à force de détermination, a réussi à vivre et à s'épanouir. Un peuple qui participe à sa façon à la grande mosaïque humaine » (O, 24). Et pour faire la part des choses, en rappel, les artistes, en paix avec l'histoire, offrent des chansons folkloriques recueillies par le père Anselme Chiasson sous le titre « Pot-pourri chansons – racines » (O, 26).

La revue de presse du spectacle nous confirme que celui-ci est perçu comme un reflet de l'identité acadienne, relayant le commentaire des concepteurs qui présentent le projet comme « une célébration de notre culture, de notre musique et de notre diversité[13] ». On y voit « un véhicule de l'histoire acadienne[14] »,

---

13. Martin Roy, « *Ode* fera la fête cet été à Caraquet », *L'Acadie Nouvelle*, 13 juillet 2010, p. 21.
14. « *Ode à l'Acadie* : le *Broue* des Acadiens? », *L'Acadie Nouvelle*, 15 juin 2007, p. 32.

«une célébration de l'histoire et de la culture acadiennes[15]». Les critiques relèvent aussi l'aspect universel du spectacle, que ce soit ses possibilités d'«exportation» et de représenter l'Acadie, ou sa capacité de franchir la barrière de la langue. Il est clair qu'on y promeut l'identité et la fierté acadiennes. Plus encore, on souhaite que les artistes de ce spectacle deviennent des modèles pour les jeunes. En somme, c'est une vision contemporaine de l'Acadie que les critiques voient dans ce spectacle : «[Mais] le spectacle est tourné tout entier vers le présent et l'avenir : les jeunes artistes s'approprient complètement le *corpus* musical acadien, témoignant d'enjeux actuels ou actualisés[16].» Autre élément contemporain, cherchant à rompre avec le passé, l'affirmation de la diversité et de l'ouverture à l'autre :

> L'encadrement de ces jeunes talents a créé une réelle magie, simple mais efficace : chaque artiste, en se présentant, témoigne du même coup de la diversité des expériences acadiennes et, du même coup, fait ressortir les enjeux de l'Acadie historique et actuelle, comme la confrontation à la diversité, le rapport difficile à l'autre (Anglophone bien sûr, mais aussi Amérindien, dont le rapport aux Acadiens ne va pas de soi, ni par le passé, ni dans le présent, ni pour l'avenir), la mer, les mythes profonds ou la langue[17].

De plus, la réception critique à Montréal montre que le pari de renouveler l'image de l'identité acadienne est gagné, que ce soit chez les spectateurs ou auprès des critiques.

Par ailleurs, le spectacle a évolué entre 2004 et 2009, entre autres par l'ajout de différents artistes invités, indication claire de son souci de rester en lien avec l'actualité. De plus, d'autres spectacles se sont ajoutés au projet initial, dont *Carte blanche aux artistes d'Ode* (2007), «pour approfondir le lien entre les artistes

---

15. «a celebration of Acadian culture and history» (je traduis). «*Ode à l'Acadie* comes to TV Saturday», *The Journal-Pioneer* (Summerside), 17 juillet 2009, p. B5.
16. Pénélope Cormier, «Le Star Académie acadien», *L'Acadie Nouvelle*, *L'accent acadien*, 8 octobre 2004, p. 4.
17. *Ibid.*, p. 4.

d'*Ode à l'Acadie* et le public[18]» en donnant aux interprètes plus de liberté dans le choix des chansons et *Le pays d'Ode* (2009) qui cherchait à définir l'Acadie d'aujourd'hui qui «est avant tout une question d'émotions», devenue «le pays à l'intérieur de nous» avec son histoire «dans sa dimension poétique[19]» plus que politique. On constate donc un fort mouvement vers une actualisation ou réactualisation de l'identité acadienne à travers la chanson. Aussi, avant la fin de l'aventure *Ode*, prévoyait-on même un nouveau spectacle pour 2010: *Ode, la planète*.

Bref, il y a bel et bien une évolution de l'image que l'on veut projeter de l'Acadie. Peut-on dire que les Congrès mondiaux, en particulier celui de 1994, ont contribué à ce renouveau de l'identité culturelle acadienne? D'après la directrice générale de l'Association acadienne des artistes professionnels du Nouveau-Brunswick (AAAPNB), Carmen Gibbs, ce premier CMA «a mis sur la place publique la création artistique et la culture acadienne comme jamais auparavant[20]» et ce, particulièrement pour l'Acadie du Sud-Est. Selon elle, «cet événement se veut important dans le développement de la culture en Acadie, comme en témoigne la quantité d'infrastructures et d'événements culturels développés depuis l'événement[21]».

Depuis 20 ans, ces rassemblements qui ont donné lieu à des spectacles et à des compilations auraient donc fortement contribué à ce renouveau de l'identité acadienne en donnant, par exemple, la chance aux jeunes artistes de se faire connaître. De plus, entre le CMA 2004 et le CMA 2009 — temps où le spectacle *Ode à l'Acadie* et ses différents avatars ont tourné —, il y aurait eu une nette évolution dans la manière de concevoir l'identité acadienne, attribuable à un dépassement de l'idéologie nationaliste «nostalgique» selon Herménégilde Chiasson: «Il y a le nationalisme et toute cette idéologie de victime-martyre du peuple

---

18. «*Ode* et *Carte blanche* reprennent du service», *L'Acadie Nouvelle*, 2 juillet 2008, p. 20.
19. Martin Roy, «Bienvenue au Pays d'Ode! La troupe présente un nouveau spectacle, cet été, et revisite les plus anciens», *L'Acadie Nouvelle*, 17 juillet 2009, p. 2.
20. Jean-Mari Pitre, «Vers le Congrès mondial acadien. Des retombées culturelles spectaculaires», *L'Acadie Nouvelle*, 16 mai 2009, p. 6.
21. *Ibid.*, p. 6.

acadien. Mais j'ai vu que les gens voulaient aller plus loin que ça. Et ce Congrès a été dans cette direction[22] ». Ce désir de renouveau et d'ouverture à l'autre est exprimé par les jeunes artistes eux-mêmes, comme l'un des membres du groupe rap Radio Radio qui confie au journaliste de Radio-Canada que « les jeunes ne s'expriment plus comme leurs parents. Fini les violons, ils créent des images et des sons nouveaux. [...] Les jeunes Acadiens sont plus ouverts aux influences extérieures. D'ailleurs, l'Acadie n'a plus le choix. À cause de la dénatalité, l'Université de Moncton recrute de plus en plus d'étudiants en Afrique et ailleurs[23]. » On retrouve bien là une manifestation patente de la diversité et de la transformation de l'identité culturelle, telle que l'a définie Stuart Hall. Et c'est justement ce dont témoigne un lecteur du *Telegraph-Journal* :

> Bien que le passé collectif et le paysage des Maritimes soient des points d'ancrage de l'identité acadienne, la diversité du Congrès mondial acadien a donné lieu à une importante prise de conscience. La survivance/survie de la culture acadienne n'est pas une seule et unique histoire remarquable, mais plusieurs histoires, racontées dans une diversité de langues, d'accents et de modes d'expression artistique. L'«*Acadie*» est canadienne, cajun, africaine et australienne. Être Acadien au 21e siècle, c'est appartenir à une communauté qui n'a pas de frontières. *C'est une façon de devenir et de créer autant qu'une façon d'être*[24].

---

22. Réal Fradette, « Retour sur le Congrès mondial acadien. Un CMA mémorable, selon Herménégilde Chiasson : "Celui de la Péninsule acadienne est LE Congrès" », *L'Acadie Nouvelle*, 25 août 2009, p. 3.

23. « Congrès mondial acadien : à la découverte de la nouvelle Acadie », SRC Télévision – Le Téléjournal/Le Point, le jeudi 13 août 2009.

24. « Though the collective past and Maritime landscape are anchor points of Acadian identity, the diversity of the Congrès Mondial has fostered an important realization. The survival of Acadian culture is not one remarkable story, but many, told in a wide range of accents and languages and artistic expression. «Acadie» is Canadian, Cajun, African and Australian. To be Acadian in the 21st century is to be a member of a community without borders. *It is an act of becoming and creating as well as a state of being*» (je souligne et je traduis). « A celebration of identity », *Telegraph-Journal* (Saint-Jean, N.-B.), 7 août 2009, p. A6.

BIBLIOGRAPHIE

Chiasson, Herménégilde, «Oublier Évangéline», Simon Langlois et Jocelyn Létourneau (dir.), *Aspects de la nouvelle francophonie canadienne*, Québec, Presses de l'Université Laval, CEFAN, 2004, p. 147-163.

Cloonan, Martin, «Pop and the Nation-State: Towards a Theorisation», *Popular Music*, vol. 18, n° 2, mai 1999, p. 193-207.

Frith, Simon, «Music and Identity», Stuart Hall et Paul du Gay (dir.), *Questions of Cultural Identity*, London, Sage, 1996, p. 108-127.

Hall, Stuart, «Cultural Identity and Diaspora», Jonathan Rutherford (dir.), *Identity, Community, Culture, Difference*, London, Lawrence & Wishart, 1990, p. 222-237.

Revue de presse (articles de journaux)

«A celebration of identity», *Telegraph-Journal* (Saint-Jean, N.-B.), 7 août 2009, p. A6.

«Congrès mondial acadien: à la découverte de la nouvelle Acadie», SRC Télévision – Le Téléjournal/Le Point, le jeudi 13 août 2009.

«*Ode* et *Carte blanche* reprennent du service», *L'Acadie Nouvelle*, 2 juillet 2008, p. 20.

Fradette, Réal, «Retour sur le Congrès mondial acadien. Un CMA mémorable, selon Herménégilde Chiasson: "Celui de la Péninsule acadienne est LE Congrès"», *L'Acadie Nouvelle*, 25 août 2009, p. 3.

Lonergan, David, «L'Acadie en chanson: un double disque exceptionnel», *L'Acadie Nouvelle*, *L'accent acadien*, 27 août 2004, p. 4.

Roy, Marie Edith, «Un nouveau regard sur des chansons acadiennes», *L'Acadie Nouvelle*, 9 août 2004, p. 21.

Pitre, Jean-Mari, «Vers le Congrès mondial acadien. Des retombées culturelles spectaculaires», *L'Acadie Nouvelle*, 16 mai 2009, p. 6.

Roy, Martin, «Bienvenue au Pays d'Ode! La troupe présente un nouveau spectacle, cet été, et revisite les plus anciens», *L'Acadie Nouvelle*, 17 juillet 2009, p. 2.

Ressources électroniques

« *L'Acadie en chanson*. Festival acadien de Caraquet », en ligne : http://festivalacadien.ca/node/50 (page consultée le 29 avril 2012)

« Spectacle *Ode à l'Acadie* - Youtube », en ligne : http://www.youtube.com/watch?v=hG3_UWQ19J4 (page consultée le 29 avril 2012)

Autres documents

Ode à l'Acadie, direction artistique et mise en scène de René Cormier, textes de David Lonergan, version modifiée le 12 juillet 2004, production du Festival acadien, été 2004, 26 p.

ENTRE ESPOIR ET ANÉANTISSEMENT :
LE CINÉMA DE RODRIGUE JEAN

Shana McGuire
Saint Mary's University

Dans « L'Acadie actuelle et ses créateurs », l'écrivain et poète acadien de renom Gérald Leblanc fait un survol de la production artistique de la région au tournant du 21ᵉ siècle. Leblanc privilégie les nouveaux esprits créateurs en écriture, théâtre, musique et arts visuels, nous donnant ainsi le portrait collectif des protagonistes les plus originaux du milieu culturel francophone des Provinces atlantiques. Il s'agit, d'après Leblanc, d'une Acadie qui « vit au rythme du monde[1] », d'un milieu artistique dont le dynamisme découle d'un esprit de collaboration et des rapports féconds entre les disciplines. Une chose pourtant curieuse : quant à la production récente des œuvres cinématographiques créées en Acadie, Leblanc n'y consacre que quelques lignes disant tout simplement que « le milieu attend des fictions qui tardent à venir[2] », mais qu'autrement les documentaires sont toujours au premier plan. Il n'y a cependant, d'après lui, qu'un seul réalisateur d'origine acadienne qui mérite d'être remarqué, Rodrigue Jean, dont les deux premiers longs métrages *Full Blast* (1999) et *Yellowknife* (2002) arrivent sur la scène comme des « films de fiction coup de poing[3] ».

Nous voilà une quinzaine d'années après les premiers commentaires de Gérald Leblanc sur les films de Rodrigue Jean

---

1. Gérald Leblanc, « L'Acadie actuelle et ses créateurs », *Tracer un espace culturel*, numéro hors-série de *Liaison*, 2002, p. 9.
2. *Ibid.*, p. 7.
3. *Ibid.*, p. 8.

et ce dernier se retrouve incontestablement parmi les cinéastes francophones les plus marquants et provocateurs au Canada aujourd'hui. Originaire du Nouveau-Brunswick, Jean est non seulement réalisateur, scénariste, et producteur de cinéma mais aussi danseur, dramaturge et militant social pour la cause des marginaux de la société contemporaine. Comme l'atteste André Habib, Jean «possède sans conteste une des voix les plus originales, radicales et lucides de la cinématographie canadienne, et dont la portée déborde largement le seul domaine du cinéma[4]». Dans le texte qui suit, je compte d'abord jeter quelques lumières sur le cinéma acadien en général pour ensuite me concentrer en détail sur Rodrigue Jean dont l'œuvre filmique se distingue de ses contemporains à plusieurs égards, notamment par le fait qu'il travaille le plus souvent à rebrousse-poil de l'industrie du cinéma afin de garder intactes l'intégrité et la vérité de son regard singulier sur le monde.

LE CINÉMA ACADIEN CONTEMPORAIN

Même si Gérald Leblanc ne s'y est pas penché, il existe bel et bien un cinéma acadien contemporain, comme le confirme Pierre Véronneau dans «Parcours du cinéma acadien». Véronneau décrit en détail le chemin suivi par ceux et celles qui ont fait leurs premiers pas dans l'art et l'industrie filmiques dans les régions francophones des provinces maritimes. Puisque l'on ne peut pas parler du cinéma acadien sans souligner le rôle fondamental que l'Office national du film (ONF) du Canada a joué dans sa création et sa continuation, Véronneau se concentre sur l'avènement et le développement du Studio Acadie à Moncton qui ouvre ses portes en 1974. Très ancré dans la réalité et la culture régionales, le Studio Acadie permet aux cinéastes de conserver leurs particularités régionales et socio-historiques, et d'exprimer leur identité francophone.

Une nouvelle vague du cinéma acadien commence à prendre forme à partir des années 80; parmi les cinéastes qui entament leurs carrières filmiques à cette époque sont Monique Leblanc,

---

4. André Habib, «Une question d'intensité. Entretien avec Rodrigue Jean», *Spirale*, n° 238, automne 2011, p. 45.

Renée Blanchar, Ginette Pellerin, Bettie Arseneault, Phil Comeau, Rodolphe Caron et Herménégilde Chiasson — des artistes qui sont maintenant parmi les mieux connus des réalisateurs acadiens et qui continuent de nos jours de créer des films pertinents. Véronneau souligne les sujets les plus répandus des premières décennies du cinéma acadien : la Déportation, le combat identitaire, les spécificités linguistiques, l'industrie de la pêche, la présence de l'Église catholique, la musique, la chanson et la littérature. On constate toutefois une évolution dans les thèmes abordés au fil des ans, comme l'explique Véronneau :

> Sur trente ans, les thématiques du cinéma acadien ont fort évolué. De l'attachement manifeste à la mer et à ce qu'elle procure, le cinéma acadien a, depuis la fin des années 1990, commencé à tourner le dos à ce qui le faisait apparaitre comme légèrement folklorique. Les sujets urbains prennent de plus en plus d'importance. Mieux, les cinéastes explorent de plus en plus des sujets non acadiens, d'intérêt général pourrions-nous dire. Encore mieux, ils ne se sentent plus obligés de se limiter à tourner en Acadie[5].

Arrivé au seuil du nouveau siècle, le Studio Acadie vise à encourager de nouveaux talents à s'essayer à la réalisation. Pour assurer une relève, on met en place des projets et des concours — tels Nouveaux cinéastes en Acadie, AnimAcadie et Tremplin — qui ouvrent les portes aux jeunes cinéastes, leur permettant de réaliser un premier ou un deuxième film dans un cadre professionnel. De plus, on privilégie les possibilités de coproduction, ce qui permet au Studio de continuer à créer des films, même si on dispose de moyens de plus en plus modestes[6]. Parmi les cinéastes associés à la

---

5. Pierre Véronneau, « A Journey Through Acadian Cinema », titre original : « Parcours du cinéma acadien », Darrell Varga (dir.), *Rain, Drizzle, and Fog: Essays on Atlantic Canadian Film and Television*, traduit du français par Shana McGuire, Calgary, University of Calgary Press, 2009, p. 44.
6. Selon Véronneau, « il faut souligner l'importance des boîtes de productions indépendantes et des coopératives dans la formation, le développement et la consolidation du cinéma acadien et dans l'apport qu'elles peuvent fournir à la production onéfienne » (*Ibid.*, p. 46), notamment Les Productions Phare-Est, Les Productions Fado, CinImages Productions et la coopérative Cinémarévie parmi d'autres.

relève des années 2000, on compte Anika Lirette, Louiselle Noël, Paul Bossé, Paul Arseneau, Paul Émile d'Entremont, Daniel Léger et, enfin, Rodrigue Jean.

Tout comme Gérald Leblanc avant lui, Véronneau reconnaît que l'arrivée de Rodrigue Jean signale un bouleversement dans le paysage du cinéma acadien. Ayant à son actif quatre courts métrages, six longs métrages (documentaires et fictions) et bien d'autres projets en cours, Jean est un cinéaste qui fait son métier sans compromis. Nous sommes donc loin, chez lui, d'un cinéma conventionnel. Définis par un style esthétique implacable, rigoureux et lucide, ses films témoignent d'une vision singulière du monde contemporain et tendent à rendre mal à l'aise le spectateur, car mettre en question des valeurs sûres et des idées reçues n'est pas une chose facile à faire.

Jean se démarque par conséquent d'autres réalisateurs acadiens (et québécois) sur plusieurs plans. D'abord, il rejette les modèles et préceptes du cinéma hollywoodien, préférant une esthétique épurée mais lyrique, discrète mais puissante. «Pour moi, il n'est pas question de faire joli : au montage, je jette tous les beaux cadres[7]», constate le cinéaste. Deuxièmement, son approche s'inscrit davantage dans les traditions théâtrales que dans celles du cinéma, surtout en matière de thèmes traités, puisqu'au théâtre «presque tout est accepté (l'inceste, l'infanticide, le matricide...), explique Jean. Au cinéma, par contre, certains sujets sont encore tabous. Il faut tricher pour les aborder. De cette façon, les vrais sentiments demeurent inavoués, sous-entendus[8]».

LES PREMIERS FILMS

Avant d'arriver au monde du cinéma au début des années 1990, Rodrigue Jean fait des études en biologie, en sociologie et en littérature, puis quitte sa terre natale pour Londres où il passe une dizaine d'années. En Angleterre, il étudie la danse, la chorégraphie,

---

7. Rodrigue Jean cité par Éric Fourlanty, «Voyage au bout de la nuit», en ligne: http://yvescape.free.fr/NewYork/Untitled-2.html (page consultée le 23 octobre 2008).
8. Rodrigue Jean cité par Élie Castiel, «Rodrigue Jean: La riche complexité des émotions», *Séquences*, n° 217, jan.-fév. 2002, p. 38.

le théâtre et la mise en scène. Il devient par la suite membre fondateur de deux groupes artistiques, à savoir une compagnie de danse, les Productions de l'Os, ainsi qu'une troupe de théâtre londonienne, *The Howlers*, qui monte des pièces de Shakespeare, de Jean Genet et de Brad Fraser. Ces expériences ont beaucoup influencé son esthétique et son approche cinématographiques de sorte qu'on remarque chez le réalisateur une préoccupation très évidente du corps et du mouvement dans ses films.

En effet, son premier court métrage, *La Déroute* (1990) se base sur les chorégraphies des Productions de l'Os et Jean figure parmi les danseurs qui interprètent l'intrigue du film. Tourné en noir et blanc, c'est un film lyrique et hanté, mis en scène au bord de la mer au Nouveau-Brunswick. C'est une fiction créée à partir des interprètes qui dansent au lieu de parler : il s'agit surtout de corps à la dérive situés sur de vastes étendues où se mélangent ciel, terre et eau. Des corps qui courent, se tordent, tournoient, se heurtent les uns contre les autres. Même s'il s'agit d'un film sans dialogue, l'univers de *La Déroute* est loin d'être silencieux. La bande-son se compose du bruit du vent et des pas dans le sable, des voix indistinctes, de la respiration haletante, mais aussi de sons lugubres et inhumains qui semblent provenir du cosmos. Mathieu Li-Goyette constate que l'on dénote dès ce premier film de Jean un sens du rythme impressionnant par rapport des corps, dédoublé par le tempo du montage. Il explique que :

> à force d'additionner cette éruption des corps qui courent sur la plage, [Jean] apprend à jouer avec les limites du cadre, à pousser l'attention du spectateur jusqu'aux limites extrêmes de celui-ci, comme si la question, posée ponctuellement par ce court film de corps entropiques, était de nous réapprendre à voir, à parcourir l'écran de nos yeux trop habitués aux symétries, aux règles des tiers et des compositions classiques[9].

Le film se termine sur un très long plan-séquence qui fixe une femme de dos pendant qu'elle marche tranquillement au bord de l'eau, puis commence à courir et finit par disparaitre à l'horizon.

------

9. Mathieu Li-Goyette, « La mer du même : Les premiers films de Rodrigue Jean », en ligne : http://www.panorama-cinema.com/V2/article.php?categorie=9&id=307 (page consultée le 10 déc. 2013).

La mer figure aussi au premier plan dans les deux prochains films de Jean : *La mémoire de l'eau* (1996) et *La voix des rivières* (1997), des courts métrages qui ont été appréciés par la critique[10]. Au lieu de capter une femme de dos qui marche le long d'une plage, dans *La mémoire de l'eau* c'est un personnage masculin que l'on filme de dos, parfois de profil, assis sur un banc ; celui-ci parle de l'amant souffrant qu'il vient de tuer par la noyade. Cette fois-ci, il ne s'agit pas d'une dérive physique des corps, mais bien de la dérive mentale en voix-off d'un homme qui angoisse dans les heures qui suivent le meurtre. Pendant onze minutes, le spectateur est plongé non seulement dans les souvenirs éphémères et les sentiments de remords de cet homme, mais aussi dans de la matière crue : la roche et l'eau, deux éléments naturels omniprésents dans ce court métrage qui semblent symboliser la vie qui s'écroule et, enfin, la mort. C'est dire que l'eau n'est jamais liée à la vie, à la renaissance, ou au renouvellement dans l'œuvre de Rodrigue Jean. L'eau engloutit, elle noie, explique Li-Goyette : « Elle est celle du large qui lutte contre les pêcheurs, qui vient se briser sur la côte comme si elle tentait perpétuellement de nous submerger. Une grande part de l'œuvre de Jean gravite autour de cette relation à la matière inerte qui devient bien plus qu'un élément du décor[11] ».

La voix des rivières porte également sur la relation entre l'eau et la mort, mais il s'agit ici d'un film documentaire. Jean donne la parole aux gens en Acadie qui ont vécu la perte d'un proche par noyade dans une rivière. Tout comme *La mémoire de l'eau*, c'est un film sur le deuil, sur les souvenirs des êtres chers qui ont péri trop tôt et d'une manière violente. Claire Valade décrit la brutalité qui y est évoquée :

> Même si un acte de violence n'a pas été commis, il demeure que la mort par noyade est d'une violence indicible de par sa brutalité, pour ceux qui restent comme, on l'imagine trop bien,

---

10. *La mémoire de l'eau* a été sélectionnée au Festival International du court métrage d'Oberhausen en Allemagne et au Festival Pandémonium de Londres, et a aussi remporté les prix du meilleur scénario et du réalisateur le plus prometteur au Festival de film de l'Atlantique à Halifax en 1996. En 1997, *La voix des rivières* a remporté le prix Téléfilm Canada pour le meilleur moyen métrage canadien lors du Festival International du cinéma francophone en Acadie.

11. Li-Goyette, *op. cit.*

pour la personne qui se noie. Rodrigue Jean capte à la fois l'effroi et la fascination qu'exerce l'eau sur ceux qui ont appris à vivre en symbiose avec elle à cause de leur environnement ou de leur travail, mais aussi la douleur du souvenir et l'étrange sérénité qui s'installe au fil du temps, comme au fil de l'eau[12].

À travers les témoignages, filmés en gros plan d'un style simple et direct, les intervenants se livrent aux spectateurs et racontent leurs histoires de catastrophes personnelles ; ils ont souvent le regard perdu, nostalgique, parfois les larmes aux yeux, et on ressent chez eux le poids de l'absence et de la perte. Au moyen des plans parfois panoramiques, parfois fixes, Jean choisit d'insérer à même les témoignages des images des rivières qui paraissent aussi grandes que l'océan, nous rappelant ainsi l'omniprésence de l'eau et sa puissance inhérente. Le va-et-vient continuel entre les visages des intervenants et les images de l'eau nous donne l'impression de la tenue d'une sorte de conversation, comme si les deux se mettaient d'accord pour évoquer l'impuissance des êtres humains face aux forces de la nature.

Le dernier court métrage réalisé par Rodrigue Jean, *L'Appel* (1998), se déroule loin de l'eau, mais nous sommes toujours dans le registre de la perte et des souvenirs douloureux. Inspiré de *La voix humaine* de Jean Cocteau, ce film met en scène un homme qui passe toute une nuit au téléphone avec son amant (ou son amante) qui vient de le quitter. Jean ne présente qu'un seul côté de la conversation aux spectateurs ; on n'entend jamais la voix de l'interlocuteur de l'homme rejeté, mais on imagine ses répliques, ses pauses et ses frustrations.

Li-Goyette résume bien les points forts des premiers efforts de Jean dans le monde du cinéma : « Forces se séparant pour s'entrechoquer à nouveau, les matières et les corps des premiers films de Rodrigue Jean sont une invitation sublime à l'introspection, à la recherche des formes du monde, de leurs composantes, de leurs éléments disparates qui, incompréhensiblement, rêvent d'homogénéité[13]. »

---

12. Claire Valade, *Commentaires sur « La Voix des rivières » de Rodrigue Jean*, en ligne : http://www.vitheque.com/Fichetitre/tabid/190/language/fr-CA/Default.aspx?id=332 (page consultée le 28 nov. 2013).
13. Li-Goyette, *op. cit.*

Même si Rodrigue Jean habite et travaille actuellement au Québec, il n'a jamais laissé de côté ses racines acadiennes. En effet, ses trois premiers longs métrages — *Full Blast* (1999), *Yellowknife* (2002) et *Lost Song* (2008) — composent ce que Jean appelle sa «trilogie acadienne», des films qui mettent en scène des êtres, des voix et une vision du monde spécifiquement acadiens. «Je suis parti du fait que je n'avais jamais vu au cinéma de représentation de notre monde comme je pense qu'il est[14]», explique-t-il. Jean continue:

> Tous mes films de fiction forment une trilogie, ils ouvrent et ferment quelque chose [...] La raison pour laquelle j'ai toujours souhaité faire des longs-métrages de fiction, c'est parce que je me questionnais sur une façon d'être au monde acadienne. C'était mon projet, de représenter cette façon d'être dans la vie. Tous les personnages de ces trois films, je les connais. Ce n'est pas des documentaires, ni des transpositions, mais c'est des gens que je connais et qui ont vécu des histoires semblables[15].

Notons que ces trois films lui ont valu une reconnaissance publique et critique: *Full Blast* remporte le Prix spécial du jury au Festival de Toronto en 1998, *Yellowknife*, le Prix du meilleur film québécois en 2002 décerné par la critique et *Lost Song*, le Prix du meilleur long métrage canadien au Festival international du film de Toronto en 2008.

Dans l'univers filmique fictionnel de Rodrigue Jean, les personnages parlent peu mais s'expriment plutôt par la gestuelle, par le corporel, et les corps que le cinéaste met en scène se trouvent le plus souvent dans des contextes sexuels et violents. C'est surtout le cas pour *Full Blast* et *Yellowknife*, deux films qui privilégient non seulement des rapports physiques conflictuels, mais aussi la tension entre les corps et les espaces — intérieurs et extérieurs —, ce qui fait la matière du film. Il s'agit aussi des questions de retour et de

---

14. Marie-Claude Loiselle, «Rencontre Rodrigue Jean-Wajdi Mouawad», *24 Images*, n° 141, 2009, p. 55.
15. Mathieu Li-Goyette et Clara Ortiz Marier, *Entrevue avec Rodrigue Jean*, en ligne: http://www.panoramacinema.com/html/dossiers/entrevuerodriguejean. htm (page consultée le 15 nov. 2013).

rédemption, des notions qui ont une résonance personnelle pour le cinéaste. Jean explique que « les conflits y sont presque primitifs [...]. Ces films-là sont d'une certaine façon trop personnels pour que je puisse en parler[16] ».

Tourné dans un milieu et un espace géographique qui lui sont très familiers, *Full Blast* se passe dans une petite ville industrielle côtière du nord du Nouveau-Brunswick où la fermeture de l'usine de bois mène au chômage, à l'errance et au désespoir. Inspiré du premier roman de l'écrivain acadien Martin Pître, intitulé *L'ennemi que je connais*[17], c'est un film peuplé de jeunes personnages qui rêvent de fuir l'isolement de leur région rurale, mais qui y sont finalement enfermés en raison d'une impossibilité d'échapper à leurs racines ouvrières. Ces jeunes ont donc recours à des relations sociales et sexuelles explosives et parfois destructrices. Comme le décrit Véronneau : « Voilà un film qui ne parle plus de pêcheries, de déportation ou de survivance, mais de désespoir, de sexe et de drogue en milieu urbain. Loin du divertissement, loin du documentaire. Loin d'une Acadie d'Épinal[18]. »

L'angoisse existentielle et un sentiment implacable de solitude règnent dans l'univers de *Full Blast.* Tout tourne autour du personnage de Steph qui cherche du réconfort dans les bras de plusieurs personnages, mais le plus souvent dans ceux de Rose, une femme plus âgée qui gère le bar du coin et qui habite seule avec son jeune fils. Il y a ensuite Piston qui essaie en vain de maintenir sa relation tourmentée avec sa copine musicienne, Marie-Jo, et enfin Charles, un ancien ami de retour en ville et dont les parents n'acceptent pas l'orientation sexuelle. Ils sont tous en quête du bonheur, mais celui-ci reste chimérique, toujours hors de portée. Ces personnages subissent, constate Élie Castiel, « une sorte de vague à l'âme qui les enveloppe dans un carcan qu'il leur est difficile de briser[19] ».

Comme bien des personnages chez Rodrigue Jean, ce n'est que par le biais du corps que ceux de *Full Blast* arrivent à établir

---

16. Loiselle, *op. cit.*, p. 56.
17. Le roman a gagné le Prix France-Acadie en 1996, mais l'histoire personnelle de Pître a une fin tragique : il s'est suicidé pendant le montage de *Full Blast*.
18. Véronneau, *op. cit.*, p. 39.
19. Élie Castiel, « *Full Blast* : vagues à l'âme », *Séquences*, n° 206, jan.-fév. 2000, p. 32.

des liens. Les relations physiques y sont chargées d'une tension sexuelle souvent ambiguë; la sexualité est fluide et c'est le désir humain — que le corps en question soit masculin ou féminin — qui s'avère l'élément le plus important chez ces âmes perdues. «Il n'existe pas d'hiérarchie au niveau de l'orientation et des pratiques sexuelles, explique Jean. La sexualité est une chose parmi d'autres et n'est pas le centre de l'existence de ces personnages. C'est en quelque sorte une manière d'entrer en rapport avec l'autre[20].» Une telle approche influe sur la caméra de Jean qui, loin du voyeurisme, ne juge jamais les êtres mis à nu devant elle. Par exemple, dans la séquence de masturbation mutuelle entre Steph et Charles, le cinéaste maintient une distance discrète et observe la scène d'un œil clinique, mais humaniste. «Tous deux ont senti un besoin biologique d'exprimer leur désir[21]», affirme Jean.

L'oscillation entre le désir de s'approcher et le désir de fuir est aussi reflétée dans la manière dont les corps entrent en relation avec les espaces du film. Les espaces intérieurs — l'usine, le bar, le chalet, les voitures, les vestiaires et les toilettes des hommes — étouffent, les gens y sont confinés et jetés les uns contre les autres. Même la beauté brute et l'espace illimité de la nature — la mer, la plage, la forêt — n'apaisent pas la claustrophobie spatiale et existentielle des personnages puisqu'ils ne peuvent leur offrir de possibilité de libération ou de transformation. Paradoxalement, les espaces infinis de *Full Blast* paraissent comme des frontières infranchissables qui ne font qu'accentuer l'isolement des personnages (Steph, Piston, Rose et Marie-Jo), mettant ainsi en relief leur incertitude collective face à l'avenir.

Comme le montre *Full Blast*, Rodrigue Jean s'intéresse avant tout aux émotions complexes qui sous-tendent les relations entre ses personnages et ce fait est encore mieux mis en évidence dans *Yellowknife*, son deuxième long métrage de fiction. Les deux films sont différents à bien des égards, mais maintiennent toutefois un haut niveau de continuité quant aux obsessions principales du cinéaste: «Ce sont les relations qui fonctionnent à plusieurs niveaux qui attirent mon attention, explique-t-il. Je suis séduit par les contradictions, les paradoxes, les situations de rejet et

---

20. Rodrigue Jean cité par Élie Castiel, «Rodrigue Jean: retour aux sources» (entretien), *Séquences*, n° 206, jan.-fév. 2000, p. 34.
21. *Ibid.*, p. 34.

d'attraction. Dans ce sens, mes deux films sont similaires, même si chacun d'eux se situe dans un univers particulier[22]. » Un *road movie* dystopique, *Yellowknife* s'ouvre avec le désir de fuir, mais il s'agit ici d'une évasion bien réelle et non celle imaginée par les personnages de *Full Blast*. Max arrive à l'hôpital psychiatrique au secours de Linda avec qui il veut partir pour Yellowknife. Ni la raison de leur départ, ni la nature de leur relation (sont-ils frère et sœur ? amants ? les deux ?) ne sont exprimées explicitement. Or une seule chose est sûre : ils visent à changer leurs vies complètement. De Moncton à Yellowknife en passant par plusieurs endroits désolés sans nom, Max et Linda traversent le pays et rencontrent une panoplie de personnages nomades en cours de route : les jumeaux Bill et Billy qui gagnent leur vie comme danseurs nus dans les clubs et les motels, et en se prostituant ; Marlène, une chanteuse de clubs miteux, qui développera une amitié avec Linda ; Johnny, le gérant et chauffeur louche et violent de Marlène ; et enfin le policier amérindien qui s'avère le seul être stable parmi tous.

Jean tisse des relations précaires entre ces errants énigmatiques, sans racines, explorant encore plus explicitement que dans *Full Blast* le désir de l'autre et l'impossibilité d'un rapprochement. C'est encore par le biais du corps — les caresses ou les coups — que les personnages s'expriment, et leur sexualité n'est que la manifestation des troubles intérieurs qui les habitent. Faisant référence à l'expérience du réalisateur en danse et en chorégraphie, Darrell Varga décrit la manière dont le mouvement des corps s'inscrit dans la structure même du film : « La danse n'est pas une idée abstraite dissociée de la vie quotidienne, mais se trouve dans l'approche collective aux personnages et dans la résistance au langage comme une force structurante dominante. Ce que l'on dit est moins important que la manière dont les personnages se déplacent dans l'espace[23] ».

---

22. Rodrigue Jean cité par Castiel, « Rodrigue Jean : La riche complexité des émotions » *op. cit.*, p. 38.
23. « Dance is not a concept abstracted from everyday life but is found in the ensemble approach to characters and resistance to language as a dominant structuring force. What is spoken is less important than the manner in which characters move through space » (je traduis), Darrell Varga, *Shooting from the East : Filmmaking on the Canadian Atlantic*, Montréal et Kingston, Presses universitaires McGill-Queens, 2015, p. 362.

Quant aux espaces privilégiés dans *Yellowknife*, l'errance de Max et Linda se partage entre confinement et ouverture. Ils occupent tantôt des espaces restreints et transitoires (chambres d'hôpital, motels, clubs de nuit, casinos, postes de police, véhicules de transports), tantôt l'espace vide de la route. Ce vide est aussi existentiel que physique et les déplacements des personnages contrastent avec leur stagnation intérieure. Comme le constate Jean : « C'est un film sur le vide intérieur, sur la dépossession, la colonisation des âmes. C'est le nouveau désespoir[24]. »

Yellowknife est certes un film qui traite de l'incapacité de communiquer, toutefois Jean insiste sur le fait que le langage y joue tout de même un rôle très important, car ce film joue sur la dualité des langues, un élément non seulement nécessaire à la compréhension du récit, mais inséparable de la réalité acadienne. Jean explique que dans ses deux premiers films, *Full Blast* et *Yellowknife*, cette dualité langagière :

> fait écho à une expérience « acadienne » qui m'est propre. Une expérience de francophone minoritaire dans une majorité anglophone. Il s'agit également d'un écho qui fait référence à l'expérience d'un Québec contemporain où de plus en plus de gens parlent la langue de leur interlocuteur. Le métissage culturel et linguistique m'intéresse au plus haut point. Mais il s'agit surtout de mon expérience en tant qu'Acadien vivant en Amérique[25].

Le troisième film dans la trilogie acadienne de Rodrigue Jean est *Lost Song*, un film où la modernité et la maturité reconnues par Véronneau dans les deux premiers films du réalisateur connaissent une pleine floraison. Il s'agit d'une autre exploration de l'incapacité du langage à exprimer le désespoir humain, car le cinéaste élabore un portrait à la fois poétique et troublant de la descente d'une femme dans la dépression, un état solitaire qui la pousse finalement à commettre un acte inimaginable : l'infanticide. Rejetant les représentations idéalisées de la maternité, *Lost Song* est inspiré par le mythe de Médée et se présente comme une tragédie grecque où

24. Rodrigue Jean cité par Fourlanty, « Voyage au bout de la nuit », *op. cit.*
25. Rodrigue Jean cité par Castiel, « Rodrigue Jean : La riche complexité des émotions » *op. cit.*, p. 38.

le drame est perpétué par les mœurs capitalistes de notre monde contemporain. Jean explique que le projet partait de cette question : « Qu'est-ce qui est tragique aujourd'hui, dans le capitalisme absolu dans lequel on vit ? De quelle manière tragique pourrait-il s'y manifester ?[26] »

Élisabeth et son mari, Pierre, cherchent à échapper au chaos de la vie urbaine et quittent la ville avec leur nouveau-né pour s'installer pendant l'été dans un chalet isolé dans les Laurentides. Dès les premières images, Jean nous plonge dans une atmosphère tendue et énigmatique, transformant peu à peu ce lieu pastoral et paisible en une prison physique et mentale pour Élisabeth. Le silence et la solitude finissent par la priver de sa capacité à communiquer, l'amenant enfin à rompre ses liens déjà précaires à la réalité. Jean se sert des sons (les cris interminables d'un bébé, les accusations familiales, la musique apaisante), du silence et des espaces (les intérieurs domestiques claustrophobes, la forêt sauvage et sinistre) pour impliquer le spectateur dans l'effroi psychique d'Élisabeth, et nous confronte ainsi aux questions que l'on n'aurait jamais osé se poser autrement. Luttant continuellement contre le fait qu'elle est en train de se transformer, d'être domestiquée et prise en charge, Élisabeth tente de reprendre le contrôle de sa propre vie en s'enfuyant avec son bébé, mais cette guerre puissante et silencieuse au sein d'un couple en désarroi finit par coûter la vie à une victime innocente.

LES DOCUMENTAIRES... ET APRÈS

Marquant plus explicitement son amour pour ses racines acadiennes, Jean signe, en 2005, *L'Extrême frontière : l'œuvre poétique de Gérald Leblanc*. Sorti à peine un an après la mort du poète, c'est un film sobre et émouvant au sujet d'un homme et d'une œuvre qui ont profondément marqué la vie culturelle acadienne. Même si la forme est simple, il ne s'agit pas d'un documentaire biographique typique qui contient des explications de menus détails de la vie du sujet, mais d'un film hommage qui met en images la voix et l'œuvre d'un artiste qui, ayant vécu pleinement, voit la fin approcher à grands pas. « J'ai pris le parti pris

---

26. Rodrigue Jean cité par Loiselle, *op. cit.*, p. 53.

de parler de son œuvre, pas la réduire à l'anecdote, explique Jean. Je voulais que ce soit son œuvre qui survive, surtout à un moment comme ça où la vie s'en va[27].»

Comparant Leblanc à un shaman et ses poèmes aux incantations, les intervenants — des universitaires, des écrivains, des musiciens, tous des amis — parlent de l'énorme influence que Leblanc et son œuvre ont exercée sur leurs vies, sur leurs perceptions du monde et sur l'univers de la parole poétique en Acadie. Parmi les séquences les plus émouvantes, notons celles-ci : Marie-Jo Thério assise au piano chantant «Les matins habitables» (une chanson dont les paroles ont été écrites par Leblanc[28]), filmée d'un seul plan ininterrompu; Paul J. Bourque en gros plan incapable d'interpréter le poème «Vancouver[29]», tant il est accablé par l'émotion et le pouvoir des mots du poète; Gérald Leblanc lui-même en entrevue alors que celui-ci est très visiblement affaibli, face à la caméra parlant naturellement à Jean de sa fragilité. Selon Jean-Marc Larivière, Jean «fait preuve d'une confiance inébranlable en l'intelligence du spectateur» et accorde un «respect exemplaire [...] à celui que la réalité inéluctable de l'existence a rattrapé[30]». Dans *L'Extrême frontière*, Jean réussit à donner la parole à un écrivain qui se trouve confronté à la fin de sa vie et à ceux, très nombreux, qui l'aiment et qui l'ont aimé. Le cinéaste privilégie surtout la parole poétique de Gérald Leblanc, une poésie caractérisée par l'évocation du désir, des plaisirs et des peines du corps, du tourbillon de la vie et, enfin, de la mort.

Comme l'atteste *L'Extrême frontière,* l'un des atouts les plus remarquables de Rodrigue Jean en tant que réalisateur demeure sa capacité de capter ses sujets, fictifs et réels, dans des états d'extrême vulnérabilité, tout en maintenant une relation très respectueuse envers eux et en rendant fidèlement la réalité qu'ils sont en train de vivre. Cette éthique humaniste figure aussi au

---

27. Rodrigue Jean cité par Martin Gignac, *Arrêt sur l'image : 41 portraits de cinéastes québécois*, Montréal, Requiem pour un livre, 2012, p. 139.
28. «Les matins habitables» paraît sur l'album du même nom, sorti en 2005, de Marie-Jo Thério. Leblanc a également publié un recueil de poèmes intitulé *Les matins habitables*, Moncton, Éditions Perce-Neige, 1991.
29. Gérald Leblanc, "Vancouver", *L'Extrême frontière, poèmes 1972-1988*, Moncton, Éditions d'Acadie, 1988, p. 106.
30. Jean-Marc Larivière, «Au-delà de l'extrême frontière ou le subtil sifflement de la parole», *Liaison*, n° 135, 2007, p. 47.

centre d'*Hommes à louer* (2008), son deuxième long métrage documentaire, un film dans lequel Jean vise à saisir la parole de ceux qui se trouvent sans voix dans la société contemporaine et qui vendent leurs corps pour survivre : les jeunes travailleurs du sexe dans le Centre-Sud de Montréal. Ce documentaire constitue le meilleur exemple de l'éthique de Jean pour qui un film est un processus relationnel. Il refuse ainsi de montrer ces hommes dans des situations précaires ou abjectes, à la rue, au travail, ou en train de se droguer. D'après Jean, ce documentaire constitue « une sorte de recherche esthétique et éthique par rapport au corps[31] ». Le cinéaste explique :

> Je n'ai pas voulu donner en pâture les toxicomanes et les travailleurs du sexe d'*Hommes à louer*. On s'est tenu au visage — le visage comme réel paysage. Il y avait un refus de donner des corps à voir pour rien. [...] Peut-être pourrait-on parler du corps comme pure puissance, en refusant de la mettre en action. Que le corps prostitué soit la représentation de la puissance de cette jeunesse-là, et que celle-ci traduise l'intensité que produit la toxicomanie[32].

Le spectateur est confronté non pas aux « corps à voir pour rien », mais plutôt à plus de deux heures et demie d'entrevues intimes avec une dizaine de ces jeunes prostitués toxicomanes, leurs « visages paysages » filmés frontalement en gros plan. Leurs témoignages (que l'on qualifie souvent de « confessionnaux ») sont entrecoupés de brèves scènes nocturnes situées dans les rues maussades du quartier montréalais où ils vivent et travaillent.

Dans ce film courageux et lucide[33], Jean parvient à créer un espace de confiance où ces jeunes — que la société refuse consciemment de voir ou d'écouter — sont encouragés à

---

31. Rodrigue Jean cité par André Habib, « Une question d'intensité. Entretien avec Rodrigue Jean », *op. cit.*, p. 46.
32. *Ibid.*
33. Il a fallu plusieurs années avant de retrouver ce film sur les écrans. Jean explique : « J'ai eu des problèmes avec toute l'industrie. Il y a vraiment un désir de la classe médiatique d'avoir un contrôle absolu sur la réalité. Il faudrait selon eux que ça corresponde aux choses auxquelles on s'attend. Un jeune de la rue doit pour eux agir d'une certaine façon. Si on tente de laisser

s'exprimer; le spectateur a donc enfin accès à leurs récits de vie émouvants (mots, pensées, peurs et rêves). Le cinéaste ne les juge pas plus qu'il ne les dénonce à l'égard de la situation pitoyable dans laquelle ils se trouvent, Jean condamne plutôt une société et un système social qui ont laissé pour compte tant de jeunes. On apprend que les causes de cette marginalisation sont nombreuses : éclatement familial, abus physique et mental, toxicomanie endémique, dysfonctionnement de familles d'accueil, menace du SIDA, taux inquiétant de suicide, harcèlement constant des forces de l'ordre, séjours en prison. L'approche éthique et humaniste de Jean dans le traitement d'un sujet tabou et souvent proscrit nous incite à écouter ces voix marginalisées autrement réduites au silence. De plus, le spectateur peut entrer en contact avec ces visages qui sont pour la plupart invisibles, inexistants, aux yeux de la majorité.

Ces jeunes hommes de la rue participent également au projet suivant du cinéaste : *Épopée*, qui est à la fois un vaste projet web docu-fiction, un long métrage compilation[34], et aussi un groupe d'action en cinéma[35]. Depuis 2009, accompagné de plusieurs intervenants d'*Hommes à louer* et d'autres jeunes du milieu de la toxicomanie et de la prostitution masculine de Montréal, Jean se consacre à la réalisation du site expérimental www.epopee.me où on peut visionner plusieurs courts métrages divisés en deux catégories, l'une pour les documentaires (*Trajets*), l'autre pour les fictions (*Fictions*). *Épopée*, une extension de son travail accompli dans *Hommes à louer*, représente une autre initiative qui vise à amener des individus vivant dans l'exclusion au centre des discours politiques et sociaux actuels, mais cette fois ce sont les jeunes prostitués eux-mêmes qui écrivent leurs propres scénarios et qui contribuent à la vision créatrice des films.

---

parler ces personnes par elles-mêmes, elles se butent à une grande résistance ». Rodrigue Jean cité par Gignac, *op. cit.,* p. 139. Pour plus de détails sur cette polémique, voir Marie-Claude Loiselle, « Entretien : Rodrigue Jean », *24 Images*, n° 136, 2008, p. 36-40 ; et Habib, « Une question d'intensité. Entretien avec Rodrigue Jean », *op. cit.*

34. Jean a réalisé un long-métrage docu-fiction intitulé *Épopée–L'État du moment* (2011), une compilation créée à partir des courts métrages du portail web.

35. En tant que film de groupe d'action en cinéma, Jean a aussi réalisé le documentaire *Insurgence* (2013) (www.insurgence.me) qui traite des manifestations estudiantines du « printemps érable » au Québec en 2013.

Si dans *Hommes à louer* Jean refuse de montrer ses sujets dans des situations compromettantes, dans *Épopée* c'est tout le contraire. Dans ces courts métrages encore plus intimes et troublants que le documentaire précédant, il est beaucoup question de drogues, mais il ne s'agit pas de représenter l'acte de consommer de manière séduisante ou cinématographique. Les jeunes toxicomanes du Centre-Sud choisissent consciemment de partager la laideur brute de leur vie et obligent le spectateur à les accompagner dans leurs déambulations, à faire partie de ce monde où règnent la solitude et le désespoir. D'après Bruno Dequen, *Épopée* est une « grande œuvre sur la solitude[36] », mais il note aussi que « la cohabitation tragique de toutes ces solitudes […] réussissent malgré tout à créer entre elles une certaine forme de solidarité[37] ». Les scènes qui privilégient des moments de tendresse ou de contentement sont certes peu fréquentes dans les *Trajets* et les *Fictions* d'*Épopée*, mais il ne faut pas grand-chose pour les provoquer, même une chose aussi simple que de trouver une télévision abandonnée dans la rue peut susciter un instant de bonheur inattendu.

Donnons le mot de la fin à Élie Castiel, critique à *Séquences : la revue de cinéma*, qui a compris dès *Full Blast* que Rodrigue Jean constitue un talent singulier dans le paysage du cinéma canadien :

> Rodrigue Jean a un regard, une vision du monde, une approche de l'image et de la mise en scène qui ne laissent pas indifférent. Il sait exactement de quoi il parle et le fait avec une audace à la fois discrète et efficace. Refusant catégoriquement le *prêt-à-montrer*, le fabriqué d'avance, le vite consommé, il s'approprie tout un matériau filmique qu'il utilise pour mieux exprimer son propos. […] Au moment où notre cinématographie nationale se voit déchirée entre un cinéma d'approche personnelle et une industrie aux objectifs mercantiles qui se disputent inéquitablement la part d'un marché fort restreint, il nous semble primordial de défendre les nouveaux talents, le cinéma de ceux qui osent transgresser les lois du succès élémentaire et qui ne cessent de prouver que le cinéma est essentiellement un *art*[38].

---

36. Bruno Dequen, « L'Épopée du Centre-Sud », *24 Images*, nº 155, 2011, p. 30.
37. *Ibid.*, p. 31.
38. Castiel, « *Full Blast* : Vagues à l'âme », op. cit., p. 32.

Le constat de Castiel reflète à la lettre les propos filmiques et idéologiques de Rodrigue Jean. Il est sans conteste un cinéaste qui ose transgresser, non seulement dans ses choix esthétiques et narratifs, mais aussi dans le domaine des modes de production et de distribution cinématographiques. On peut constater que Jean cherche à démocratiser le cinéma (surtout à partir de ses deux derniers projets), à remettre en question le mode de fonctionnement de l'industrie, à faire entendre des voix et à faire voir des corps que l'on ne trouve pas souvent sur le grand écran. Au fait, pour Jean, le grand écran traditionnel ne doit même pas figurer dans le cinéma à venir. Dorénavant, l'écran devant le spectateur importe peu, car les ordinateurs portables et les murs blancs des galeries d'art se prêtent tout aussi bien à diffuser des images et des idées. Documentaire et fiction, auteur et protagoniste, espaces privés et publics, cinéma et internet : les frontières n'existent plus.

Finalement, la notion de frontières figure au centre de l'œuvre de Jean : dans ses films il s'agit d'un questionnement continu des frontières qui nous séparent, des limites qui nous privent de connexion humaine significative. C'est le déploiement d'une épopée humaine à la fois touchante et troublante où cohabitent beauté et laideur, introspection et violence, espoir et anéantissement. Le cinéma de Rodrigue Jean représente surtout une contemplation exigeante et douloureuse du monde et des êtres qui oblige un engagement affectif et intellectuel de la part du spectateur, et qui, enfin, ne laisse jamais indifférent.

BIBLIOGRAPHIE

Castiel, Élie, « *Full Blast*: vagues à l'âme », *Séquences*, n° 206, jan.-fév. 2000, p. 32-33.

-----, « Rodrigue Jean : La riche complexité des émotions » (entretien), *Séquences*, n° 217, jan.-fév. 2002, p. 37-38.

-----, « Rodrigue Jean : Retour aux sources » (entretien), *Séquences*, n° 206, jan.-fév. 2000, p. 33-34.

-----, « *Yellowknife* : Territoires fantômes », *Séquences*, n° 217, jan.-fév. 2002, p. 36-37.

Cocteau, Jean, *La voix humaine : pièce en un acte*, Paris, Stock, 1930.

Defoy, Stéphane, « Les silences d'un couple : *Lost Song* de Rodrigue Jean », *Ciné-Bulles*, vol. 27, n° 1, 2009, p. 14-15.

Desrochers, Jean-Philippe, « *Lost Song* », *Séquences*, n° 258, 2009, p. 52.

Dequen, Bruno, « L'Épopée du Centre-Sud », *24 Images*, n° 155, 2011, p. 30-31.

Fourlanty, Éric, « Voyage au bout de la nuit », en ligne : http://yvescape.free.fr/NewYork/Untitled-2.html (page consultée le 23 octobre 2008).

Gignac, Martin, *Arrêt sur l'image : 41 portraits de cinéastes québécois*, Montréal, Requiem pour un livre, 2012.

Grugeau, Gérard, « Acadie Blues : *L'extrême frontière* de Rodrigue Jean », *24 Images*, n° 129, 2006, p. 42-43.

Habib, André (dir.), *Épopée*, numéro hors-série de *Spirale*, printemps 2013.

-----, « Une question d'intensité. Entretien avec Rodrigue Jean », *Spirale*, n° 238, automne 2011, p. 45-48.

Jean, Rodrigue, *L'Appel*, 1998, 16 min.

-----, *La Déroute*, 1990, 26 min.

-----, *Épopée-L'État du moment*, 2011, 75 min.

-----, *L'Extrême frontière : l'œuvre poétique de Gérald Leblanc*, 2005, 77 min.

-----, *Full Blast*, 1999, 95 min.

-----, *Hommes à louer*, 2008, 144 min.

-----, *Lost Song*, 2008, 102 min.

-----, *La mémoire de l'eau*, 1996, 11 min.

-----, *La voix des rivières,* 1997, 49 min.

-----, *Yellowknife,* 2002, 110 min.

Larivière, Jean-Marc, « Au-delà de l'extrême frontière ou le subtil sifflement de la parole », *Liaison*, n° 135, 2007, p. 46-47.

Leblanc, Gérald, « L'Acadie actuelle et ses créateurs », *Tracer un espace culturel*, numéro hors-série de *Liaison*, 2002, p. 6-9.

-----, *L'Extrême frontière, poèmes 1972-1988*, Moncton, Éditions d'Acadie, 1988.

-----, *Les matins habitables*, Moncton, Éditions Perce-Neige, 1991.

Li-Goyette, Mathieu, « La mer du même : Les premiers films de Rodrigue Jean », en ligne : http://www.panorama-cinema.com/V2/article.php?categorie=9&id=307 (page consultée le 10 décembre 2013).

-----, et Clara Ortiz Marier, « Entrevue avec Rodrigue Jean », en ligne : http://www.panoramacinema.com/html/dossiers/entrevuerodriguejean.htm (page consultée le 15 novembre 2013).

Loiselle, Marie-Claude, « Entretien : Rodrigue Jean », *24 Images*, n° 136, 2008, p. 36-40.

-----, « Rencontre Rodrigue Jean-Wajdi Mouawad », *24 Images*, n° 141, 2009, p. 52-57.

Pître, Martin, *L'ennemi que je connais*, Moncton, Perce-Neige, 1995.

Roy, André, « *Yellowknife* de Rodrigue Jean : La dérive des corps et des sentiments », *24 images*, n° 110, 2002, p. 52-53.

Thério, Marie-Jo, *Les matins habitables*, GSI Musique, 2005, CD.

Valade, Claire, « Commentaires sur *La Voix des rivières* de Rodrigue Jean », en ligne : http://www.vitheque.com/Fichetitre/tabid/190/language/fr-CA/Default.aspx?id=332 (page consultée le 28 novembre 2013).

Varga, Darrell, (dir.), *Rain, Drizzle, and Fog: Essays on Atlantic Canadian Film and Television*, Calgary, University of Calgary Press, 2009.

-----, *Shooting from the East: Filmmaking on the Canadian Atlantic*, Montréal et Kingston, Presses universitaires McGill-Queens, 2014.

Véronneau, Pierre, « A Journey Through Acadian Cinema », titre original : « Parcours du cinéma acadien », Darrell Varga (dir.), *Rain, Drizzle, and Fog: Essays on Atlantic Canadian Film and Television*, traduit du français par Shana McGuire, Calgary, University of Calgary Press, 2009, p. 23-46.

RON TURCOTTE, JOCKEY LÉGENDAIRE DE PHIL COMEAU UNE REPRÉSENTATION MYTHIQUE

MAURICE ARPIN
Université Saint-François-Xavier

Phil Comeau, réalisateur canadien d'origine acadienne, a produit au cours des trente dernières années une œuvre filmique abondante et multiple. Pour ne nommer que quelques titres qui la jalonnent, mentionnons *Le Tapis de Grand-Pré* (1986), *Le Secret de Jérôme* (1994), la série télévisée de *La Sagouine* (2006) et *Fréderic Back, grandeur nature* (2012)[1]. En 2013, il a réalisé le documentaire *Ron Turcotte Jockey Légendaire*[2] à l'occasion du quarantième anniversaire de la *Triple Crown*[3] de 1973, remportée par Ron Turcotte sur le célèbre cheval *Secretariat*[4]. Il s'agit en somme d'une sorte de *road movie* où Ron Turcotte quitte Grand-Sault, où il habite, traverse la frontière des États-Unis et retourne au lieu de ses

---

1. Toutes ces productions ont été amplement récompensées dans les champs respectifs du cinéma et des arts télévisuels.
2. Office national du film, 2013, 75 minutes. Tout renvoi à ce film au cours de cette analyse se fera par une indication chronologique précise dans la durée du film. Par exemple, un extrait durant 14 secondes et commençant à quatre minutes trente-deux secondes dans le déroulement du documentaire serait indiqué dans le texte de la façon suivante : (*RT,* 00:04:32 - 00:04:46).
3. Pour remporter la *Triple Crown* (les trois couronnes), le cheval doit gagner trois courses d'affilée, le *Kentucky Derby*, le *Preakness Stakes* et le *Belmont Stakes*. Au début du documentaire, il est rappelé que la *Triple Crown*, dans sa version américaine, a été remportée seulement trois fois au cours des 65 dernières années.
4. On se souviendra que Ron Turcotte a remporté la course décisive, le *Belmont Stakes,* avec trente et une longueurs d'avance sur le cheval en deuxième position. L'image est franchement inoubliable.

victoires de 1973. Le documentaire est construit en fonction d'une alternance entre l'action et la réflexion. Aux séquences «actives» — dominées par l'effervescence de la course, la clameur de la foule, la voix du commentateur qui décrit l'action des courses — s'opposent le calme, le silence et le recueillement qui invitent à la réflexion et ramènent le spectateur sur un territoire méditatif. Le film abonde en témoignages, d'abord de Ron Turcotte lui-même, ensuite de plusieurs intervenants qui le connaissent bien, Penny Chenery qui était la propriétaire de *Secrétariat*, des jockeys de son temps, un journaliste sportif, un spécialiste de la course hippique, des amis de longue date, et Lynn sa fille, pour ne nommer que les principaux. Comeau fait bonne utilisation de films d'archives, des extraits d'interviews avec Ron Turcotte jeune jockey, avec Fred Turcotte, son père, ainsi que des séquences visuelles d'époque, filmiques et photographiques. Dans cette perspective, il semblerait que son film soit conçu selon une trame et des composantes typiques du documentaire classique.

Or lorsqu'on qu'on y regarde de plus près, il est intéressant de noter les choix opérés par Comeau. Il a passé sous silence beaucoup d'éléments qui figurent en première place dans l'autobiographie officielle[5]: il n'y a aucun renvoi par exemple au nombre de courses auxquelles Ron Turcotte a participé, à son salaire comme jockey, aux endroits où lui et sa famille ont vécu, au déroulement spécifique de ce jour de juin 1973, où il remporte le *Belmont Stakes*, ou de cet autre jour en juillet, cinq ans plus tard, jour fatidique, où il fait la chute de cheval qui le laissera paralysé. Comeau préfère la «scotomisation» de certains aspects de la vie de Turcotte au profit d'une image mythique du jockey, celle sur laquelle nous nous sommes penché.

RON TURCOTTE : HÉROS TYPE DU « MONOMYTHE »

Le recours à l'étude de la mythologie a ouvert la voie à de vastes études comparatives, établissant des recoupements entre divers récits mythiques ayant trait à la notion de héros, à l'idée de mort

---

5. Bill Heller with Ron Turcotte, *The Will to Win. Ron Turcotte's Ride to Glory*, Saskatoon, Fifth House Publisher, 1992, 177 p.

et de résurrection, à la conception virginale, à la terre promise, etc. Ceux-ci ont grandement contribué à l'enrichissement des études en littérature, en cinématographie, en sciences humaines et sociales. Parmi les mythes étudiés, celui du « voyage du héros » ressort de façon saisissante. Le mythologue Joseph Campbell sert de référence incontournable dans ce domaine grâce à une étude célèbre portant sur le voyage du héros, ou ce qu'il a appelé le « monomythe[6] », terme emprunté au *Finnigans Wake* de James Joyce. Selon Campbell, quel que soit le fondement mythique, c'est-à-dire l'origine culturelle du mythe, greco-romain, celte, hindou, amérindien, etc., il est possible de noter certaines constantes dans l'illustration ou la présentation du héros.

Tout d'abord, celui-ci provient la plupart du temps d'un monde ordinaire, sauvage ou isolé, pour tout dire un monde situé aux antipodes de l'apothéose qui l'attend. Ensuite, appelé à pénétrer dans un monde nouveau, étrange, épeurant, inconnu, le héros accepte, seul ou avec des complices, le défi qui lui est lancé. Réalisant plusieurs exploits qui font de lui un individu hors-pair et le distinguent des autres êtres humains, le héros acquiert, souvent au péril de sa vie, un don, un « avantage ». Ultimement il revient chez lui, au monde quitté, muni de ce « cadeau » que ses nombreux périples lui ont permis d'obtenir, et en fait profiter le plus grand nombre.

Le mythologue américain de renom regroupe les 17 étapes constantes qui d'après lui caractérisent le voyage du héros sous trois catégories, soit « le départ », « l'initiation » et « le retour[7] ». Notre analyse suivra généralement ces étapes retenues par Joseph Campbell. D'autres mythologues auront scindé le parcours en moins d'étapes. La version du voyage du héros qu'a

---

6. Joseph Campbell, *The Hero with a Thousand Faces,* New York, Pantheon Books, Bollingen Series XVII, 1949, 416 p. Pour notre travail, nous utilisons la traduction française de ce texte : *Le héros aux mille et un visages,* traduit de l'américain par H. Crès, Escalquens (France), Éditions Oxus, 2010, 410 p.

7. Sous la catégorie « départ », on retrouve les étapes suivantes : l'appel à l'aventure ; le refus de l'appel ; l'aide surnaturelle ; le passage du premier seuil ; le ventre de la baleine. Sous « initiation » : le chemin des épreuves ; la rencontre avec la déesse ; la femme tentatrice ; la réunion au père ; l'apothéose ; le don suprême. Sous « retour » : le refus du retour ; la fuite magique ; la délivrance venue de l'extérieur ; le passage du seuil au retour ; maître de deux mondes ; libre devant la vie.

élaboré David Adams Leeming, par exemple, se compose de huit étapes, reprenant, condensant, synthétisant, les divisions élaborées par Campbell, pour les adapter aux études littéraires[8]. Quant à Christopher Vogler, son étude est devenue une référence incontournable dans le domaine du cinéma depuis la publication de ses 12 étapes pour la construction de scénarios cinématographiques illustrant un parcours héroïque[9]. Phil Cousineau, calquant son analyse sur la biographie de Joseph Campbell lui-même, dont il est un admirateur invétéré, fixe à huit le nombre d'étapes qui constituent le parcours du héros mythique[10].

Dans un premier temps, nous allons mettre en lumière la structure mythique du héros sur laquelle est fondé le récit de la vie du célèbre jockey acadien Ron Turcotte. À travers une sélection d'images, d'extraits d'interviews, de musique, d'ambiance sonore et l'agencement de toutes ces composantes en un tout, Phil Comeau a façonné une certaine image mythique de Ron Turcotte. C'est dire que le mythe est une valeur susceptible de changer selon le contexte établi : « il n'a pas la vérité pour sanction, [nous dit Barthes]. [...] Nous savons désormais que le mythe est une parole définie par son intention [...] beaucoup plus que par sa lettre [...][12] ». Pourquoi dès lors Phil Comeau a-t-il construit le récit de la vie de Ron Turcotte selon le modèle du voyage du héros ? Quelle en est l'intention ? C'est ce que nous examinons dans un deuxième temps.

---

8. David Adams Leeming, *Mythology, the Voyage of the Hero,* New York, Harper and Row, 1981, 370 p.
9. Christopher Vogler, *The Writer's Journey,* Michael Wiese Productions, 2007, 407 p.
10. Phil Cousineau (dir.), *The Hero's Journey. The World of Joseph Campbell,* San Francisco, Harper and Row Publishers, 1990, 255 p.
11. Roland Barthes, *Mythologies,* Paris, Seuil, coll. « Points », [1957] 1970, p. 209.
12. Fidèle aux pratiques de l'époque, le père de Ron Turcotte le retire de l'école et le force à travailler comme lui dans la forêt, espérant le décourager de ce travail éreintant, surtout pour un petit homme, et encourager un retour à l'école. Ron Turcotte rapporte ainsi les paroles de son père : « Il dit toi, si t'écoutes pas à l'école, regarde, va chercher tes livres puis demain matin, tu vas venir travailler avec moi. Et j'ai été travaillé avec lui dans le bois, et puis il a mis ça dur pour moi, je pouvais pas rien faire de bien. Il essayait de me renvoyer à l'école. Il voulait tous nous voir graduer » (*RT* 00:04:24 - 00:04:43).

L'APPEL À L'AVENTURE

La plupart du temps, le héros mythique ignore le destin fabuleux qui l'attend. Ainsi, comme David avant Goliath, comme Jeanne d'Arc avant les « voix », comme Arthur enfant avant qu'il ne tire l'épée de la pierre, le jeune Ron Turcotte vit dans l'ignorance totale de ce que lui réserve l'avenir. Il ressemble à tous les garçons de sa région au Nouveau-Brunswick. S'il refuse de s'instruire, « d'écouter à l'école », conformément aux volontés de son père qui voulait que tous ses enfants reçoivent une bonne éducation, le métier qui lui est destiné normalement, c'est celui de bûcheron ; son monde, la forêt associée à son Nouveau-Brunswick natal.

> Le rapprochement de la naissance du héros avec l'inconnu est accentué par l'évocation du lieu secret où il serait né ou de l'endroit où il aurait été placé après sa naissance. Ces endroits — des cavernes, des étables, des bocages, des rochers et des cruches — sont bien entendu des symboles matriciels, la matrice étant celle de la mère universelle dans la multitude de ses représentations. Cette mère universelle est impersonnelle ; elle n'appartient à personne en particulier[13].

Accentuant le caractère primitif de l'industrie de la coupe de bois au cours des années 1940 et 1950, les images d'archives sélectionnées par Comeau pour illustrer le gagne-pain de la famille Turcotte ont pour effet de maximiser à la fois l'étrangeté et l'originalité de la naissance de ce jockey, le futur vainqueur de la *Triple Crown*. Il provient d'une nature sauvage, éloignée au possible du faste — les belles toilettes, les grands chapeaux, le champagne, les cigares, etc.— qui caractérise le monde tapageur, tout en glamour, des courses hippiques.

Ses camarades, à la fin du documentaire, des hommes qui l'ont connu jeune, à l'école, rappellent un tempérament moqueur,

---

13. « The association of the hero's birth with the unknown is further expressed in the theme of the hidden place where the child is born or placed soon after birth. These places—caves, stables, groves, rocks, and waterpots—are, of course, womb symbols, the womb being that of the universal great mother in her many forms. The great mother is impersonal ; she is nobody's *own* mother » (je traduis). Leeming, *op. cit.*, p. 48.

espiègle, — d'ailleurs « on l'appelait le renard » — mais ne possédant aucune des qualités — ou des défauts — qui l'auraient éventuellement prédisposé à devenir un individu hors-norme, susceptible d'accomplir les exploits qui allaient faire de lui un homme célèbre — et célébré — mondialement. Chez lui, aucun « complexe du petit homme » qui pourrait de façon commode et pratique pour les adeptes des analyses psychologiques, expliquer une volonté de vouloir gagner à tout prix. Aucune colère non plus contre un mauvais sort qui l'aurait fait naître pauvre et sans ressources et sans talents particuliers. Seule indication d'une prédisposition pour les sports équestres, cet extrait d'une interview en noir et blanc avec son père qui explique : « Ron était bon avec les jouals, il les soignait ; et quand j'étais pas alentour, il allait les *racer*. Il *ride*ait à joual ! » (*RT* 00:04:12 - 00:04:23). Signalons à cet égard que le cheval occupe une place fondamentale en littérature canadienne-française, mais comme animal de trait, pour le transport, le travail à la ferme ou dans le bois. Cornellius Kriegoff en a fait un thème de prédilection dès lors qu'il s'agissait de dépeindre le Canadien-français au travail. Or cet animal utilitaire, sur lequel repose l'avenir et le salut de la société canadienne-française traditionnelle, est voué à une activité restreinte, soit le travail, le défrichage. On ne joue pas avec un cheval. On doit le soigner, le nourrir, en prendre soin, sinon on met son avenir, sa vie en péril. En le faisant courir, le jeune Ron Turcotte est en réalité en train d'enfreindre un tabou.

L'aspect du mythe du héros-enfant qui rejoint le plus la vie de Ron Turcotte se situe assurément dans sa très grande naïveté face au métier de jockey. Lorsqu'on lui suggère de devenir jockey, sa réaction n'en est pas une d'hésitation face à ce métier extrêmement dangereux, mais bien d'ignorance, de candeur. Il est en effet difficile d'imaginer que celui que la vie destinait à chevaucher le vainqueur de l'inoubliable *Triple Crown* de 1973[14], ne savait même pas ce qu'était un jockey ! On a dû lui expliquer que c'était « des petits hommes qui portent des culottes blanches... » (*RT* 00:05:11).

Comme plusieurs autres héros mythiques, le jeune Ron Turcotte répondra à un appel l'incitant à quitter son milieu d'origine.

---

14. Exploit qui, aux dires de certains, par le nombre de records qui y ont été pulvérisés, ne pourra jamais être égalé.

Dans la structure du documentaire, cet appel résulte des circonstances qui caractérisent la vie de plusieurs jeunes hommes à la fin des années 1950. « Nous, on s'en va en Ontario ! » (*RT* 00:04:46 - 00:04:48). Vu le manque d'emploi au Nouveau-Brunswick à une époque où le monde se modernisait, ils ont été nombreux à tenter leur chance en Ontario dans le secteur manufacturier et industriel. Ron Turcotte fait partie de ce groupe, son déménagement à la Ville-Reine constituant, dans une perspective mythique, une réponse positive à l'appel initial.

DU REFUS DE L'APPEL À L'AIDE SURNATURELLE

Dans un premier temps, fidèle en cela à la structure mythique élaborée par Campbell, Ron Turcotte va refuser l'appel. Les pieds ensanglantés, raconte-t-il, pour s'être déplacés partout à pied à la quête de travail, ne disposant même pas de moyens pour se payer des billets de tramway, et découragés à l'idée de ne pas pouvoir gagner leur vie à Toronto, lui et son compagnon de voyage préparent leur retour au Nouveau-Brunswick. « On avait chacun écrit une lettre, les larmes aux yeux, il fallait s'en revenir ici » (*RT* 00:04:59 - 00:05:04). Tous les efforts de notre héros, fût-ce parce qu'il ne cherche pas assez, ou parce qu'il cherche mal, semblent aboutir à l'échec.

> Comme souvent dans la vie réelle, il n'est pas rare de rencontrer, dans les mythes et les contes populaires, l'exemple décevant de l'appel resté sans réponse. [...] Prisonnier d'un dur et pesant labeur, ou d'une « culture », le sujet perd toute possibilité de s'affirmer par une action signifiante et devient une victime à sauver. [...] Tout ce qu'il peut faire est de créer de nouveaux problèmes et attendre l'approche graduelle de sa désintégration[15].

Ce qui se présente comme une belle aventure risque de se transformer en une expérience négative à moins d'un changement radical de parcours.

Or dans la structure de son voyage, nous rappelle Campbell, le héros profite normalement des conseils, de l'aide, de l'encouragement d'une instance spéciale, qui surgit de façon

---

15. Campbell, *op. cit.* p. 61.

inattendue, inespérée et lui indique la possibilité d'un autre cheminement. Il est question d'« une figure protectrice (souvent une petite vieille ou un vieil homme) qui pourvoit le voyageur d'amulettes contre les forces de dragon qu'il va lui falloir affronter[16] ». Le héros qu'est appelé à devenir Ron Turcotte est lui aussi abordé par quelqu'un, un adjuvant mystérieux, divin, qui lui montre la voie. « C'était un gars. Il dit : «Pourquoi tu n'essaies pas d'avoir de l'ouvrage aux *racetracks*, t'as la bonne grosseur, tout de bien tu peux faire un jockey !» » (*RT* 00:05:08 - 00:05:15).

LE PASSAGE DU PREMIER SEUIL

Suivant les recommandations de personnes qu'il croise sur la route indiquée par le « gars », Ron Turcotte apprendra patiemment et systématiquement les rudiments du métier de jockey. Son apprentissage durera deux ans ; d'abord « chez M. Taylor en 1960, à Windfields Farm » (*RT* 00:05:30 - 00:05:33) en tant que *hot walker*[17]. Ensuite un M. Gordon Huntley l'invite à poser le grand geste, à devenir jockey, symboliquement à quitter le monde de la normalité, de la médiocrité, pour accéder au niveau des héros de la piste de course. « Perds du poids, et puis je vais faire un jockey avec toi ! » (*RT* 00:05:41 - 00:05:45). Campbell a souligné cette constante dans le mythe du voyage héroïque : à un moment donné, le héros doit choisir, franchir un seuil et passer dans un autre monde.

> Toujours et partout, l'aventure est un passage dans l'inconnu, par-delà le voile du connu ; les puissances qui veillent aux frontières sont dangereuses ; avoir affaire à elles comporte des risques ; néanmoins pour quiconque possède savoir-faire et courage, le danger s'évanouit[18].

Là où un individu ordinaire se satisfait de ce qu'il connaît comme étant sûr et sécuritaire, se contentant de rester sur la terre ferme, le héros accepte au contraire le risque de s'aventurer dans l'inconnu.

---

16. Campbell, *op. cit.* p. 69.
17. Un employé préposé à l'échauffement des chevaux avant l'entraînement.
18. Campbell, *op. cit.* p. 79.

LE VENTRE DE LA BALEINE

À l'instar du héros mythique, Ron Turcotte se sépare d'avec le monde qu'il connaissait avant. « Le 9 avril 1962, j'ai monté mon premier gagnant, c'était Pheasant Lane » (*RT* 00:05:45 - 00:05:51). Très vite au début des années 1960, il devient le meilleur jockey canadien. Pour illustrer cette transformation rapide, Phil Comeau va privilégier une séquence de photos : une avec Jean-Louis Lévesque, propriétaire et président de l'hippodrome *Blue Bonnets* à Montréal de 1958 à 1970[19], une autre avec la Reine Elizabeth, une de Turcotte lui-même en page couverture d'un magazine où l'on peut lire qu'il gagne 1 000 dollars la minute. Plus loin on le verra pris en compagnie de Lorne Green, la vedette de la fameuse série télévisée *Bonanza*, et avec le boxeur champion poids lourd Joe Louis : toutes ces illustrations sont autant de façons de renforcer le fait que Turcotte se trouve désormais dans une catégorie à part. Il s'agit véritablement d'une nouvelle naissance pour le jeune Néo-Brunswickois, naissance semblable à celle des héros mythiques qui après avoir été avalés, anéantis « dans le ventre de la baleine », en ressortent transformés, métamorphosés.

LE CHEMIN DES ÉPREUVES

Phil Comeau développe, à un moment donné, une section qui porte sur les succès de Ron Turcotte, ce que l'on pourrait appeler ses « épreuves ». « Il y avait plusieurs personnes qui disaient que je n'avais plus rien à montrer. Il fallait que j'aille montrer si je pouvais le faire aux États-Unis » (*RT* 00:06:39 - 00:06:46). Campbell dit de cette étape dans le mythe du voyage héroïque qu'elle est susceptible de se répéter plusieurs fois et que pour cette raison elle demeure une des préférées.

---

19. Jean-Louis Lévesque peut être considéré une deuxième « aide surnaturelle » dans la structure mythique du documentaire, un deuxième père tellement Ron Turcotte lui voue une affection profonde. À ses yeux, il « aimait donner une chance à son monde, les Français canadiens. C'était un frère, c'était un père, c'était un ami, c'était tout » (*RT* 00:06:21 - 00:06:31). L'homme d'affaires et philanthrope québécois, né en Gaspésie, qui a fait ses études au Collège St. Dunstan à l'Île-du-Prince-Édouard, a toujours eu une affection spéciale pour les provinces maritimes.

Une fois le seuil franchi, le héros évolue dans un monde aux formes étrangement fluides et ambiguës où il doit survivre à une succession d'épreuves. C'est une phase de l'aventure pour laquelle les récits mythologiques montrent une prédilection. Elle est à l'origine de toute une littérature où se succèdent épreuves et supplices miraculeux[20].

Chacun des nombreux exploits racontés pourrait être perçu comme l'amorce d'un scénario, cinématographique ou télévisuel, portant sur une aventure extraordinaire vécue par le héros. En voici quelques exemples.

Phil Comeau met l'accent sur le fait que Turcotte a vite su faire la conquête des États-Unis. S'adaptant très bien au style de course américain et à la culture du jockey américain, Turcotte est aux yeux du journaliste sportif Bill Nack un jockey extrêmement doué. Le réalisateur accentue ce côté extraordinaire du talent de Turcotte lorsqu'il fait dire à Nack sur un montage de film d'archives : « Je me suis vraiment rendu compte de ses talents de jockey le jour où il a gagné le *Preakness Stakes* sur Tom Rolfe » (en sous-titres dans le documentaire)[21] et à l'annonceur, décrivant les dernières foulées du cheval gagnant : « et Tom Rolfe l'emporte ! Tom Rolfe, le cheval le plus petit de la course, avec une performance impeccable de Ron Turcotte[22] ». Gagner cette course très importante[23] sur la plus petite monture du peloton tient en effet du prodige, par analogie avec les travaux d'Hercule.

Une autre « aventure de héros », suggérée implicitement dans la structure du documentaire, porte sur ce que Ron Turcotte doit à ses origines canadiennes. Rappelons à cet égard que ce sont deux Canadiens-français, soit l'entraîneur Lucien Laurin, né à Joliette, au Québec, et Ron Turcotte, originaire du Nouveau-Brunswick, qui communiquent dans leur « Canadian French » (*dixit* Bill Nack), qui détiennent implicitement le secret qui fait gagner *Secretariat*. Aussi pourrions-nous attribuer la victoire de

---

20. Campbell, *op. cit.* p. 91.
21. « When I first really realized what a leading rider he was, was when he won the *Preakness Stakes* on Tom Rolfe » (*RT* 00:07:13 - 00:07:20).
22. « and Tom Rolfe takes the win. Tom Rolfe, the littlest horse in the race with a flawless ride from Ron Turcotte » (*RT* 00:07:21 - 00:07:27).
23. On se souviendra que la course du *Preakness Stakes* est la deuxième de la série *Triple Crown*.

Secretariat à un atavisme profond, inscrit dans une épopée, celle des défricheurs, celle de ceux qui savaient parler aux chevaux, ceux qui n'avaient pas besoin de fouet pour faire obéir les chevaux. Phil Comeau fait dire à Bill Nack que lors de la course du *Preakness Stakes* en 1973, Ron Turcotte a rangé sa cravache, indiquant clairement qu'il n'en a pas besoin pour obtenir le maximum de son cheval, par opposition à d'autres jockeys, fouettant si fort qu'on a l'impression qu'ils vont fendre leur cheval en deux. Par ailleurs, le réalisateur ajoute un extrait d'archives (*RT* 00:45:35) montrant Turcotte qui lance sa cravache après la victoire pour bien rappeler qu'il n'a pas besoin de fouetter pour gagner. Il ne serait pas exagéré d'ailleurs de voir chez Phil Comeau une volonté de se porter à la défense de la course hippique, souvent victime d'un certain lobby s'opposant à l'exploitation des animaux à des fins sportives[24]. Pour autant, semble-t-il suggérer, qu'il se pratique par des gens qui aiment les chevaux, autant les propriétaires, les entraîneurs que les jockeys, ce sport, pour tous les dangers qui lui sont constitutifs, n'inflige pas aux chevaux d'inconfort excessif.

Une troisième aventure pourrait s'appeler : « Triompher contre la Chimère ». D'une façon assez étonnante, Ron Turcotte, qui pourtant a connu plusieurs autres victoires — sa biographie officielle en fait le compte précis — ne sera, au fond, dans le documentaire que le jockey de la *Triple Crown* de 1973, celui qui a inscrit le nom de *Secretariat* au paradis des plus grands chevaux qui aient jamais existé. Cet événement, dans la structure d'ensemble du documentaire, est analogue au triomphe contre la Chimère, ce monstre de la mythologie grecque, qui écrase l'univers, incarnant le malheur, le pessimisme, la tristesse qui plane sur le monde. C'est que l'Amérique de 1973, rappelle le journaliste Bill Nack, était aux prises avec un monstre moral elle aussi, semblable sur

---

24. Voir à cet effet une vidéo publiée sur Youtube intitulée : *Death and Disarray at America's Racetracks*, en ligne : http://www.youtube.com/watch?v=eke 4BOpUrOc (page consultée le 15 juillet 2014), au sujet du traitement des chevaux de course. Randall Meier, un jockey à la retraite, déplore le fait que les chevaux ne sont plus aimés par leur propriétaire, qu'ils sont uniquement des objets utilitaires. "Before it seemed to me that people wanted to breed horses that would last longer. Now they want the best horse for a short time" (*RT* 00:01:58 - 00:02:07). « Il me semble qu'avant on élevait des chevaux pour la longévité. Maintenant il n'y a que la performance qui compte. La longévité du cheval est de très peu d'importance » (je traduis).

plusieurs points à la Chimère, et avait besoin de quelque chose pour se remettre du marasme dans lequel elle s'enlisait. Ce « quelque chose », cet événement qui vient tout changer, ce sera la victoire éclatante, sans pareille, unique, de Ron Turcotte sur le cheval *Secretariat*.

> Il a fait la couverture de *Newsweek, Time* et *Sports Illustrated*. C'est un cheval qui arrivait au bon endroit, à la bonne époque. La guerre du Viet-nam n'était pas encore terminée, des corps continuaient d'arriver, la nation était atterrée par *Watergate*. *Secretariat* nous a offert une trêve nationale en 1973[25].

Ainsi le lien est-il facile à établir avec Pégase, le fameux cheval ailé de la mythologie grecque, se laissant chevaucher par le jeune Bellérophon pour vaincre la Chimère.

LA RENCONTRE AVEC LA DÉESSE

Dans le parcours du héros, il y a toujours un rapport étroit avec une déesse. Dans l'économie d'ensemble du documentaire, Ron Turcotte fera la rencontre de deux déesses. La première est sans aucun doute Gaëtane, son épouse. Cette dernière, qui ne figure pas dans le documentaire, incarne par sa fidélité une forme de Pénélope contemporaine. Turcotte nous explique que ce n'était guère une femme qui se laissait facilement impressionner par le jeune jockey, si fameux fût-il. « Pour qui tu te prends toi ? » (*RT* 01:04:29) lui rétorque-t-elle quand, affichant un excès de confiance en lui-même, il lui suggère de sortir avec lui plutôt qu'avec un autre garçon. Une fois mariée, rien ne pourra atteindre la constance de sa femme : ni l'accident ni le temps. Ses amis nous le rappellent : « Ron, il a été chanceux. Chanceux d'être avec nous autres, mais encore plus chanceux d'avoir la femme qu'il a eue » (Jean Pinette *RT* 01:03:58

---

25. « He had been on the cover of *Newsweek*, *Time* and *Sports Illustrated*. Here is a horse that had arrived at the perfect intersection historically, in time and space. Here it was, we were still in Vietnam, body bags were still coming home, the nation was in a funk over Watergate. Secretariat declared a national recess in 1973 » (propos du journaliste Bill Nack, *RT* 00:52:45 - 00:53:08) (je traduis).

- 01:04:05); et ce n'est pas sans émotion que Turcotte lui-même explique que son épouse est manifestement un roc de stabilité dans sa vie.

> On a commencé à sortir en 1963, ce qui nous donne 50 ans ensemble. Je ne peux pas en dire assez. [...] Elle n'a jamais aimé le *spotlight*, c'est une femme bien privée. Elle prend bien soin de moi. (*RT* 01:04:54 - 01:05:21)

La deuxième déesse est Penny Chenery, la propriétaire de *Secretariat*, qui devait œuvrer dans un monde, un sport, dominé par les hommes. Convaincue que son « *syndicated horse* [26] » pouvait gagner, elle incarne une force et une détermination qui auront un effet permanent sur Ron Turcotte. Leur rencontre dans le cadre du tournage, elle à l'âge de 90 ans, lui à 71, laisse transparaître une véritable complicité entre ces deux individus, si différents l'un de l'autre par leurs origines, mais tellement semblables dans leur volonté de venir à bout des obstacles.

LA FEMME TENTATRICE

Dans l'ensemble du document, Ron Turcotte est présenté comme un homme équilibré, terre-à-terre. Dans la vie, il ne sera pas tenté, comme tant d'autres jockeys le sont, par tous les attraits de la gloire. Dans cette perspective, le héros Turcotte s'inscrit *a contrario* sur la question de la tentation du confort terrestre, symbolisé généralement dans le mythe héroïque par la séduction féminine. Tout ce qu'il accomplit s'inscrit à l'encontre de ce à quoi on s'attendrait de lui en tant que jockey, c'est-à-dire d'un individu menant une vie de démesure à tous les niveaux. Contrairement aux attentes du spectateur désirant découvrir une vie d'excès stéréotypés — alcool, femmes, voitures, etc. — comme celle qu'a vécue son frère Rudy Turcotte, jockey lui aussi, qui avoue à la fin du documentaire avoir fait beaucoup d'argent, mais en avoir dépensé beaucoup aussi, Ron Turcotte prend la contrepartie de

---

26. Il est bon de rappeler que l'écurie *Meadow* de Penny Chenery, située en Virginie, était en sérieuse difficulté financière en 1973 et qu'au moment de la *Triple Crown, Secretariat* appartenait à un consortium de propriétaires.

l'horizon d'attente. Quand tout veut qu'un jockey soit (ou agisse) de telle ou telle façon, du fait précisément que c'est un jockey vivant un surcroît de stress[27], Ron Turcotte trouve le moyen d'agir différemment.

LA RÉUNION AU PÈRE

Une séquence notable est celle de la transformation survenue dans l'existence de Ron Turcotte. Ce moment arrive après son accident de 1978, aux *Belmont Stakes*, c'est-à-dire à l'endroit même où il avait remporté sa victoire la plus mémorable. L'accident le laissera paralysé pour le reste de ses jours. Un accident banal, semble indiquer le jockey (*RT* 00:56:41), qui eut lieu à quelque 100 mètres seulement du départ, avant même que les chevaux aient pris leur véritable élan, comme si une divinité avait tout simplement décrété que là s'arrêterait son parcours. Un changement majeur s'amorce dans la vie de Turcotte, dès lors qu'il est confronté à une réalité qui le dépasse.

> Je sentais rien. J'essayais de redresser mes jambes. J'ai passé ma main sur mon ventre [...] les muscles avaient tous lâché [...] et j'ai pris ma jambe, c'était comme si je touchais une autre personne. Là je savais que c'était grave. (*RT* 00:57:40 - 00:58:02)

Lorsqu'elle est transposée dans le mythe du voyage du héros, cette prise de conscience chez Turcotte est analogue à la rencontre que fait le héros mythique avec une instance détentrice du pouvoir ultime, incarnée très souvent par la figure du père ou une figure de père. Il s'agit d'un point culminant dans le voyage du héros, car tout change à partir de ce moment-là. Il devient autre.

---

27. Le métier de jockey se rangerait sur l'échiquier des positions possibles pour un homme de petite taille, sans éducation véritable, sans ressources financières personnelles, parmi les plus lucratives. Si les rentrées salariales moyennes d'un jockey professionnel s'estiment à 400 ou 500 dollars par course, une vedette des courses, c'est-à-dire le jockey à qui l'on confie souvent les « gagnants » peut cumuler des montants extraordinaires en carrière. Dans le documentaire, il est rappelé que Pat Day, un jockey américain célèbre, a remporté pour ceux qui l'ont embauché des bourses atteignant les 297 millions de dollars. Or ce métier, pour être très payant, ne s'exerce qu'au prix de risques encourus les plus grands qu'on puisse imaginer.

Idéalement, celui qui est investi s'est dépouillé de son humanité ordinaire et représente alors une force cosmique impersonnelle. Il est le deux-fois-né, il est devenu le père. Et, en conséquence, il est apte désormais à assumer lui-même le rôle d'initiateur, de guide, de porte du soleil par laquelle on passe des illusions infantiles de « bien » et de « mal » à l'expérience de la majesté de la loi cosmique purgé de l'espoir et de la crainte, et une paix établie sur la compréhension de la révélation de l'être[28].

À deux reprises durant le documentaire, Ron Turcotte va invoquer la volonté et le pouvoir divins. Mais d'une fois à l'autre, ce n'est pas du même Dieu dont il est question. Quand Turcotte explique, par exemple, son irritation devant le médecin qui lui annonce, suite à son accident, qu'il ne marcherait plus jamais, rétorquant qu'« il y a seulement Dieu qui sait ça » (*RT* 00:58:17), il exprime une sorte de foi juvénile, une croyance selon laquelle Dieu peut intervenir à force de prières pour sauver un être en particulier. La deuxième mention diffère considérablement de la première.

> Je savais que je ne pourrais plus monter les chevaux. C'est Lui qui m'a tenu en vie. Il faut croire que c'était dans ses plans que je vivrais encore. Je le remercie à tous les matins que je peux m'ouvrir les yeux le matin. (*RT* 01:01:20 - 01:01:41)

Ici Ron Turcotte accepte d'être l'objet de la volonté de Dieu. Comme le héros mythique, il a transcendé la vie.

L'APOTHÉOSE

> Il a réussi à donner un sens à sa vie bien
> qu'elle ait été soudainement privée de ce
> pour quoi il avait été formé et qu'il
> faisait si bien[29].

28. Campbell, *op. cit.* p. 124.
29. « He has managed to find a purpose in a life that was cut short of the things that he was trained for and was so successful at », Penny Chenery (*RT* 00:19:37 - 00:19:46) (je traduis).

Ronnie aurait dû être entraîneur[30].

Les chevaux couraient pour Ronnie[31].

Ronnie, c'était un champion[32].

À entendre les paroles de ceux qui l'ont connu durant sa vie active comme jockey, on a l'impression que Ron Turcotte a atteint de son vivant un niveau mythique. Certains estiment que sa plus grande qualité réside dans son amour pour les chevaux. Il y a de nombreuses séquences dans le documentaire qui par leur composition — Ron parlant aux chevaux, les soignant, leur faisant des caresses — mettent en valeur un amour réciproque, Ron Turcotte étant à la fois celui qui aime les chevaux et celui qui en est aimé. Les chevaux, aux dires du journaliste Bill Nack, acceptaient de courir pour Ron Turcotte. Dans leur « conversation » chevaline, imaginée par le journaliste, les chevaux se disaient : « Je n'aime pas trop l'avoir sur le dos, mais je l'aime bien. J'aime ses mains et je vais courir pour lui[33] ». Nack estime que s'il y a jamais eu un *horse whisperer*, ce personnage qui a le don de pouvoir communiquer avec les chevaux, c'était bien Ron Turcotte.

Penny Chenery, pour sa part, a beaucoup d'admiration pour lui, rappelant qu'il s'est refait une vie après son accident. C'est un homme qui, malgré son handicap, joue un rôle actif pour la promotion de la course hippique. Phil Comeau est généreux en séquences où Ron Turcotte, héros pour deux générations d'admirateurs, signe des autographes et rencontre la foule ; des jeunes lui avouent qu'il était l'idole de leurs parents et que maintenant il est devenu le leur. Dans la logique de Phil Comeau, le héros appartient au passé. Ron Turcotte, qui a connu son heure de gloire au cours des années 1960 et 1970, appartient à une ancienne génération, il est d'un temps où c'était difficile d'être jockey, où les choses se faisaient différemment.

---

30. « Ronnie should have been a horse trainer », Bill Nack (*RT* 00:21:46 - 00:21:48) (je traduis).
31. « Horses ran for Ron », Bill Nack (*RT* 00:40:23) (je traduis).
32. « If ever there was a man, he was a man », Frank Calvarese, juge de départ (*RT* 00:57:25 - 00:57:27) (je traduis).
33. « He doesn't feel good on my back, [...] but I will run for him » (*RT* 00:40:16 - 00:41:21) (je traduis).

> Tout héros est d'un autre temps, est de l'espèce des demi-dieux, de la race des anciens jours. Pour grandir le héros, il n'est que de l'affronter à un monde rapetissé et de montrer que son hérédité le privilégie dans l'époque dégénérée où il apparaît[34].

Ron, le « vieux », encourage alors les jeunes jockeys. Certains sont dignes de son encouragement, d'autres le sont moins, comme celui qui reste inconsolable après que son cheval eut été retiré de la course pour cause de blessure. Les conseils du sage, la modération : penser à gagner avant de penser à fracasser les records. Par ailleurs, dans une séquence assez longue et développée sur plusieurs plans, on observe Turcotte encourager un jeune jockey, lui aussi victime d'un accident de course à cheval.

LE DON SUPRÊME

Si dans la culture sportive populaire de l'Amérique du Nord, le nom de Ron Turcotte s'associe à la splendide triple victoire sur le cheval *Secretariat* en 1973, dans le documentaire de Comeau, son véritable héroïsme se trouve ailleurs. Il relève d'une œuvre qui dépasse largement les exploits. L'avantage, le « don » que le héros découvre, c'est une certaine sérénité devant la vie, devant la souffrance quotidienne, vécue comme un rappel constant de l'accident. Dans cette perspective, Turcotte atteint à un certain nirvana, un état de béatitude qui le distingue de son entourage. Sa fille Lynn vient renforcer cette idée à la fin du documentaire, expliquant que son père accepte pleinement ce que Dieu lui a réservé. Nous sommes en présence de ce que l'on pourrait appeler un héros qui évolue dans une forme de merveilleux chrétien. Sa victoire ne se situe pas dans une vision mettant aux prises les anges contre les démons, les preux chevaliers de l'armée de Charlemagne contre les païens, mais vécue de l'intérieur, dans l'acceptation de la grandeur du dessein cosmogonique[35].

---

34. Gilbert Durand, *Figures mythiques et visages de l'œuvre*, Paris, Berg Internationale, 1979, p. 177.
35. Philippe Sellier, *Le Mythe du héros*, Bordas, Univers des lettres, 1970, p. 25.

LE PASSAGE DU SEUIL AU RETOUR

Heureux qui, comme Ulysse, a fait un beau voyage,
Ou comme cestui-là qui conquit la toison,
Et puis est retourné, plein d'usage et raison,
Vivre entre ses parents le reste de son âge![36]

Le pont à Grand-Sault, au Nouveau-Brunswick, aujourd'hui dénommée « le pont Ron-Turcotte », constitue une sorte de frontière dans le récit filmique. En deçà, c'est le calme de la famille, des amis, de la tranquillité, le refuge du héros vieillissant, où l'on fête avec les siens, où l'on va à la pêche, où l'on se taquine entre amis. Au delà, c'est le monde du risque, américain, où le héros retourne à l'occasion pour rappeler ses exploits, le monde des chevaux, des femmes, de l'argent, du sport, de l'excès. Aux *Belmont Stakes* à New York, Ron Turcotte continue d'être célébré ; on se souvient de ses exploits. À Grand-Sault, la vraie vie poursuit son cours normal. Pays de bois et de rivières, pays rustique et modeste, le tempo est au ralenti. Les belles propriétés illustrées du côté américain font place à un décor plus frustre dans les prises de vue sur le Nouveau-Brunswick.

Ron Turcotte a effectué le retour chez lui. Il semble s'être rendu compte qu'il lui fallait revenir à ce qu'il connaissait le mieux, soit la forêt. À cet égard, une séquence évocatrice le capte au volant de sa camionnette, nous expliquant fièrement les limites de sa terre, une forêt ayant appartenu jadis à son grand-père. Il l'exploite moins pour lui-même que pour les générations à venir, qui vivront aussi des produits du bois néo-brunswickois.

LIBRE DEVANT LA VIE

Au bout du parcours, il importe de revenir sur la fonction du mythe du héros telle qu'élaborée par Comeau. Dans un premier temps, étant donné l'admiration que le réalisateur exprime et développe

---

36. Joachim Du Bellay, *Sonnet XXXI, Les Regrets,* 1558, en ligne : http://www.poesie.webnet.fr/lesgrandsclassiques/poemes/joachim_du_bellay/heureux_qui_comme_ulysse_a_fait_un_beau_voyage.html (page consultée le 15 juillet 2014).

à l'endroit du protagoniste, l'on pourrait conclure que Comeau conçoit cette fonction selon une forme de vicariance. C'est-à-dire que Ron Turcotte a réussi ce que l'homme ordinaire rêve de faire mais n'accomplit pas, faute de courage, d'ambition, faute d'avoir la fougue nécessaire pour enfreindre le tabou et se livrer à une activité dangereuse. Dans la société moderne, explique le sociologue Roger Caillois, l'individu tend à se soustraire aux comportements de risque.

> [L'individu] apparaît en proie à des conflits psychologiques qui naturellement varient [...] avec la civilisation et le type de société auxquels il appartient. [...] [L']individu est dans l'impossibilité de sortir de ces conflits, car il ne pourrait le faire que par un acte condamné par la société et, par conséquent, par lui-même dont la conscience est fortement empreinte et, en quelque sorte, garante des interdictions sociales. *Le résultat est qu'il est paralysé devant l'acte tabou et qu'il va en confier l'exécution au héros*[37].

Symboliquement, suivant la logique énoncée par Roger Caillois, c'est à Ron Turcotte, au « renard », au petit garçon espiègle de Grand-Sault, à celui dont on s'y attendait le moins, qu'a été attribué le rôle du héros. Issu d'une société dominée par des traditions conservatrices, où l'activité sociale tourne autour de la vie familiale et paroissiale, où les valeurs sont promulguées par une culture bien ancrée dans le terroir, où toute action individuelle un peu hors norme est présomptueuse, Ron Turcotte avait dans un tel cadre une mission « herculéenne » à accomplir. Perçu à la lumière des forces véritables, sociales et culturelles, qui s'opposaient à son épanouissement à la fin des années 1950, gagner sur *Secretariat* apparaît en effet comme bien peu de choses. La victoire réelle de Ron Turcotte s'insère dans une œuvre de libération encore plus grandiose. S'il est digne d'admiration aux yeux de ses connaissances, de la communauté, du Canada français, voire du Canada tout entier, c'est pour avoir cru en la possibilité de s'extirper du *statu quo*. Ron Turcotte est devenu un modèle pour tous ceux, hommes et femmes, qui cherchent à se sortir d'une situation étouffante. Comme le héros dans diverses traditions mythologiques,

---

37. Roger Caillois, *Le mythe et l'homme,* Paris, Gallimard, coll. « Folio Essais » [1938] 1989, p. 26-27 (Roger Caillois souligne).

il est « celui qui résout le conflit où l'individu se débat : d'où son droit supérieur non pas tant au crime qu'à la culpabilité, la fonction de cette culpabilité étant de flatter l'individu qui la désire sans pouvoir l'assumer[38] ».

Le cas de Turcotte, tel que présenté dans le documentaire, encourage aux comportements extraordinaires, rappelant des époques dépassées, et semble susciter de l'admiration pour une catégorie aristocratique qui a disparu, les rois, les nobles, les chevaliers[39]. Sa vie, un défi lancé à l'existence, s'inscrit dans l'opposition aux conseils, aux recommandations des figures d'autorité prônant le conservatisme caractéristique de certains milieux. Phil Comeau, par la mise en valeur du monomythe dans son documentaire, a indiqué sa prise de position éthique en tant que réalisateur. Donnant la primauté à l'action individuelle, ici par l'illustration d'un métier hors de l'ordinaire, il s'insurge contre la facilité du laisser-faire, voire la lâcheté de l'acceptation. Comeau donne véritablement un statut mythique au jockey Ron Turcotte, celui de l'homme qui s'oppose à son destin, et ceci à une époque où ce n'est guère à la mode de le faire.

> Lorsque l'on saisit le sens véritable du monomythe, c'est-à-dire qu'on l'assume pleinement, on accède à une conscience mythique qui permet de retrouver les forces vitales dont veut tellement nous éloigner la modernité rationaliste et technologique[40].

Chez Comeau, la mythologie du risque constitue une structure exceptionnelle, propice à l'émancipation de l'humain. Dans cette perspective, il met l'action dionysienne à l'honneur au détriment d'une modernité apollinienne, toute de calcul, de réflexion, où l'homme semble avoir abandonné sa quête pour un ailleurs meilleur.

---

38. *Ibid.*, p. 27-28.
39. Cette mise en valeur du héros, qui nous ramène à l'amour courtois et aux récits d'exploits des chansons de geste, n'a guère bonne presse chez nombre de critiques qui y voient une trop grande simplicité d'analyse, une schématisation de tous les rôles, élevant un individu au rang de surhomme et réduisant à l'insignifiance les actions de la majorité.
40. Leeming, *op. cit.*, p. 6. « To understand the monomyth — to relate to it meaningfully — is to create a mythic consciousness and by so doing to rejoin the real forces from which our modern age of reason and technology has done so much to remove us » (je traduis).

BIBLIOGRAPHIE

Barthes, Roland, *Mythologies*, Paris, Seuils, coll. « Points », [1957] 1970, 252 p.

Caillois, Roger, *Le Mythe et l'homme,* Paris, Gallimard, coll. « Folio Essais », [1938] 1989, 189 p.

Campbell, Joseph, *The Hero with a Thousand Faces,* New York, Pantheon Books, Bollingen Series XVII, 1949, 416 p.

-----, *Le Héros aux mille et un visages,* traduit de l'américain par H. Crès, Escalquens (France), Éditions Oxus, 2010, 410 p.

Comeau, Phil, *Ron Turcotte, jockey légendaire,* Office nationale du film, 2013, 75 min.

Cousineau, Phil (dir.), *The Hero's Journey. The World of Joseph Campbell,* San Francisco, Harper and Row Publishers, 1990, 255 p.

Du Bellay, Joachim, *Sonnet XXXI, Les Regrets,* 1558, en ligne : http://www.poesie.webnet.fr/lesgrandsclassiques/poemes/joachim_du_bellay/heureux_qui_comme_ulysse_a_fait_un_beau_voyage.html (page consultée le 15 juillet 2014).

Durand, Gilbert, *Figures mythiques et visages de l'œuvre,* Paris, L'Ile verte, Berg Internationale, 1979, 327 p.

Heller, Bill, (with Ron Turcotte), *The Will to Win, Ron Turcotte's Ride to Glory,* Saskatoon, Fifth House Publisher, 1992, 177 p.

Leeming, David Adams, *Mythology, the Voyage of the Hero,* Second Edition, New York, Harper and Row, 1981, 370 p.

Orr, Matthew (producer), *Death and Disarray at America's Racetracks*, New York Times, 2012, 5 minutes, 32 secondes, en ligne : www.youtube.com/watch?v=eke4BOpUrOc (page consultée le 15 juillet 2014).

Sellier, Philippe, *Le Mythe du héros,* Paris, Bordas, coll. « Univers des lettres », 1970, 208 p.

Vogler, Christopher, *The Writer's Journey,* Studio City, California, Michael Wiese Productions, [1998] 2007, 407 p.

Notes bio-bibliographiques

Maurice Arpin est professeur titulaire au Département de langues vivantes de l'Université Saint-François-Xavier en Nouvelle-Écosse, où il assure des cours de littérature québécoise, de cinéma français et de littérature française du 18e siècle. Son champ principal de recherche est la sociocritique, plus précisément les théories de réception littéraire, et dans cette perspective, il a publié notamment sur Paul Nizan, Gabrielle Roy, Beaumarchais et Anne Hébert. Co-fondateur en 2000 du Groupe Interdisciplinaire d'Études Nizaniennes (G.I.E.N.), dont le siège social est à Nantes, il a été rédacteur en chef de la revue *ADEN. Paul Nizan et les années trente* de 2002-2006. Ses recherches actuelles portent sur la littérature des années 1930, la littérature québécoise (Abla Farhoud, Anne Hébert) et l'adaptation cinématographique (Les frères Dardenne).

Denis Bourque est professeur titulaire au Département d'études françaises de l'Université de Moncton où il enseigne principalement la littérature acadienne. Il a codirigé, avec Anne Brown, l'ouvrage collectif *Le carnavalesque dans les littératures d'expression française d'Amérique du Nord* (1998) et, avec Marie-Linda Lord, le collectif *Paysages imaginaires de l'Acadie. Un atlas littéraire* (2009). Il a aussi publié de nombreux articles et chapitres de livres au Canada et à l'étranger sur la littérature acadienne et particulièrement sur l'œuvre d'Antonine Maillet. Il dirige actuellement un groupe de recherche à l'Université de Moncton qui travaille à la publication d'éditions critiques des œuvres fondamentales de la littérature acadienne et vient de terminer, avec Chantal Richard, l'édition critique des discours et sermons des trois premières conventions nationales acadiennes.

Docteur ès Lettres Modernes du Centre International d'Études Francophones de Paris-Sorbonne, **Cécilia Camoin** est spécialiste des littératures francophones de Louisiane. Chercheure attentive aux questions de théories littéraires telles la corpographèse, la mythocritique, l'identité, l'assimilation, la théâtralité, elle explore nombre de ces théories par le prisme francophone, tout particulièrement en Amérique du Nord. Son étude portant sur l'oralité et l'écriture en Acadiana, *Louisiane, la théâtralité comme force de vie*, a été publiée aux Presses Universitaires de Paris-Sorbonne en 2013. Membre active de l'Association des Chercheurs en Littératures Francophones (ACLF), rattachée à Paris-Sorbonne, elle contribue à l'élaboration de colloques et de publications portant sur le domaine de la francophonie.

Danielle Dumontet a enseigné pendant de longues années les littératures française et francophones ainsi que la traduction au département d'études romanes de l'Université Gutenberg à Mayence, en Allemagne. Elle est membre du « Forum Interkulturelle Frankreichforschung » de l'université Gutenberg. Ses travaux de recherches portent principalement sur la littérature française de l'extrême contemporain et les littératures francophones, la littérature des Antilles (Haïti, Martinique et Guadeloupe) ainsi que du Canada (Québec et Acadie). Outre de nombreux articles sur les auteurs antillais, elle a publié une monographie sur le roman antillais : *Der Roman der französischen Antillen zwischen 1932 und Heute* (1995). Elle a beaucoup publié sur les auteurs des « écritures migrantes » au Québec, entre autres sur l'auteur haïtien Gérard Étienne et l'écrivaine Régine Robin. Elle a dirigé un ouvrage collectif sur Gérard Étienne : *L'Esthétique du choc. Gérard Étienne ou l'écriture haïtienne au Québec* (2003) et publié avec Frank Zipfel, *Écriture migrante/Migrant Writing* (2008). Dans le cadre d'un groupe de recherches « Les Lieux d'oubli de la Francophonie », elle travaille sur les poétiques de la mémoire et postmémoire dans les documentaires, films et romans et a publié des articles sur « les prises de paroles des fils et filles de Harkis ». Actuellement, elle s'intéresse tout particulièrement aux effets des transferts culturels dans le Québec des années 1980 à partir des revues *Vice Versa* et *Dérives*.

Andrée Mélissa Ferron est originaire de Tracadie-Sheila dans la Péninsule acadienne au Nouveau-Brunswick. Elle détient un baccalauréat es arts (spécialisation en études littéraires) de l'Université de Moncton, une maîtrise en Études littéraire de l'Université Laval et est doctorante en littératures francophones à l'Université de l'Alberta depuis septembre 2008. Elle est chargée de cours en littérature et en français à l'Université de Moncton, campus de Shippagan. Ses champs d'intérêts ou de spécialisation sont la littérature acadienne, les théories du récit, l'histoire littéraire, la géocritique et la pragmatique.

Cécilia W. Francis, professeure agrégée, est directrice du Département de langues romanes à l'Université Saint-Thomas. Elle poursuit des recherches dans les domaines de la francophonie nord-américaine et maghrébine, des théories interculturelles de l'énonciation et de la sémiotique du sensible. Ses études consacrées à ces problématiques ont paru notamment dans *Présence francophone, @nalyse. Revue de critique et de théorie littéraires, Protée, Recherches sémiotiques/Semiotic Inquiry, Études littéraires, Voix et images, Québec Studies, Canadian Literature/Littérature canadienne* et *la Revue de l'Université de Moncton*. Elle a collaboré à de nombreux ouvrages collectifs et a dirigé un numéro spécial de *RS/SI* ayant pour thème « La subjectivité en mouvance » (2005-2006). Son étude sur l'autofiction de France Daigle (*Voix et images*, 3/84, 2003) lui a valu le Prix du meilleur article de l'*Apfucc* 2004. Elle est l'auteure d'un livre intitulé, *Gabrielle Roy, autobiographe. Subjectivité, passions et discours* (finaliste prix Gabrielle-Roy 2007). Membre du comité éditorial de la *Revue d'études sur le Nouveau-Brunswick*, elle a récemment codirigé avec Robert Viau la publication d'un ouvrage collectif, *Trajectoires et dérives de la littérature-monde. Poétiques de la relation et du divers dans les espaces francophones* (Éditions Rodopi, 2013).

Actuellement *Lecturer* en langue et culture françaises à l'Université Saint Mary's, **Shana McGuire** a aussi enseigné dans le domaine des études cinématographiques au Nova Scotia College of Art and Design (NSCAD) University et à l'Université Mount Saint Vincent. Ses recherches, financées par la Fondation Killam ainsi que par le Conseil de recherches en sciences humaines (CRSH) du Canada portent sur les cinémas français et francophone et interrogent les liens entre les représentations du corps au cinéma et la philosophie et l'esthétique filmiques. Elle prépare doucement mais sûrement un manuscrit sur l'œuvre cinématographique du réalisateur acadien Rodrigue Jean.

Johanne Melançon est professeure agrégée au département d'Études françaises de l'Université Laurentienne où elle enseigne la littérature et la chanson franco-ontariennes, de même que la chanson et la littérature québécoises. Ses publications et ses recherches portent sur l'œuvre de poètes, romanciers et dramaturges franco-ontariens, sur l'institution littéraire en Ontario français, de même que sur la chanson québécoise et la chanson franco-ontarienne. Chercheure associée à la Chaire de recherche sur les cultures et les littératures francophones du Canada, elle a travaillé, en collaboration avec Lucie Hotte, à une recherche subventionnée par le Conseil de recherche en sciences humaines du Canada portant sur l'identité, l'altérité et l'éthique en littérature franco-ontarienne. Elle a également co-dirigé avec Lucie Hotte une *Introduction à la littérature franco-ontarienne* (Prise de parole, 2010) et a publié un article intitulé « Identité, engagement et préoccupations sociales dans la chanson franco-ontarienne (1970-2005) » dans Écouter la chanson, Archives des lettres canadiennes, tome XIV (Fides, 2009).

Joëlle Papillon est professeure adjointe à l'Université McMaster (Hamilton, Ontario), où elle enseigne les littératures québécoise et franco-canadienne. Elle s'intéresse actuellement à l'œuvre de France Daigle, de Naomi Fontaine et de Régine Robin en rapport avec les questions de littérature minoritaire. Par ailleurs, elle est l'auteure de plusieurs articles et chapitres de livre sur la question de la représentation du désir, entre autres chez Marie Nimier, Nelly Arcan et Camille Laurens.

Maurice Raymond, né à Campbellton (N.-B.) en 1954, est à la fois poète et universitaire. Il a publié en 1988, *Implorable désert*, et, en 1994, *La soif des ombres*, respectivement aux Éditions d'Acadie et aux Éditions Perce-Neige. Il a récemment codirigé, avec Janine Gallant, le projet de *Dictionnaire des œuvres littéraires de l'Acadie des Maritimes du XXe siècle* (2012). Il fait également partie d'une équipe de recherche des principales universités de l'Atlantique qui s'est donné comme tâche principale de constituer une collection qui rassemblera, sous forme d'éditions critiques, les textes fondamentaux de la littérature acadienne, de ses origines à nos jours. Il travaille pour sa part à l'édition critique des trois principaux recueils de Ronald Després. Il assure présentement la direction du département d'Études françaises de l'Université de Moncton, Campus de Moncton, où il enseigne principalement la poésie.

Chantal Richard est professeure en études françaises à l'Université du Nouveau-Brunswick (Fredericton). Elle œuvre dans le domaine de la littérature acadienne depuis 1995 et elle est aussi chercheuse principale d'un projet interuniversitaire de comparaison de discours loyalistes et acadiens entre 1880 et 1940 à partir d'un corpus journalistique. Elle est co-auteure des *Conventions nationales acadiennes, tome 1 (1881-1890)* et des *Poèmes acadiens* de Napoléon-P. Landry parus à l'Institut d'études acadiennes. Elle a publié de nombreux articles dans le domaine de la littérature et de la langue acadiennes, y compris sept articles portant entièrement ou en partie sur l'œuvre de Jean Babineau et un entretien avec l'auteur. Depuis 2006, elle travaille à une édition critique électronique du premier roman de Babineau, *Bloupe*. Elle s'intéresse aussi à la lexicographie et à la statistique textuelle, à l'édition critique et aux contacts de langues et de cultures.

Après avoir terminé une maîtrise à l'Université d'Ottawa, **Catherine Skidds** poursuit ses études à l'Université McGill où elle est présentement inscrite en tant que candidate au doctorat. Elle s'intéresse principalement à la littérature contemporaine, à la littérature franco-canadienne ainsi qu'à la question de la représentation des sexes et des genres, des tabous et à leur transgression. Elle prépare actuellement une thèse portant sur la voix narrative dans les romans de l'auteure québécoise Suzanne Jacob.

Médiéviste de formation, **Juliette Valcke** est professeure adjointe à l'Université Mount Saint Vincent, à Halifax, où elle poursuit des recherches sur les langues régionales utilisées à des fins identitaires en littérature. Elle travaille également depuis plusieurs années sur le corpus théâtral franco-bourguignon de la *Mère Folle de Dijon* (16e-17e s.) dont elle a publié l'édition critique aux Éditions Paradigme en 2012. Ses recherches l'ont aussi menée à s'intéresser à l'importance des sens dans les œuvres littéraires, notamment celles d'Antonine Maillet, sujet dont elle a traité dans quelques conférences et articles.

Professeur à l'Université du Nouveau-Brunswick, **Robert Viau** est l'auteur de nombreux articles et de douze livres : *Les Fous de papiers : l'image de la folie dans le roman québécois* (1989) ; *L'Ouest littéraire : visions d'ici et d'ailleurs* (1992) ; *Les*

Grands Dérangements: la déportation des Acadiens en littératures acadienne, québécoise et française (1997; Prix France-Acadie 1998); *Les Visages d'Évangéline: du poème au mythe* (1998; mention honorable: Prix Champlain 2001); (dir.), *La Création littéraire dans le contexte de l'ambiguïté* (2000); *« Le Mal d'Europe »: la littérature québécoise et la Seconde Guerre mondiale* (2002); *Grand-Pré: lieu de mémoire, lieu d'appartenance* (2005); *Antonine Maillet: 50 ans d'écriture* (2008); *Paris, capitale de la culture* (2010); *Poitiers et le Poitou acadien* (2013); avec Cécilia W. Francis (dir.), *Trajectoires et dérives de la littérature-monde. Poétiques de la relation et du divers dans les espaces francophones* (2013); *Acadie multipiste. Romans acadiens* (2015). Il est le fondateur de l'Association des professeurs des littératures acadienne et québécoise de l'Atlantique (APLAQA).

TABLE DES MATIÈRES

Collection Archipel/Aplaqa
Sous la direction de Cécilia Francis et de Robert Viau

Robert Proulx (dir.), *Paroles et Images*, Moncton,
Éditions Perce-Neige, coll. «Archipel-Aplaqa», 2013, 181 p.

Autres titres de l'Association des professeurs des littératures acadienne et québécoise de l'Atlantique (APLAQA)

Benoit Doyon-Gosselin, David Bélanger et Cassie Bérard (dir.), *Les institutions littéraires en question dans la Franco-Amérique*, Québec, Presses de l'Université Laval, coll. «Culture française d'Amérique», 2014, 388 p.

Cécilia Francis et Robert Viau (dir.), *Trajectoires et dérives de la littérature-monde. Poétiques de la relation et du divers dans les espaces francophones,* Amsterdam/New York, Éditions Rodopi, 2013, 603 p.

Monika Boehringer, Kirsty Bell et Hans R. Runte (dir.), *Entre textes et images. Constructions identitaires en Acadie et au Québec*, Moncton, Institut d'études acadiennes, 2010, 392 p.

Lucie Hotte (dir.), *(Se) raconter des histoires. Histoire et histoires dans les littératures francophones du Canada*, Sudbury, Éditions Prise de parole, 2010, 688 p.

Samira Belyazid (dir.), *Littérature francophone contemporaine*, Lewiston, Edwin Mellen Press, 2008, 218 p.

Carlo Lavoie (dir.), *Lire du fragment : analyses et procédés littéraires*, Québec, Éditions Nota bene, 2008, 494 p.

Janine Gallant, Hélène Destrempes et Jean Morency (dir.), *L'œuvre littéraire et ses inachèvements*, Montréal, Groupéditions, 2007, 270 p.

Maurice Lamothe (dir.), *Fête et littérature : espace privé et espace public*, numéro spécial de *Port Acadie. Revue interdisciplinaire en études acadiennes*, nos 8-9, automne 2005-printemps 2006, 259 p.

Larry Steele (dir.), avec la collaboration de Sophie Beaulé et Joëlle Cauville, *Appartenances dans la littérature francophone d'Amérique du Nord*, Ottawa, Le Nordir, 2005, 164 p.

Magessa O'Reilly, Neil Bishop et A.R. Chadwick (dir.), *Le Lointain. Écrire au loin. Écrire le lointain*, Beauport (Qc), Publications MNH, coll. « Écrits de la Francité », 2002, 216 p.

Robert Viau (dir.), *La Création littéraire dans le contexte de l'exiguïté*, Beauport (Qc), Publications MNH, coll. « Écrits de la Francité », 2000, 520 p.

Laurent Lavoie (dir.), *La Poésie d'expression française en Amérique du Nord. Cheminement récent*, Beauport (Qc), Publications MNH, coll. « Écrits de la Francité », 2000, 182 p.

Louis Bélanger (dir.), *Métamorphoses et avatars littéraires dans la francophonie canadienne*, Vanier (Ont.), Éditions L'Interligne, 2000, 153 p.

Betty Bednarski et Irene Oore (dir.), *Nouveaux Regards sur le théâtre québécois*, Montréal, XYZ éditeur/Dalhousie French Studies, 1997, 203 p.

Maurice Lamothe (dir.), *Littératures en milieu minoritaire et universalisme*, numéro spécial de *La Revue de l'Université Sainte-Anne*, 1996, 197 p.

www.ingramcontent.com/pod-product-compliance
Lightning Source LLC
Chambersburg PA
CBHW050644270326
41927CB00012B/2873